AF545810

MICHAEL BAJER

DIE KUNST DER **AQUARELL MALEREI**

Stadtansichten

ALLE **WATERCOLOR-GRUNDLAGEN, NEUE TECHNIKEN** UND **20 MOTIVE** STEP BY STEP

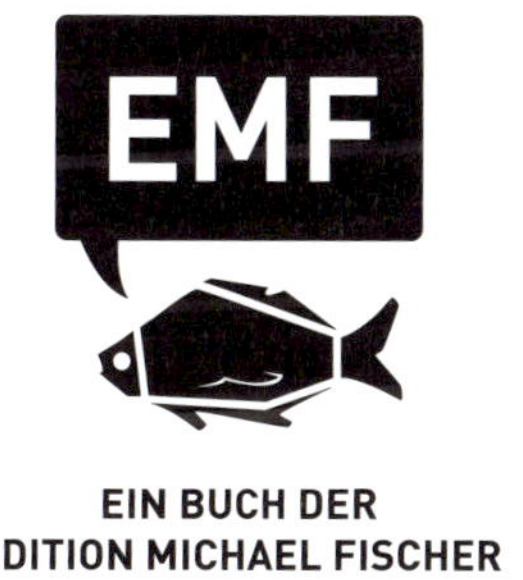

EIN BUCH DER
EDITION MICHAEL FISCHER

Inhaltsverzeichnis

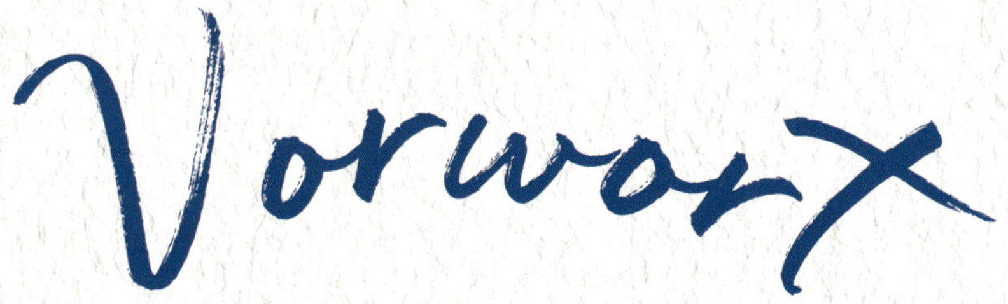

Als ich im Kindergarten an einem Malwettbewerb teilnehmen wollte, wurde mein Bild nicht angenommen, weil es angeblich meine Eltern gemalt hätten. Was natürlich nicht stimmte. Das ist eine meiner frühesten Erinnerungen die Kunst betreffend und zum Glück ließ ich mich durch diese Erfahrung nicht vom Weitermalen abhalten. Dieses Buch basiert auf meiner Reise, die ich vor vielen Jahren begonnen habe, und auf den Erfahrungen, die ich in den letzten 15 Jahren intensiver Beschäftigung mit der Malerei sammeln konnte. Es handelt davon, wie ich sie sehe, die Malerei.

Beim Studium der alten und modernen Meister, aus Büchern und aus Lehrvideos habe ich viel Wissen gesammelt und in meiner Art zu malen vereint. Dennoch enthält das Buch lediglich Anregungen, keine Gesetze. Die Kunst kennt keine Gesetze. Jeder muss seinen eigenen Weg finden. Die Malerei ist ein schmaler Grat zwischen Kontrolle und Lockerheit. Bewusstes Brechen der Regeln und Impulse aus dem Inneren benötigen eine Wissensbasis. Ich denke, unser Ziel ist das gleiche, nämlich, dass wir es schaffen, das, was wir sehen, malen zu können, und zwar erkennbar und gelungen. Damit ein Gemälde gelingt, müssen Sie wissen, warum Sie ein Motiv malen möchten, Sie brauchen ein analytisches Verständnis dessen, was Sie sehen, und die Fähigkeit, den Malprozess zu kontrollieren.

Es ist auch nicht wirklich großes Talent nötig, um ein guter Maler zu werden, es reicht Interesse und Übung. Man kann die Malerei erlernen wie alles andere auch, entscheidend ist, wie stark die innere Motivation ist, sich weiterzubilden und so oft wie möglich zu üben. Das Allerwichtigste ist, sich nicht entmutigen zu lassen und weiterzumachen. Mir hat der Gedanke immer geholfen, dass mich jedes Bild weiterbringt, auch wenn es mal daneben geht. Jedes gemalte Bild ist wichtig auf dem Weg zum besten Maler, der wir sein können. Beim Malen ist man ständig mit den eigenen Schwächen und Grenzen in Berührung. Man muss mit Fehlversuchen und Chancen richtig umgehen lernen. Letztendlich ist die härteste Aufgabe dabei, Bilder hervorzubringen, die die eigene Persönlichkeit widerspiegeln, und eine eigene Handschrift zu entwickeln. Diese entsteht meist aus den Themen, die einen begeistern und aus den Vorbildern, die man sich sucht, und daher sollte man sich gut überlegen, wer die Idole sein sollen. Irgendwann muss man jedoch seinen eigenen Weg finden, aufhören, die Meister zu kopieren und eigene Ideen umsetzen.

Nie war die Malerei so lebendig wie heute, weil die Menschen wieder etwas für sich tun wollen. Sie ziehen sich zurück aus einer immer schneller werdenden Gesellschaft und besinnen sich auf die Beschäftigung mit sich selbst und dem Motiv. Ein Gemälde existiert, es ist nicht nur ein flüchtiger Pixelhaufen auf einem Bildschirm. Es lädt den Betrachter dazu ein, eine Präsenz zu spüren, eine Berührung und eine Vereinigung mit einem anderen menschlichen Lebewesen durch Farbe und Pinselstriche. Die Aquarellmalerei ist dabei eine Technik, bei der wenige Hilfsmittel benötigt werden und die dadurch für jeden leicht zugänglich ist. Andererseits ist es ein technisch schwieriges Medium und anfangs oft ernüchternd. Der Erfolg geht nur über die Jahre der Erfahrung und der Übung. Es gibt keine Abkürzungen und es braucht Zeit, das Wissen zu sammeln und zu verarbeiten. Versuchen Sie, aus jedem Bild zu lernen, analysieren Sie die eigenen Werke und streben Sie danach, besser zu werden!

Das Thema Stadtansichten hat mich schon immer begleitet und fasziniert. Es ist das Gegenstück zur lieblichen Landschaft. Es existieren viele harte Kanten und Details, die vereinfacht und zu einem gefälligen Aquarell umgewandelt werden müssen. Es beinhaltet viele herausfordernde Themen wie die Perspektive und das Zeichnen von Architektur, Fahrzeugen und Menschen. Darin liegen die größten Schwierigkeiten, und ich möchte Ihnen mit diesem Buch eine Hilfe sein, Stadtlandschaften zu meistern.

Die Liebe zur Malerei hat mich an viele schöne Orte geführt und sie verbindet Menschen unterschiedlichster Herkunft und Schichten. Es ist ein langer und aufregender Weg, lassen Sie ihn uns ein Stück zusammen gehen!

M. Bajer

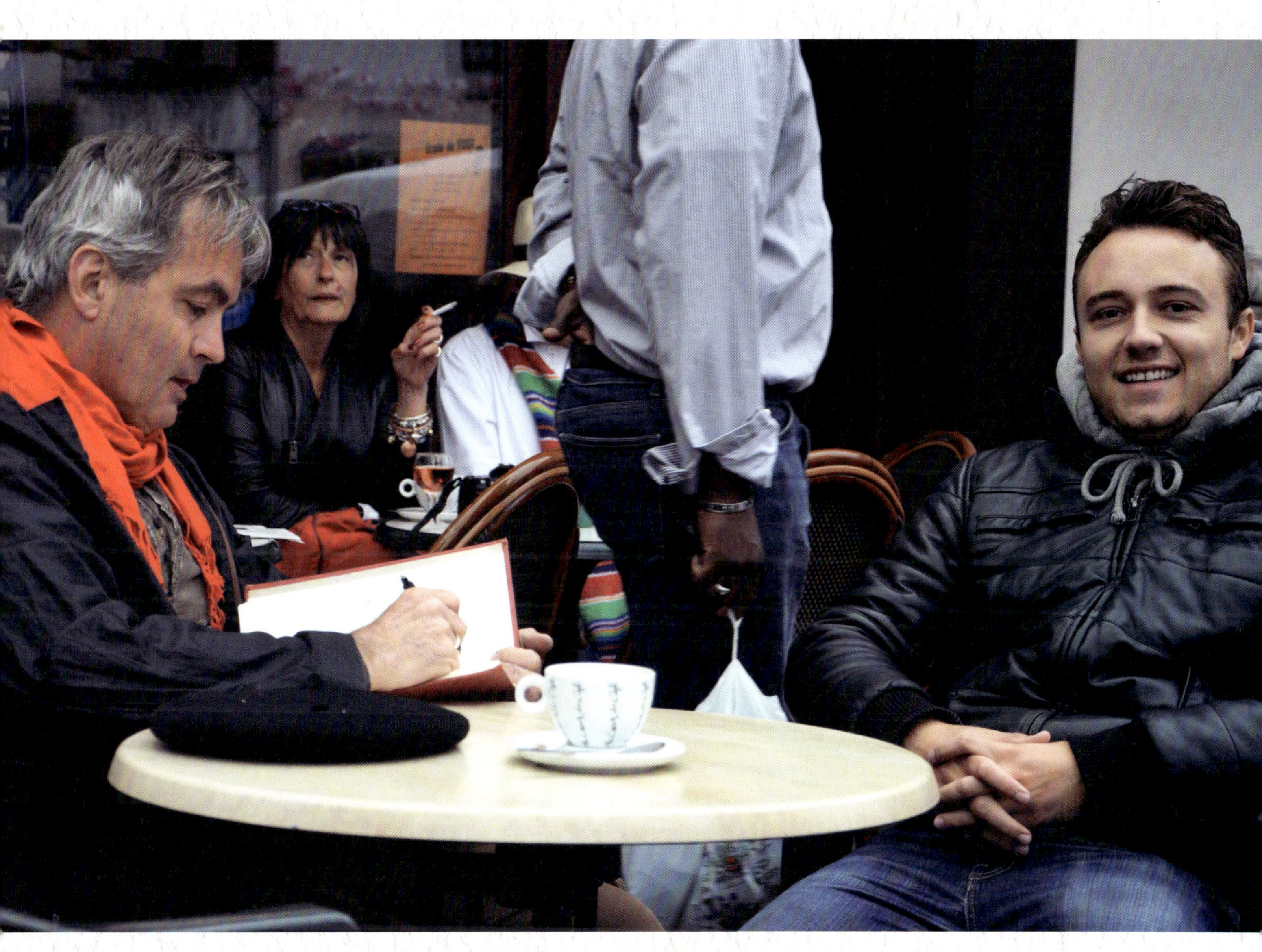

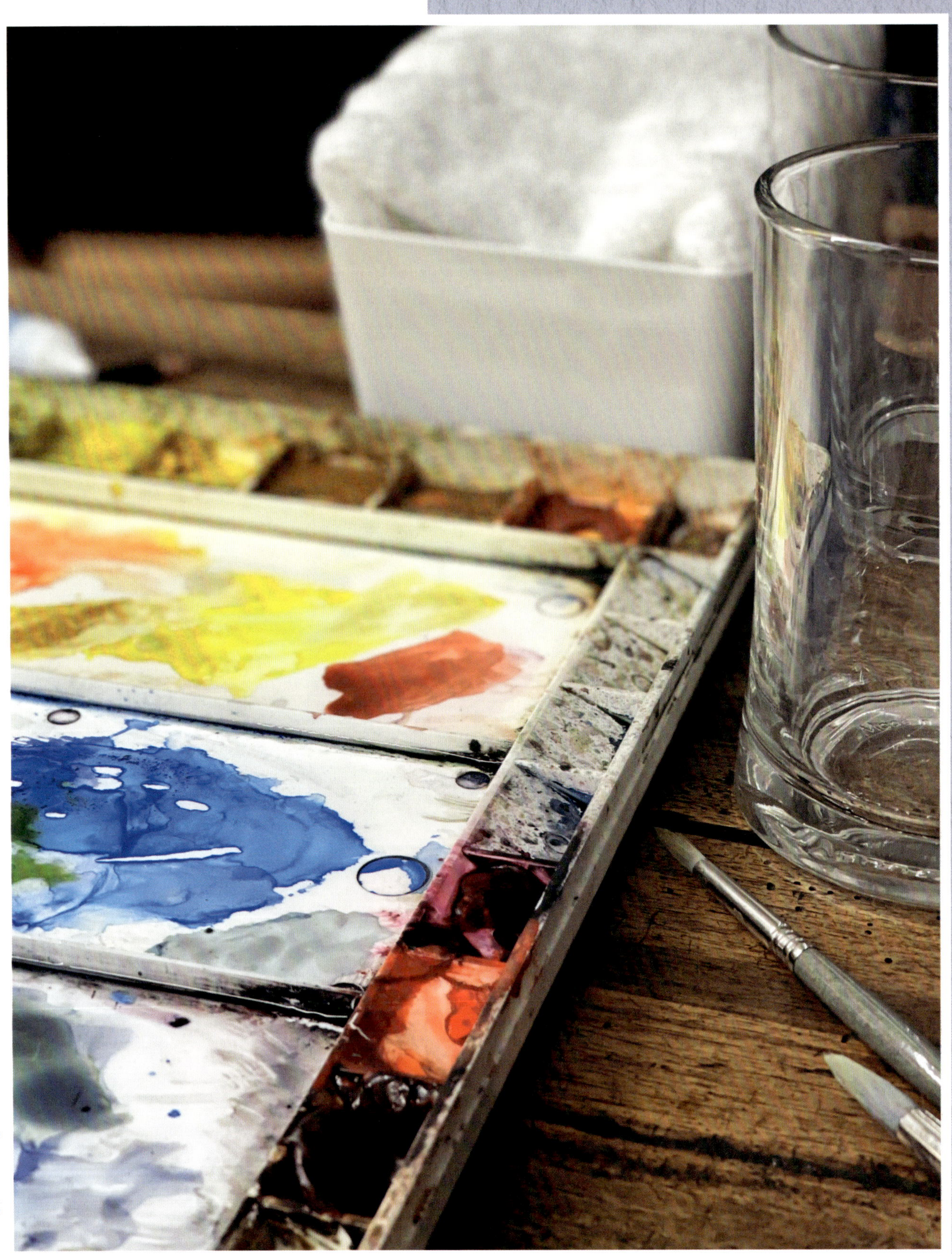

Grundlagen

Malen ist eine kreative Tätigkeit, die vor allem mit Intuition und Emotionen verbunden wird. Diese Qualitäten garantieren jedoch nicht den Erfolg eines Bildes. Als Basis ist theoretisches Wissen und Technik nötig. Erst nach der Aneignung von Grundkenntnissen ist es möglich, sich losgelöst und frei von technischen Fragen der Magie der Malerei hinzugeben. Versuchen Sie, die einzelnen Aspekte Ihrer Werke zu verbessern und stets danach zu streben, voranzukommen und mehr Wissen anzuhäufen. Dieses Streben wird Sie früher oder später auf ein gutes Niveau bringen. Weitermalen und regelmäßiges Üben sind das Wichtigste, auch wenn Sie durch schlechte Malergebnisse demotiviert sind. Lassen Sie sich von den Theoriekapiteln nicht abschrecken und versuchen Sie, gedanklich dabeizubleiben. Diese Kapitel sind die Grundlage für die gesamte gegenständliche Malerei und wenn Sie diese verinnerlicht haben, werden Sie das Wissen haben, um bessere Bilder zu malen. Vieles von diesem Wissen und den genannten Methoden wurde bereits von den alten Meistern erfolgreich angewendet.

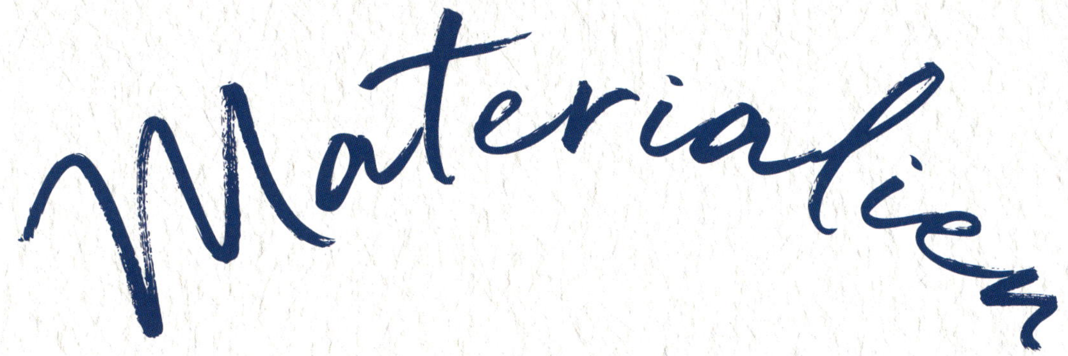

Über die Jahre habe ich sehr viele Pinsel, Farben, Papiere und alles Mögliche an Zubehör ausprobiert und schließlich eine Zusammenstellung als mein Standardequipment auserwählt. Im Folgenden stelle ich meine bevorzugten Materialien vor und gehe darauf ein, warum ich diese und nicht andere verwende.

Papier

Das richtige Papier ist das entscheidende Element beim Aquarellmaterial. In meinen Workshops sehe ich viele Anfänger*innen mit schlechtem Papier kämpfen, und ich empfehle dringend, hier nicht zu sparen und hochwertige Papiere zu kaufen, um alle gewünschten Techniken anwenden zu können. Da sollte man eher beide Seiten des Papiers bemalen, als ein schlechtes Papier zu verwenden. Mit schlechtem Papier meine ich, dass die Farbverläufe bei Nasstechniken nicht schön verlaufen und unsauber wirken, dass das Maskiermittel oder das Klebeband das Papier beim Abrubbeln oder Abziehen beschädigt, dass die Trockenpinseltechnik nicht richtig anwendbar ist und dass sich bei mehreren Farbschichten die unteren wieder stark auswaschen. Dies sind nur einige der Nachteile, die man sich möglicherweise mit dem falschen Papier einkauft.

ICH VERWENDE FOLGENDE PAPIERE:

Arches Aquarellpapier, Grain Torchon, 300 g/m²

St Cuthberts Mill, Saunders Waterford Aquarellpapier, Rough Grain, Natural White, 300 g/m²

Die beiden Papiere bestehen aus Baumwollfasern und sind saugfähiger als Papier aus Zellulose (Holz- und Pflanzenfasern). Sie sind vielseitig, sehr langlebig und alterungsbeständig. Ich bevorzuge raues Papier, weil ich häufig die Trockenpinseltechnik anwende und glattes Papier dafür nicht optimal geeignet ist. Leider sind die Papiere nicht besonders günstig in der Anschaffung, in meinen Augen aber unentbehrlich.

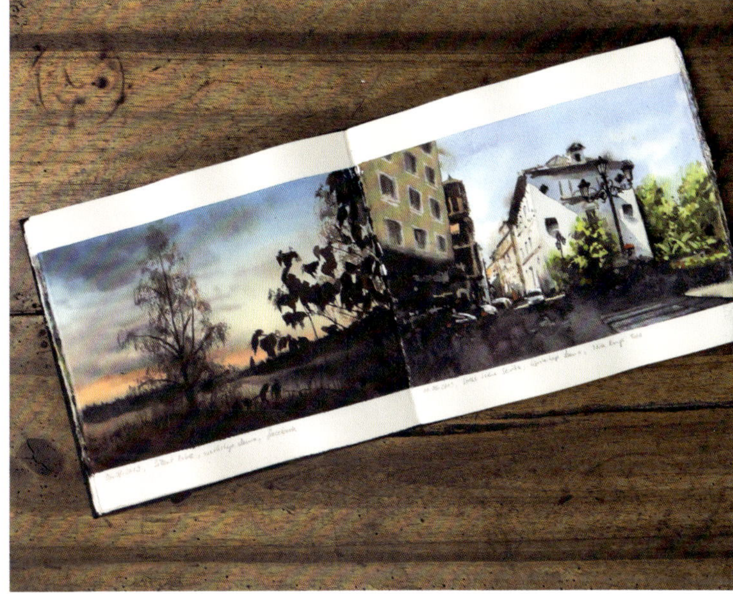

Ich favorisiere Einzelblätter mit schönem Büttenrand, benutze aber auch Aquarellblöcke. Die Papiergröße, die ich oft verwende, beträgt 56 x 38 cm, also ein halber Papierbogen. Um ringsherum unregelmäßige Ränder zu erhalten, reiße ich das Papier nach mehrmaligem Falten. Ich kann auch das Sketchbook Saunders Waterford Book Rough empfehlen. Das dort verwendete Papier entspricht dem der erwähnten Aquarelleinzelpapierbögen.

Es gibt für die unterschiedlichen Aquarelltechniken mehr oder weniger geeignetes Papier. Die oben genannten Papiere kommen meinem Stil am meisten entgegen. Es lassen sich sowohl Nass- als auch Trockentechniken sehr gut anwenden. Nicht empfehlen kann ich Papiere mit niedrigerer Grammatur, da sie leichter buckeln, wenn sie nass sind. Dickes Papier mit 640 g/m² hingegen trocknet mir zu langsam, und daher verwende ich es selten. Genauso wie hot pressed Papiere, die bei der Herstellung gepresst werden und somit sehr glatt und schwierig zu bemalen sind, wenn man Nasstechniken einsetzen möchte. Lehrreich ist es dennoch, hin und wieder die Papierart zu wechseln und sich an neue Vorgehensweisen heranzuwagen.

Entscheidend beim Aquarellpapier ist die Leimung. Sie bestimmt, wie viel Farbe das Papier aufsaugt oder wie wasserabweisend die Oberfläche ist und somit die Farbe eher an der Papieroberfläche bleibt. Das Arches-Papier saugt die Farbe etwas tiefer in die Papierfasern hinein als das Saunders Waterford, was das Auswaschen oder Wiederabheben der Farbe schwieriger macht. Dafür bleiben die unteren Farbaufträge stabiler, wenn man etwas darübermalt und werden nicht so schnell ausgewaschen. Durch die Leimung wird das Papier pilzabweisend und pH-neutral. Teilweise wird bei Qualitätspapieren noch ein alkalischer Puffer hinzugefügt, wodurch sie widerstandsfähig gegen den Säuregehalt in der Luft werden. Säurehaltiges Papier wird irgendwann gelblich und spröde. Da hochwertige Papiere meist beidseitig geleimt sind, kann man auf beiden Seiten malen. Die Oberflächen sind nur aufgrund des Herstellungsprozesses leicht unterschiedlich, was die Körnung betrifft.

Tipp

Die Lagerung von Aquarellpapier ist recht unkompliziert. Man sollte das Papier in der Plastikverpackung oder im Block aufbewahren, bis es benutzt oder gerahmt wird.

Papier aufspannen mit der „Doppelklebetechnik"

Ich möchte hier eine von mir entwickelte Technik zum Aufspannen des Papiers vorstellen. Ziel ist es, das Papier aufzuspannen, ohne einen weißen Rand außen herum zu erzeugen, dort, wo das Klebeband befestigt war. So kommt der Büttenrand schön zur Geltung und man nutzt das komplette Papier aus. Ich verwende dafür ein gelbes Malerkrepp von Tesa mit 3 cm Breite. Die Doppelklebetechnik funktioniert folgendermaßen:

- **Schritt 1:** Das Papier umdrehen, sodass die Rückseite oben liegt. Das Klebeband 1,5 cm überlappend an den Papierrändern außen herum kleben. Das Klebeband nicht zu stark auf die Malplatte andrücken.
- **Schritt 2:** Das Papier vorsichtig mit der Klebebandumrandung hochheben und umdrehen, sodass die Vorderseite oben liegt. Wenn Sie es in Schritt 1 korrekt gemacht haben, schauen 1,5 cm Klebefläche nach oben, außen am Rand des Bildes.
- **Schritt 3:** Kleben Sie eine 2. Lage Klebeband auf das erste. Diese weitere Umrandung klebt lediglich auf dem ersten Klebeband und dem Holzbrett. Dadurch ist das komplette Papier bemalbar.

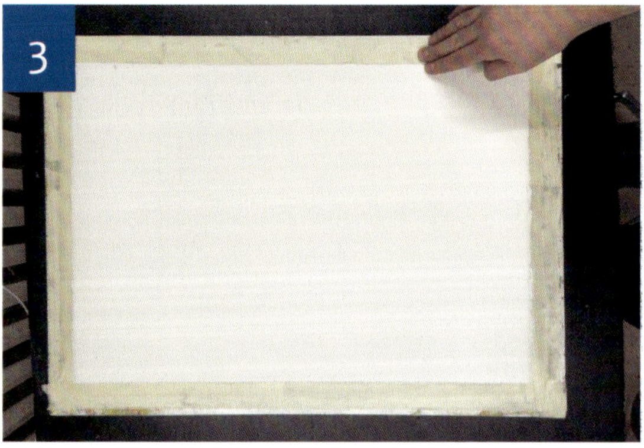

Farben

Die Inhaltsstoffe von Aquarellfarben sind sehr feine Pigmente, Gummi Arabicum, Wasser, Traganth oder Dextrine sowie Netz- und Feuchthaltemittel. Ich verwende Aquarellfarben in Künstlerqualität von Winsor & Newton, Schmincke und Daniel Smith. Ich empfehle die teurere Künstler-Aquarellfarbe, da diese eine bessere Leuchtkraft besitzt und man weniger Farbe benötigt. Des Weiteren empfehle ich unbedingt Tubenfarben, da es sehr mühsam ist, aus Näpfchen eine größere Menge Pigment herauszubekommen. Oft muss man ja sehr schnell sein in der Aquarellmalerei, und langes Rühren in den Farbnäpfchen ist nicht von Vorteil. Genauere Erklärungen zu meiner Farbauswahl gebe ich im Kapitel Farben auf S. 45.

Meine Farben sind weitestgehend von Winsor & Newton, andere Hersteller gebe ich in Klammern an.
Meine Farbpalette besteht aus folgenden Farben:

- Kadmiumgelb
- Kadmiumzitronengelb
- Gelbocker
- Magnesiumbraun
- Siena gebrannt
- Kadmiumrot
- Lasurorange (Schmincke)
- Permanent Alizarinkarmesin
- Französisch Ultramarin
- Kobaltblau
- Winsorblau (Rotton)
- Kobalthelltürkis
- Permanent Saftgrün
- Grüngold
- Seegrün (Daniel Smith)
- Elfenbeinschwarz
- Payne's Grau
- Marsschwarz
- Titanweiß

Pinsel

Der richtige Pinsel in einer bestimmten Malsituation kann das Leben sehr viel leichter machen. Ich möchte vor allem auf die von mir verwendeten Pinsel eingehen und erklären, warum ich sie benutze. Nach vielen Jahren des Durchprobierens und unzähligen Empfehlungen anderer Künstler*innen habe ich mir dieses relativ kleine Pinsel-Repertoire zusammengestellt. Ich verwende sowohl Echthaar- als auch Kunsthaarpinsel, denn beide haben ihre Vorzüge.

ICH VERWENDE FOLGENDE PINSEL:

Escoda Aquario, Nr. 16

Escoda Perla, Nr. 12

Escoda Perla, Nr. 8

Da Vinci Maestro 35, Nr. 8

Da Vinci Maestro 1203K, Nr. 1

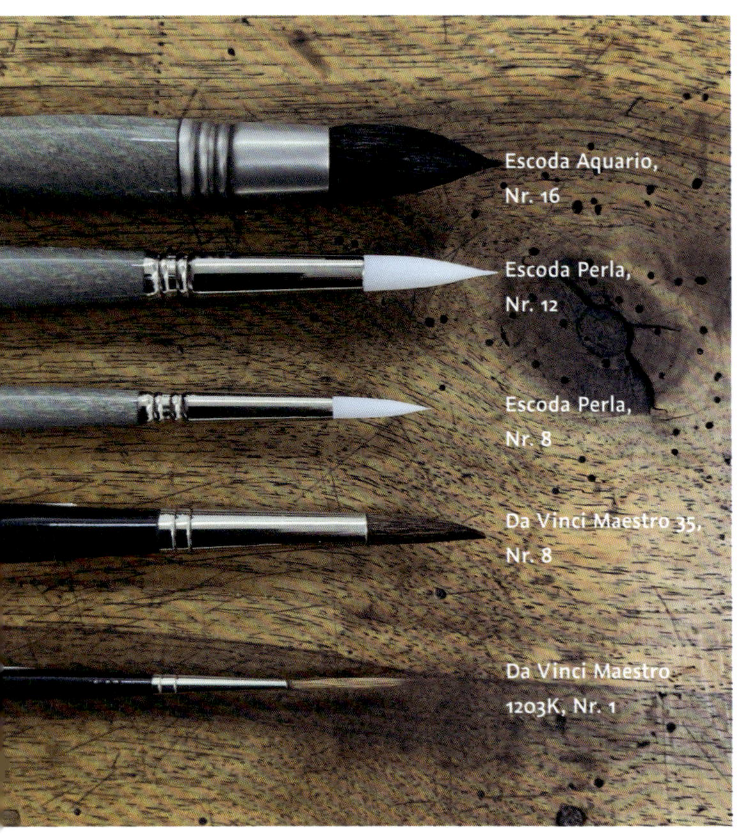

Ich bevorzuge Rundpinsel. Flachpinsel verwende ich nicht, hauptsächlich aus Gewohnheitsgründen. Tatsächlich reichen mir der **Escoda Aquario, Nr. 16** und der **Escoda Perla, Nr. 12**, um einen sehr großen Teil des Bildes zu malen. Ich verwende den Escoda Aquario aus Fehhaar, um Lavierungen oder größere Farbaufträge zu malen. Er hält eine optimale Menge Wasser und gibt es gut kontrollierbar wieder ab. Der Escoda Perla besteht aus Synthetikfasern und ist durch die gute Spitze und den guten Stand universell einsetzbar. Ich benutze ihn in der Regel für die mittleren und kleinen Farbaufträge. Allerdings behält er seine Spitze nur eine begrenzte Zeit und muss hin und wieder ausgetauscht werden. Der **Da Vinci Maestro 35, Nr. 8** ist hervorragend geeignet, um ohne große Anstrengung die Trockenpinseltechnik zu erzeugen. Näher beschrieben wird dies ab S. 28. Er besteht aus Naturhaar (Sibirischer Kolinsky-Rotmarder) und hat eine sehr feine Spitze. Ich verwende ihn hauptsächlich als Effektpinsel. Der **Da Vinci Maestro 1203K, Nr. 1** ist ein feiner Linierer und beherrscht ebendiese feinen Linien, die ich gerne in Trockenpinseloptik ausführe.

Tipp

Um die Langlebigkeit der Pinsel zu gewährleisten, sollte man Pinsel nach dem Malen mit klarem Wasser auswaschen und bestenfalls mit den Haaren nach unten aufhängen, sodass das Wasser herauslaufen kann. Ich lasse sie meist auf dem Tisch auf einem Tuch liegen, bis sie trocken sind, und stelle sie dann mit den Haaren nach oben in ein Glas. Stellen Sie die Pinsel nicht nass mit den Haaren nach oben auf, da das Wasser in die Zwinge läuft und den Kleber der Pinselhaare lösen kann! Lassen Sie den Pinsel keinesfalls länger im Wasser stehen, dies kann zu Verformungen führen oder zum Platzen des Holzstiels, was mir selbst schon passiert ist. Man sollte sie so lagern, dass sie nicht verbiegen. Eine Pinselseife verwende ich nicht.

Mischpalette

Der Begriff Palette bezeichnet sowohl die eigene Farbauswahl als auch das Hilfswerkzeug, auf dem man die Farben mischt. Hier ist der Malkasten mit den Mischflächen gemeint. Es gibt Paletten aus Metall, Keramik oder Kunststoff. Die Mischflächen müssen weiß sein, damit man die Farbe unverfälscht erkennen kann. Aktuell verwende ich die Plastikpalette **Masterson Super Pro Sta-Wet Palette** mit drei getrennten Mischbereichen, weil ich diese Aufteilung optimal finde. Bei Kunststoff hat man leider meist direkt nach dem Kauf das Problem, dass die Farbe auf der Mischfläche Tropfen bildet und sich zusammenzieht, was sich aber meist nach einigen Malsessions verbessert. Das beste Material ist meiner Meinung nach Keramik, da die Farbmischung sehr gut auf der Palette verläuft und die Farben optimal zu mischen sind. Allerdings ist sie sehr schwer und nur im Atelier oder zu Hause zu empfehlen. Für die Pleinair-Malerei draußen verwende ich den Malkasten **Holbein Palette No. 1000** aus Metall von der japanischen Firma Holbein Artist Materials.

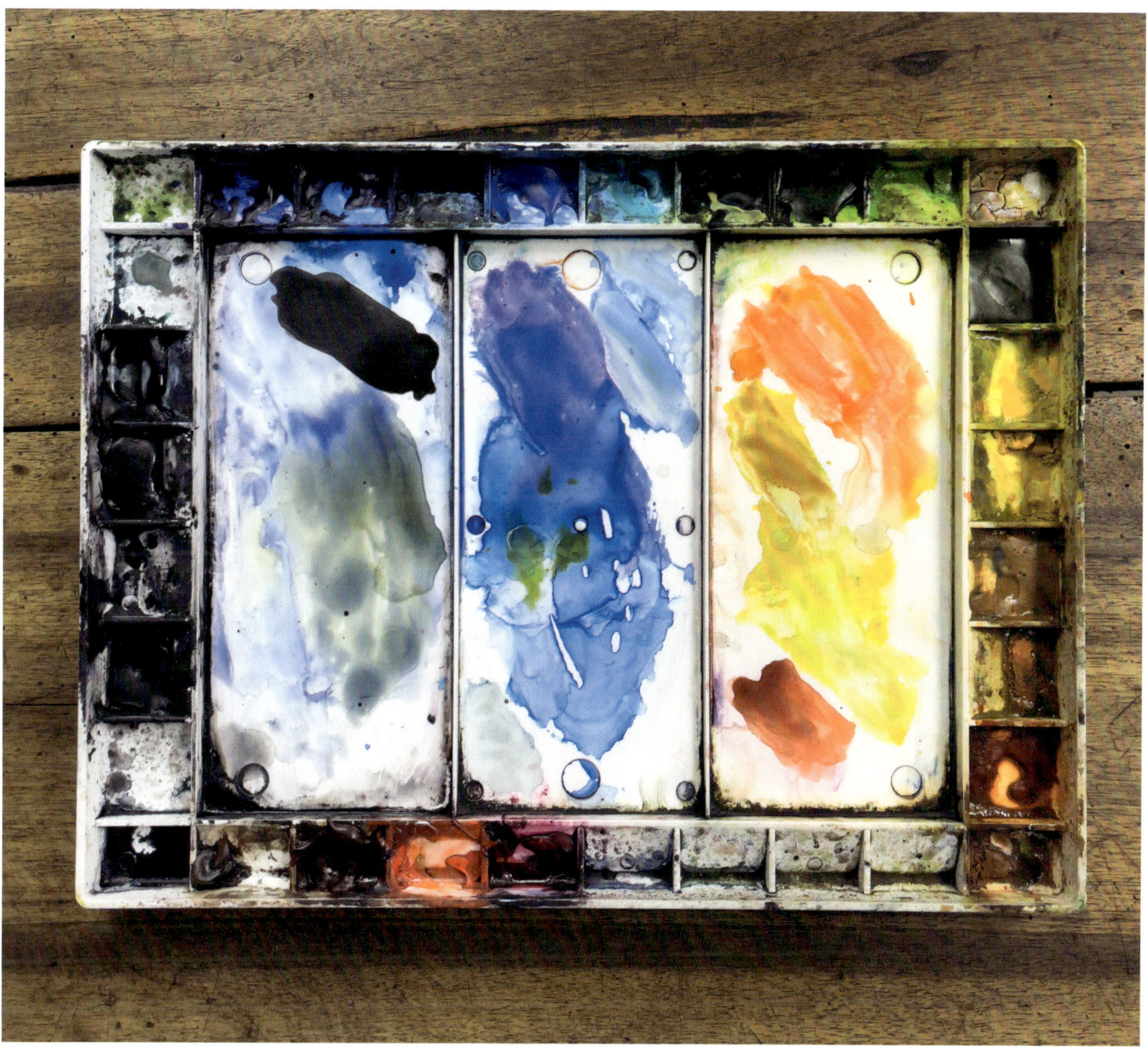

Weitere Materialien

Diese anderen Materialien verwende ich:

- **Kreppklebeband:** 3 cm breit, zum Fixieren des Papiers.
- **Holzbrett:** Um das Papier zu fixieren, falls kein Aquarellblock verwendet wird. Ich besitze eine 6 mm starke Birkensperrholzplatte.
- **Bleistift:** Härte 2B.
- **Knetradiergummi:** Dieser ist papierschonender und erzeugt keine Brösel.
- **3 Wasserbecher:** Der dritte Becher ist dafür da, wenn man im Notfall klares Wasser braucht. Daher steht er ganz außen, schlecht erreichbar, sodass ich das Wasser nicht gleich verschmutze. Das Wasser in den Bechern sollte während des Malprozesses immer mal ausgewechselt werden.
- **Tücher:** Handtuch, Küchenkrepp oder Geschirrtuch, es sollte gut saugen.
- **Plastikbehälter:** Für ein Tuch zum Abstreichen der Pinsel.
- **Sprühflasche feinzerstäubend:** Um das Papier feuchtzuhalten.
- **Sprühflasche grobzerstäubend:** Um das Papier fleckenhaft mit Wasser zu benetzen oder um Tropfeneffekte zu erzeugen, wenn Sie das Wasser in einen nebelfeuchten Farbauftrag sprühen.
- **Stufenelement:** Hiermit lassen sich verschiedene Schrägen realisieren. Das von mir verwendete Bauteil ist von Item Industrietechnik GmbH. Ich verwende meist die mittlere Position mit 4 cm Höhe.
- **Aquarell Maskiermittel:** Ich trage es mit einem günstigen kleinen Rundpinsel auf und wasche es gleich nach dem Auftragen aus, damit der Pinsel nicht antrocknet.

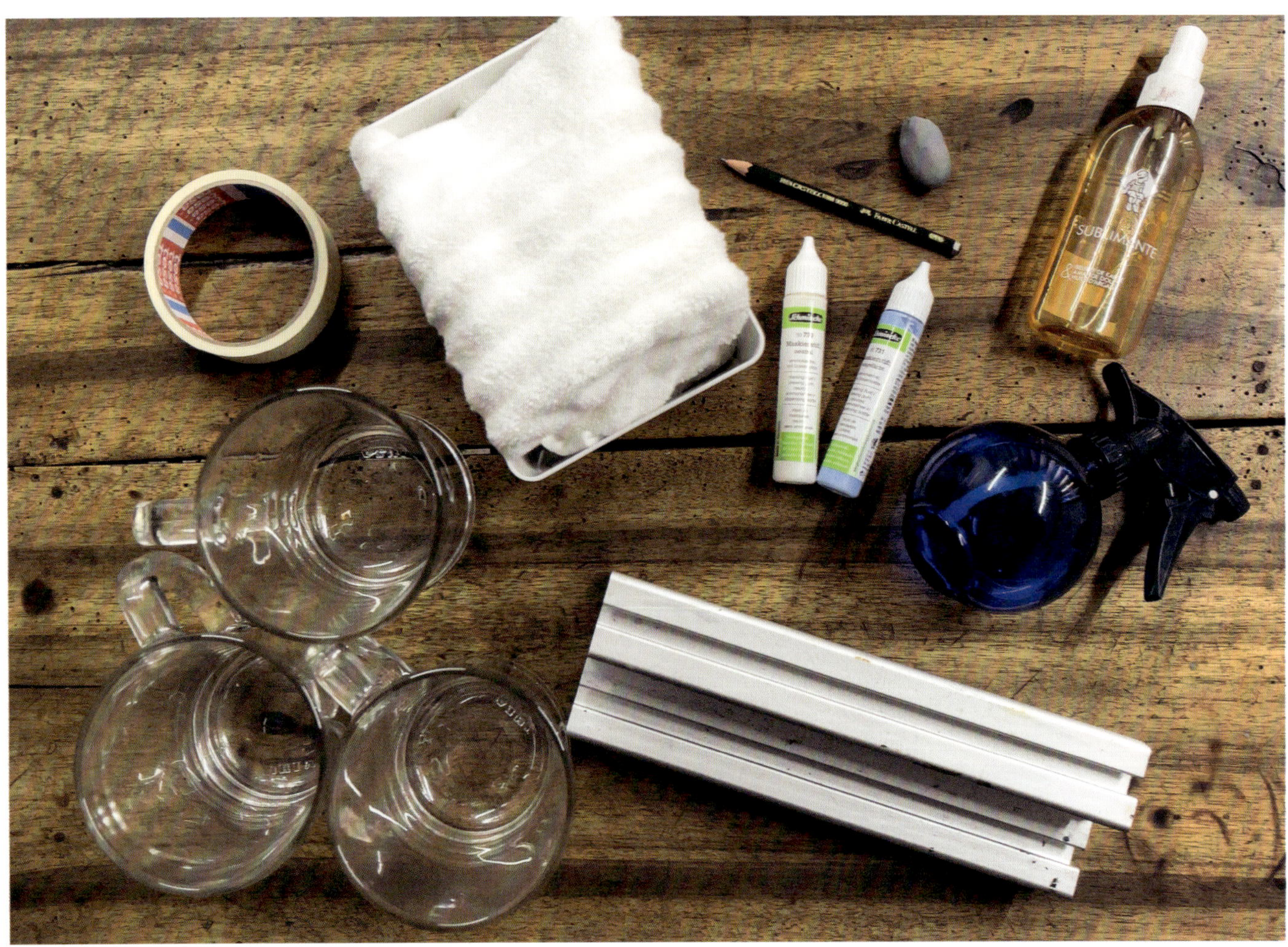

Der Arbeitsplatz zu Hause und im Atelier

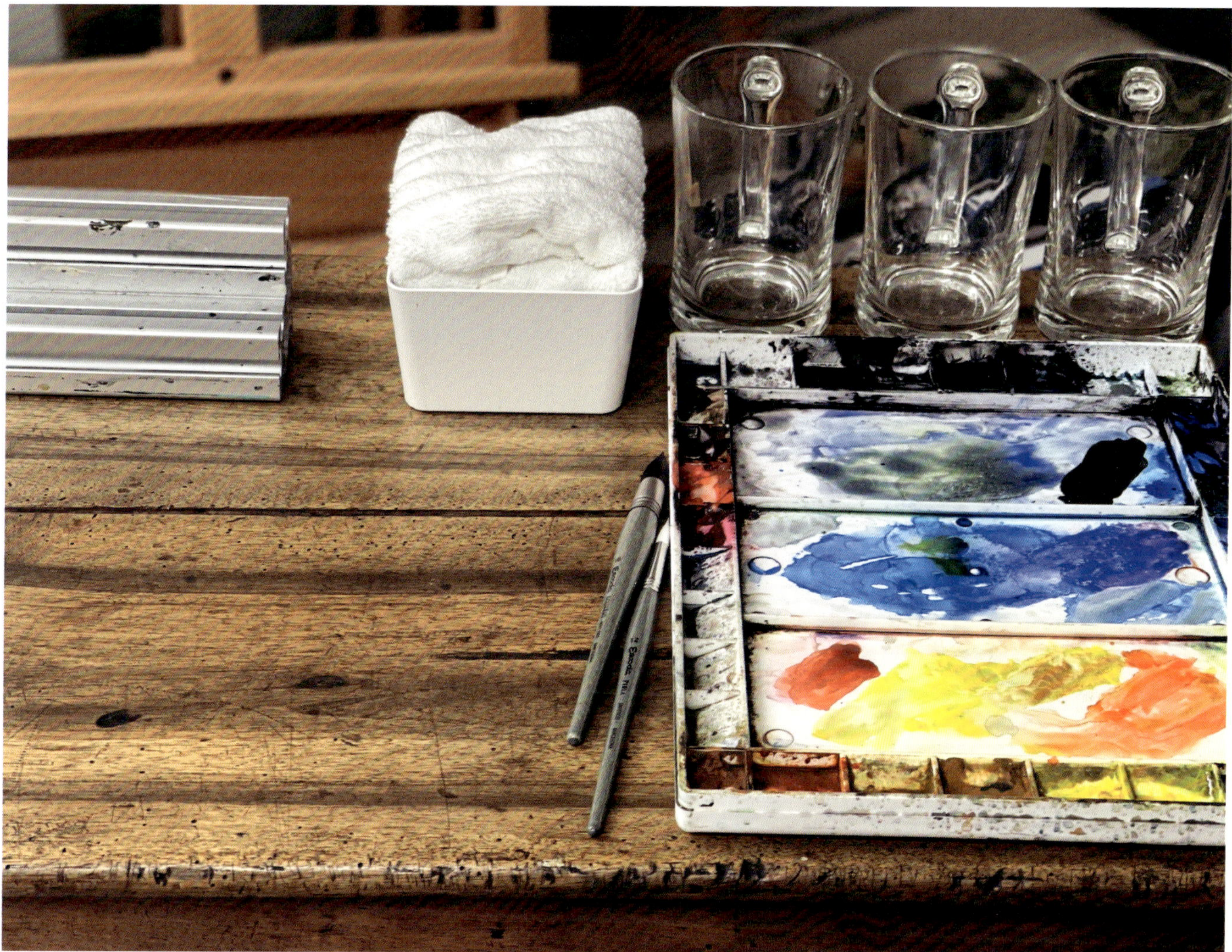

Es ist empfehlenswert, einen eigenen Malbereich zu haben, an dem alle Materialien stets bereitliegen, sei es zu Hause oder im Atelier. Das erleichtert den Beginn des Malprozesses, weil es oft eine Barriere darstellt, alle Utensilien erst herrichten zu müssen. In einem separaten Raum oder gar einem eigenen Atelier ist man außerdem ungestört.

Seitdem ich ein eigenes Studio habe, konnte ich meine Konzentration und die Ergebnisse stark verbessern. Dort verwende ich zwei Tageslicht-LED-Leuchtröhren, die links und rechts vom Bild an der Decke angebracht sind, sodass möglichst keine Schatten auf dem Bild und den Materialien verursacht werden.

Formen

Seit Jahrhunderten versuchen Künstler*innen, die Realität auf einem zweidimensionalen Trägermaterial wie Papier nachzuahmen. Dabei ist es essentiell für die gegenständliche Malerei, dass man nicht in Objekten denkt, sondern in abstrakten Formen. Es ist erforderlich, diese Farbformen im Motiv zu erkennen und korrekt auf das Papier zu übertragen. Auf diese Art und Weise lässt sich jedes beliebige Motiv malen und die Komplexität von Licht und Formen realistisch und überzeugend darstellen.

Farbformen

Malen ist das Lernen, wie man Farbflecken auf das Papier setzt, einen nach dem anderen, mit unterschiedlichen Größen und Formen. Alle im Bild vorkommenden Farbflecken, oder besser Farbformen, ergeben schließlich das Motiv, wenn diese in der richtigen Größe, in der richtigen Form und an der richtigen Stelle platziert werden. Zusätzlich müssen diese die korrekten Tonwerte, Kanten und Farben haben. Auf diese Fachbegriffe werde ich in den nachfolgenden Kapiteln ausführlich eingehen.

Was ist mit Formen oder Farbformen gemeint? Es geht nicht um Standardformen wie Rechtecke, Dreiecke oder Kreise, sondern um beliebige abstrakte Formen. Eine Form kann eine Person oder ein Objekt sein, eine Menschengruppe, ein Schattenbereich, aber auch ein Himmel, unten begrenzt von einer Gebirgskette. Formen können also klein, groß, konkret oder abstrakt sein oder aber positiv oder negativ. Positive Formen sind bewusst im Gemälde platziert, negative werden vom Raum gebildet, der übrig bleibt. Negative Räume stellen Bereiche bereit, in denen das Auge ruhen kann. Große Formen sind wichtige Bestandteile einer Komposition, sie bilden das Gerüst des Gemäldes und tragen die anderen Elemente. Hier in der Abbildung sehen Sie unterschiedliche Formen, große und kleine, positive und negative, abstrakte und gegenständliche.

Wenn Sie ein Motiv sehen, sollten Sie sich als Erstes fragen, welche Formen Sie sehen und welche Größen diese im Verhältnis zu anderen haben. Dabei müssen Sie es sehr genau beobachten und vergessen, um welche Objekte es sich handelt und nur auf Farbformen achten! Zusätzlich sollten Sie überlegen, wie hell oder dunkel die Formen sind und welcher Farbfamilie (z. B. Rot oder Gelb) sie angehören. Bevor Sie das Bild starten, sollten Sie die Formen klar vor Augen sehen können. Versuchen Sie sich während des Malens auf korrekte Farbformen zu konzentrieren, mehr müssen Sie eigentlich nicht tun!

Tipp

Wenn Sie beim Betrachten des Motivs die Augen etwas zusammenkneifen, reduzieren sich die Details, und das Subjekt wird vereinfacht. Dies hilft Ihnen, die wichtigen Formen klarer zu sehen. Verschwimmen Formen miteinander, malen Sie diese auch so und fassen sie Sie zu Formengruppen zusammen. Diese Methode behandle ich ausführlicher im Kapitel Tonwerte ab S. 20.

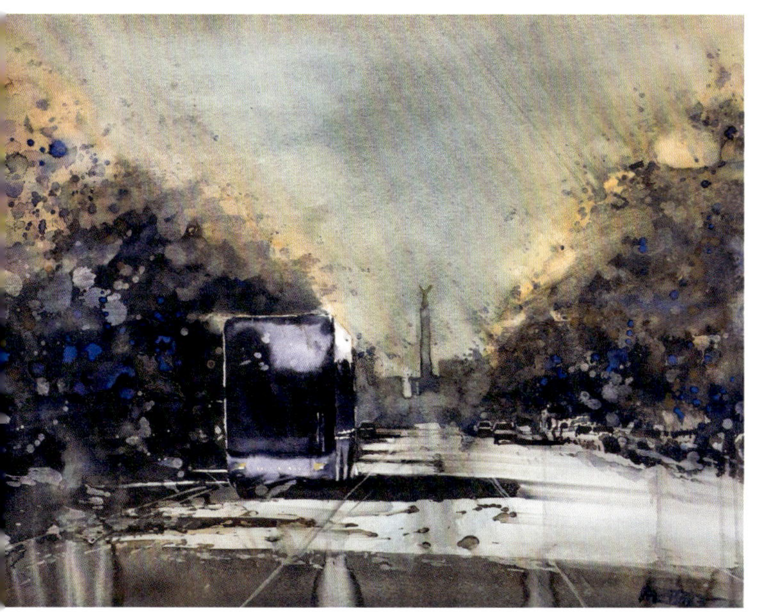

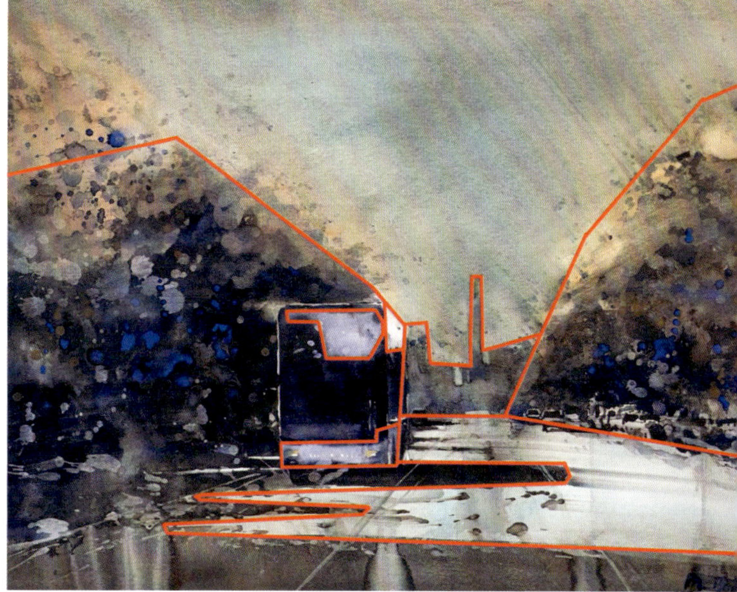

Größe der Formen

Die Festlegung des großen Designs sollte einer der ersten Schritte bei der Planung eines Bildes sein und ist sehr wichtig für das Funktionieren des Bildes! Dabei geht es darum, große abstrakte Formen anzuordnen, die das Motiv ausmachen. Diese sollen die Struktur der Komposition festlegen und die angestrebte Botschaft unterstützen. Man kann bereits hier festlegen, ob die Anordnung gleichmäßig ist und Ruhe ausstrahlt oder eher ungleichmäßig und dadurch Unruhe und Dynamik erzeugt. In diesem Stadium sollte man auch definieren, wo der Fokus liegt. Formen werden hauptsächlich durch unterschiedliche Tonwerte differenziert, aber auch durch Kanten, Farben und den Detaillierungsgrad in verschiedenen Bereichen des Bildes.

Man kann die Formen eines Bildes in 3 Kategorien einteilen:

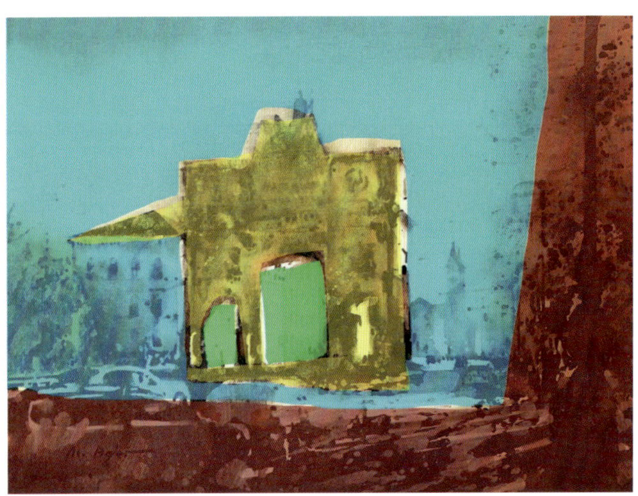

1. GROSSE FORMEN

In der Regel sollten Bilder 3 bis 5 große abstrakte Hauptformen enthalten, die in der Planung zuerst festgelegt werden sollten. Sie sind das Grundgerüst der Komposition und das erste, das dem Betrachter auffällt, wenn er das Bild von der anderen Seite des Raumes sieht. Dieses große Design entscheidet, ob er weiteres Interesse an dem Gemälde hat oder nicht. Das Beispielbild könnte man so unterteilen. Je stärker man die Augen zusammenkneift, desto weniger und gröbere Formen sieht man. Bei den großen Formen muss man also kräftig zusammenkneifen, bei den mittleren etwas weniger, bei den kleinen kaum noch.

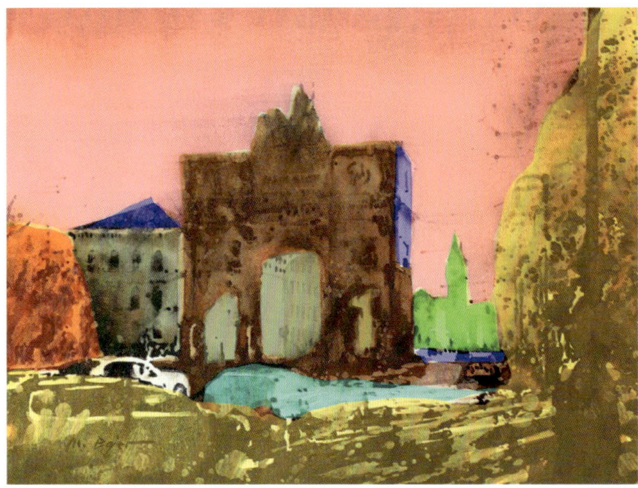

2. MITTELGROSSE FORMEN

Durch sie wird das Motiv verständlicher. Die Formen können abstrakt sein oder es kann sich um gegenständliche Objekte handeln. Sie erzeugen Aufmerksamkeit und ziehen den Blick der Betrachter*innen in die Komposition. Hier soll das Auge zum Fokus geführt werden und eine Formenhierarchie im Bild geschaffen werden.

3. KLEINE FORMEN

Hier geht es um Details, die der Betrachter erkennen kann, wenn er näher an das Bild herantritt. Auch sie können abstrakt oder gegenständlich sein. Durch Texturen, farbliche Feinheiten oder markante Pinselstriche, die man erst aus der Nähe erkennt, kann man dem Betrachter Schmankerl bieten und so länger seine Aufmerksamkeit auf sich ziehen. Die Flecken im Bild wurden erzeugt, indem Wasser auf die trockene Farbe gespritzt wurde und schnell mit einem Tuch weggewischt wurde. Dies funktioniert nur mit Papier, das die Farbe eher an der Oberfläche behält.

Formen verbinden

Entscheidend für Bilder und ihre Wirkung ist, ob und wie Formen miteinander verbunden sind. Immer wenn nebeneinanderliegende Formen ähnliche Tonwerte haben, lassen sich diese zu einer größeren Form zusammenfassen, verbunden durch weiche Kanten. Solche Formengruppierungen führen zu mehr Einheit und sind effektive Vereinfachungen. Sie machen Bilder leichter lesbar, harmonischer und sind der Schlüssel für eine flüssige Komposition. Ineinanderfließende Übergänge lassen das Auge leichter zur nächsten Form passieren, dagegen erzeugen viele Trennungen und harte Kanten ein unangenehmes und abgehacktes Gefühl beim Betrachter. Hier im Beispiel sieht man, wie weiche Kanten und ähnliche Tonwerte aus beieinanderstehenden Menschen eine Menschengruppenform erzeugen. Das andere Beispiel zeigt, wie Schattenbereiche zusammengefasst und ohne harte Kanten dargestellt werden sollten.

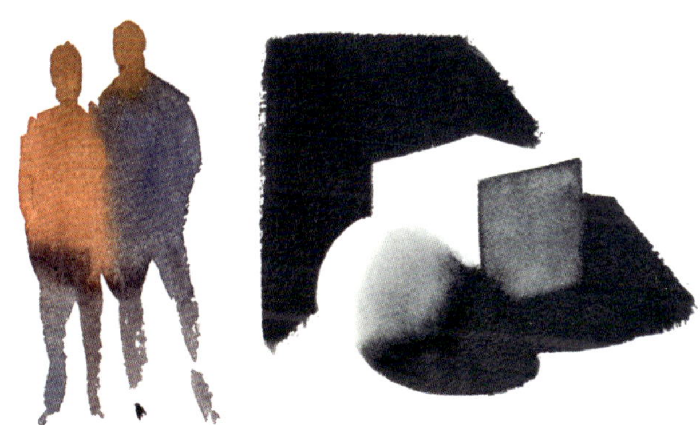

ÜBUNG

Suchen Sie sich ein Motiv und definieren Sie 3 bis 5 Hauptformen, die das große Design ausmachen. Kneifen Sie die Augen zusammen, um die Details zu reduzieren und die großen Formen klarer zu erkennen! Hauptsächlich werden die Formen durch unterschiedliche Tonwerte definiert, wie im Beispiel unten zu erkennen ist.

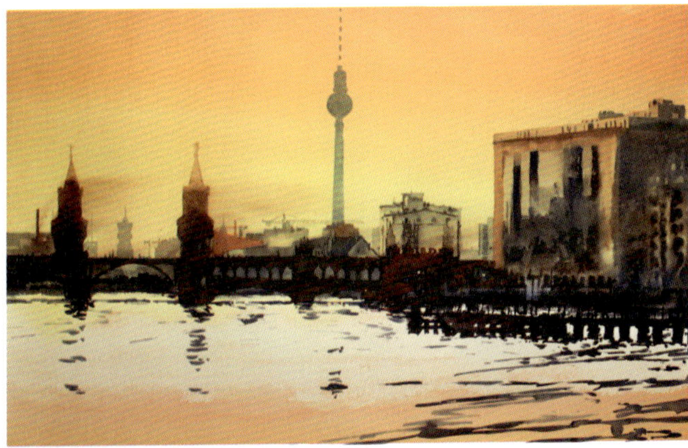

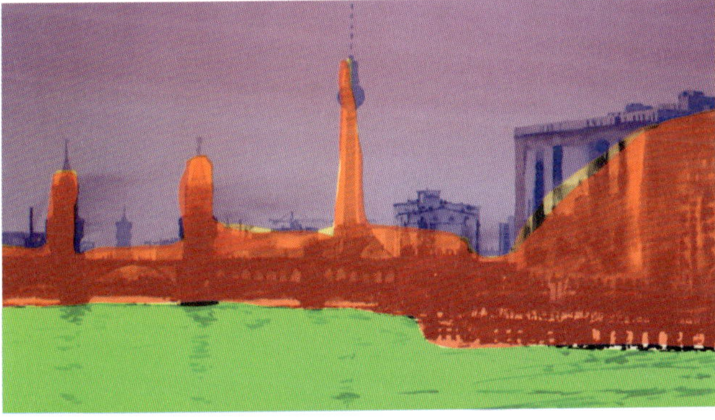

Tipp

Malen Sie das, was Sie sehen, nicht das, was Sie wissen!

Durch das Denken in Formen statt in Objekten lässt sich auch die Komposition besser planen. Des Weiteren können wir durch dieses Vorgehen alle möglichen Dinge malen, unabhängig von Objekten, da jedes Motiv lediglich aus Formen aufgebaut ist, die durch Licht und Schatten definiert sind.

Warum sollte man in Formen denken?

Eine Schwierigkeit beim Malen ist, dass wir Dinge oft aus Erfahrung malen und nicht wirklich genau hinschauen. Wir wissen, dass ein Baum im Sommer grün ist und eine runde Silhouette hat, daher malen wir ihn auch so. Wenn wir ihn aber genauer betrachten und auf seine Formen achten, ist seine Kontur womöglich eher fransig und die Farbe eher ein gelblicher Ton. Wir lassen uns hier täuschen und müssen uns zwingen, die Farbformen nüchtern zu analysieren. Das erfordert eine neue Art des Sehens und Denkens.

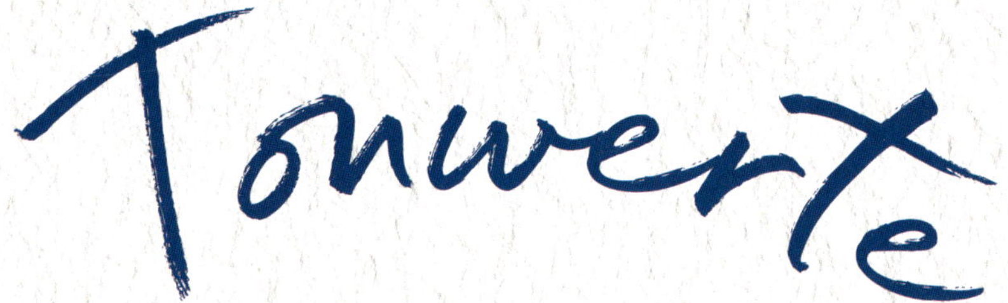

Die Kontrolle über die Tonwerte ist wesentlich für gelungene Bilder, andernfalls wirken sie flach, leblos und haben keine Tiefe. Tonwerte können nicht ohne Formen und Farben existieren, sie sind miteinander verknüpft. Die unterschiedlichen Tonwerte müssen richtig erkannt werden, die Umsetzung geplant und schließlich die Helligkeitsabstufungen dementsprechend auf das Papier gebracht werden. Die Tonwerte des Motivs sollten auch genauso im Gemälde zu finden sein, außer man hat Gründe, diese zu verändern.

Was sind Tonwerte?

Ein Tonwert ist ein Helligkeitsgrad einer Farbe. In der Natur gibt es sehr viele Helligkeitsabstufungen. Wenn man ein Graustufenbild betrachtet, kann man die unterschiedlichen Tonwerte leicht erkennen, sobald jedoch mehrere Farben ins Spiel kommen, ist es schwieriger, die Tonwerte zu erfassen. Anstatt mit einer riesigen Vielfalt von Tonwerten zu arbeiten, entwickelte Albert Henry Munsell Anfang des 20. Jahrhunderts das erste moderne Farbsystem und stufte die Tonwerte von 0 (Schwarz) bis 10 (Weiß) ein.

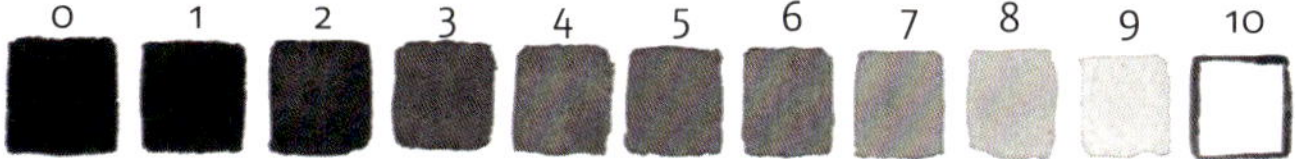

Diese Unterteilung ist jedoch zu genau, um sie in der Praxis anzuwenden. Eine vereinfachte Skala mit vier Tonwertstufen reicht als Basis für die Planung der Tonwertstruktur aus, jedoch setze ich, wo nötig, noch feinere Zwischentöne während des Malens ein. Es ergibt für die Aquarellmalerei Sinn, im Unterschied zu Munsell, die Skala von hell nach dunkel laufen zu lassen, da das Papier zu Beginn weiß ist und die Tonwerte in der Regel von hell nach dunkel aufgebaut werden. Hier sehen Sie die Tonwertstufen der Farbe Elfenbeinschwarz von Winsor & Newton in einer reduzierten Skala.

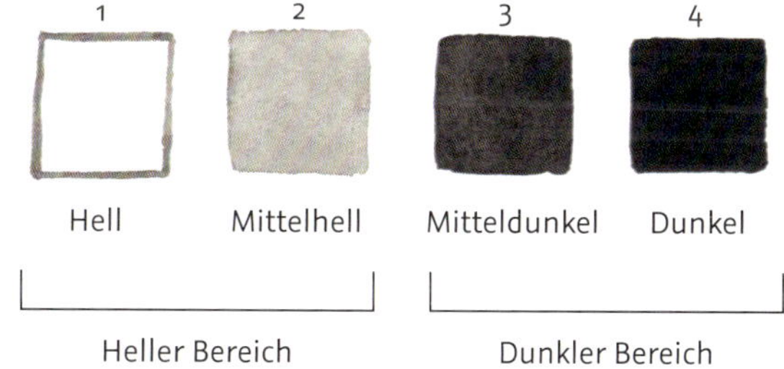

Gedanklich teile ich ein Motiv in einen hellen und einen dunklen Bereich, anschaulich gesprochen in einen Licht- und Schattenbereich, ein. Diese Bereiche haben je zwei Tonwerte. Für Tonwertstudien ist eine genauere Einteilung nicht nötig. Der Tonwert 1 ist ein heller Farbauftrag, vereinfacht wird er weiß dargestellt, der dunkle Tonwert 4 ist ein dunkler Farbauftrag, vereinfacht wird er schwarz dargestellt. Bei der Umsetzung der Studie als Aquarellbild darf der Tonwert 1 aber ruhig eine helle Farbe haben und Tonwert 4 sollte nicht komplett schwarz sein. Die hellst- und dunkelstmöglichen Stellen in Aquarellen sollten nur Akzente sein und nicht großflächig angewendet werden. Sie liegen in der Regel innerhalb eines größeren hellen Licht- oder dunklen Schattenbereichs.

Tipp

Wenn man Elfenbeinschwarz oder ein anderes Schwarz verwendet, um Dunkelheiten zu malen, bedeutet das nicht automatisch, dass der Farbauftrag dunkel ist, weil dieser auch stark verdünnt aufgetragen werden kann.

Jede Farbe kann in verschiedenen Tonwerten auftreten! In der Skala unten wurde Französisch Ultramarin in unterschiedlichen Wasser-Pigment-Verhältnissen aufgemalt. Man darf die einzelnen Tonwerte nicht mit anderen Farbmischungen verwechseln. Es handelt sich ausschließlich um Französisch Ultramarin.

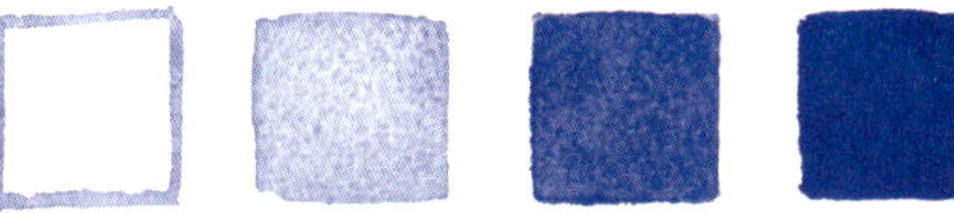

Tipp

Man kann auch nur mit Abschnitten der Tonwertskala arbeiten und nur den hellen oder den dunklen Bereich verwenden, wenn man blasse oder dunkle Bilder malen möchte. Dies bezeichnet man im Englischen als „high-key“ (helles Bild) oder „low-key“ (dunkles Bild).

Darüber hinaus muss man beachten, dass man Tonwerte relativ zur Umgebung anders bewertet. Die Tonwerte der beiden Quadrate sind gleich, wirken aber unterschiedlich bei verschiedenen Umgebungstonwerten und können uns so täuschen!

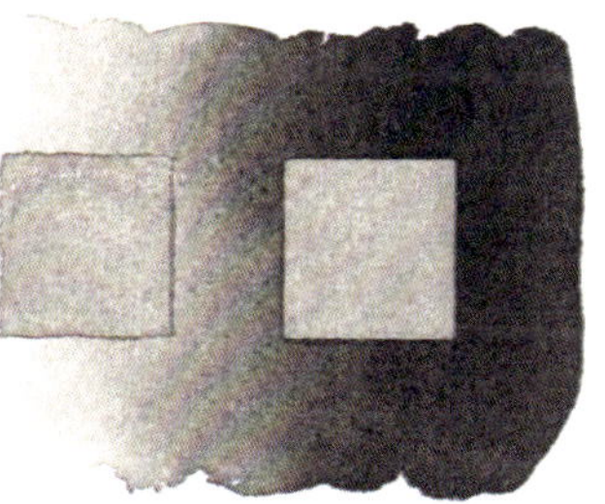

Tonwertstudie

Ein Hilfsmittel, um die Verwendung von Tonwerten zu verstehen und zu meistern, ist es, eine monochrome Tonwertstudie anzufertigen. Dabei werden Details vereinfacht und komplexe Objekte auf ihre wesentlichen Tonwerte reduziert. Die Tonwertstudie kann man mit Bleistift, Kohle, Aquarellfarben oder breiten Markern anfertigen. Man skizziert die Szene grob und zeichnet oder malt die Tonwerte ein. Das gibt einem ein gutes Gespür für die grundlegende Tonwertstruktur. Das Vorgehen sollte so sein, dass man sich fragt, wo die Lichtbereiche und wo die Schattenbreiche des Motivs sind, und diese in helle und mittelhelle Areale im Licht sowie in dunkle und mitteldunkle Areale im Schatten unterteilt. Unten sehen Sie eine Tonwertstudie und die darauf basierende farbige Umsetzung, unter Beachtung der vorher festgelegten Tonwerte.

ÜBUNG

Erstellen Sie eine Tonwertstudie, indem Sie das Bild mit Aquarellfarben nachmalen. Versuchen Sie, die Tonwerte möglichst genau zu treffen und schreiben Sie ebenfalls die Ziffern für die Tonwerte hinein.

Tipp

Vor Beginn des Malens eines Aquarells sollte man stets eine Tonwertstudie machen. Dies kann auch eine schnelle postkartengroße Skizze sein, in der die wichtigsten Tonwerte festgelegt werden. Die Vorteile sind, dass man die Tonwerte des Motivs analysiert, die Mal-Reihenfolge des Bildes festlegt und ein Gespür für das Motiv und die Komposition bekommt.

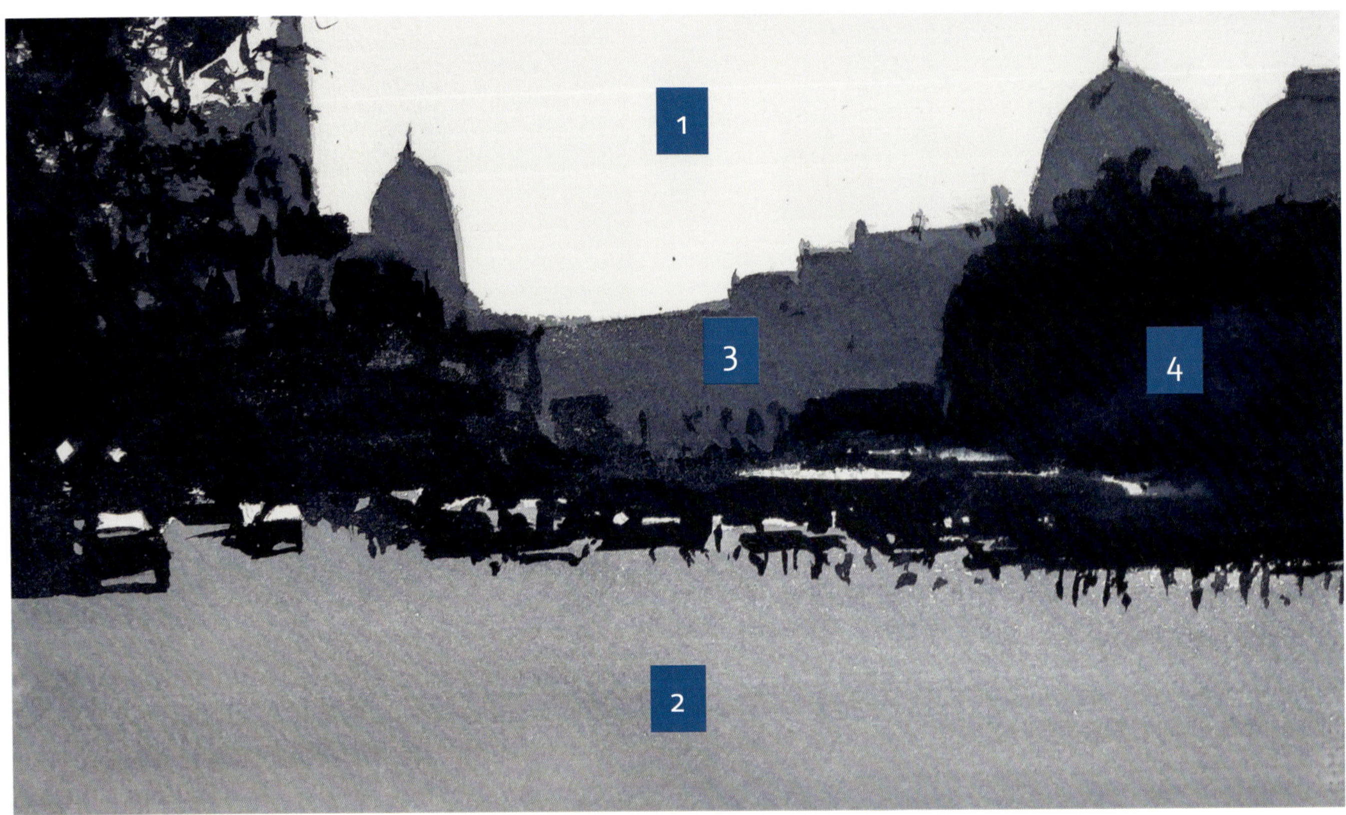

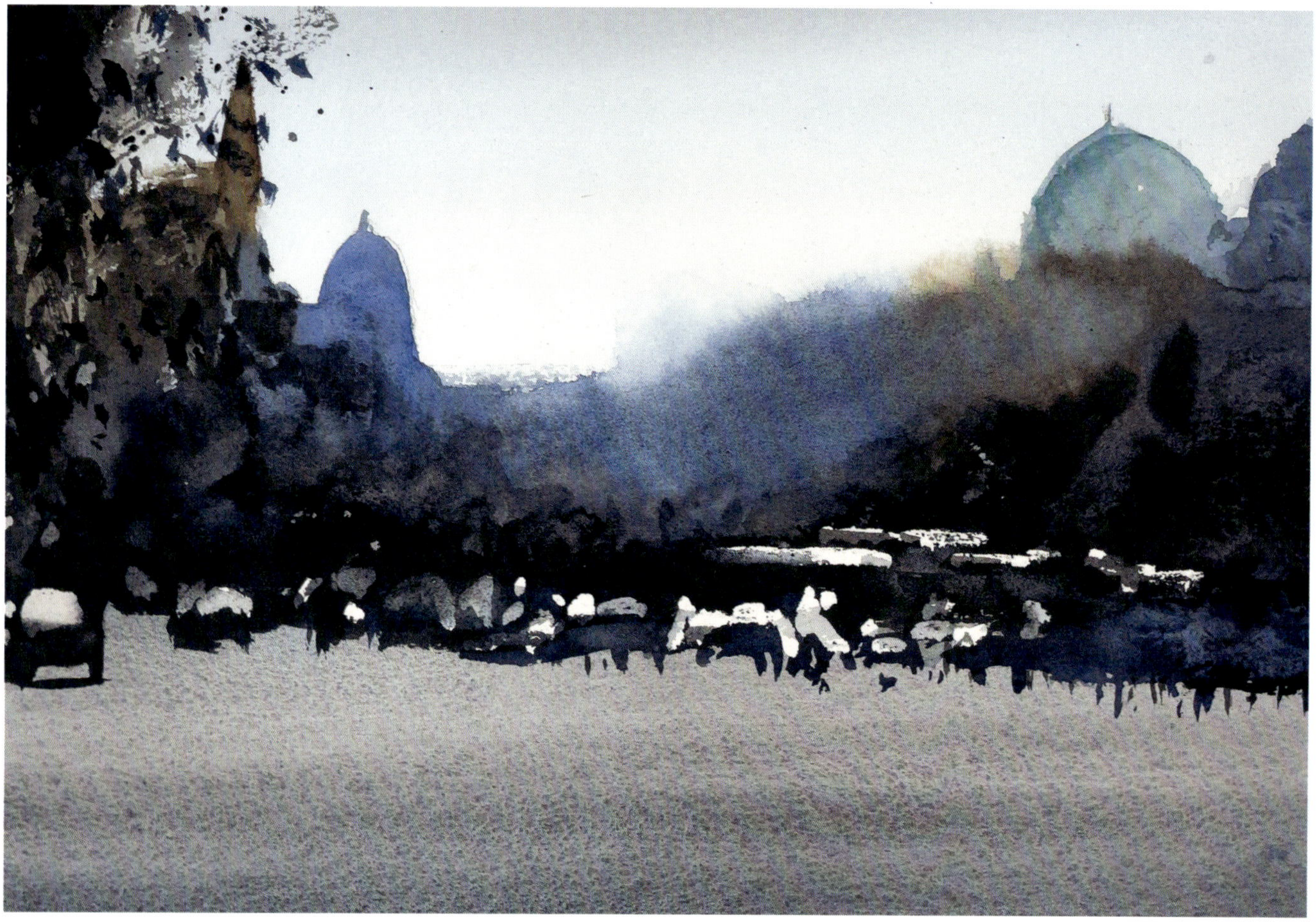

Wirkung von Tonwerten

Tonwerte sind wichtige Designelemente eines Bildes, da sie Licht, Kontrast, Tiefe, Räumlichkeit und Stimmung erzeugen. Sie sind wesentlich für die Wahrnehmung und das Verständnis von Formen im Bild und durch sie lässt sich ein dreidimensionaler Raum auf der zweidimensionalen Papieroberfläche erschaffen. Hell-Dunkel-Kontraste ziehen die Aufmerksamkeit des Betrachters magisch an, und damit lässt sich eine Kontrast-Hierarchie in Bildern erzeugen, die dabei hilft, den Betrachter durch das Bild zu leiten. Durch Kontraste können wir Dinge erst voneinander unterscheiden und sichtbar machen. Wenn also bei zwei nebeneinanderliegenden Formen deutliche Helligkeitsunterschiede festzustellen sind, liegt ein starker Hell-Dunkel-Kontrast vor. Kontraste machen Bilder spannungsreicher und interessanter, erzeugen einen visuellen Reiz und ein Gefühl von Dynamik. Den stärksten Kontrast sollte man im Fokus platzieren, der das Auge magisch anzieht! Diesen erzeugt man, indem man den hellsten Tonwert neben den dunkelsten Tonwert setzt. Im Beispiel sticht der starke Kontrast links wesentlich mehr ins Auge als der schwache Kontrast rechts.

Mit Tonwerten lässt sich darüber hinaus beeinflussen, wie das Bild auf den Betrachter wirkt. Wenn das Bild weich und harmonisch wirken soll, sollten geringe Tonwertabstufungen verwendet werden, die bestenfalls durch weiche Übergänge verbunden sind. Ein Bild mit hohem Kontrast dagegen erzeugt eine dynamische, lebhafte Stimmung und enthält kaum mittlere Tonwerte.

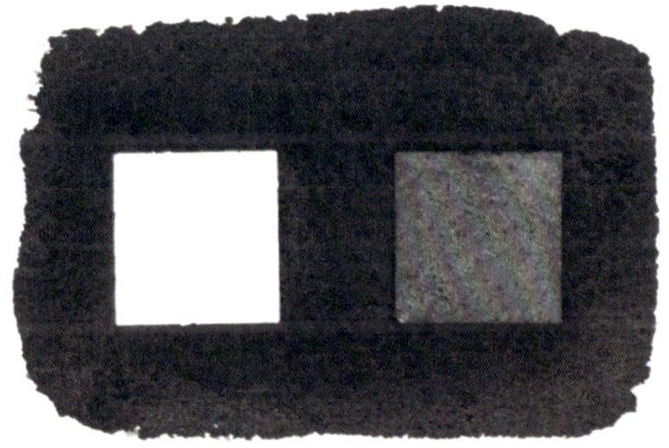

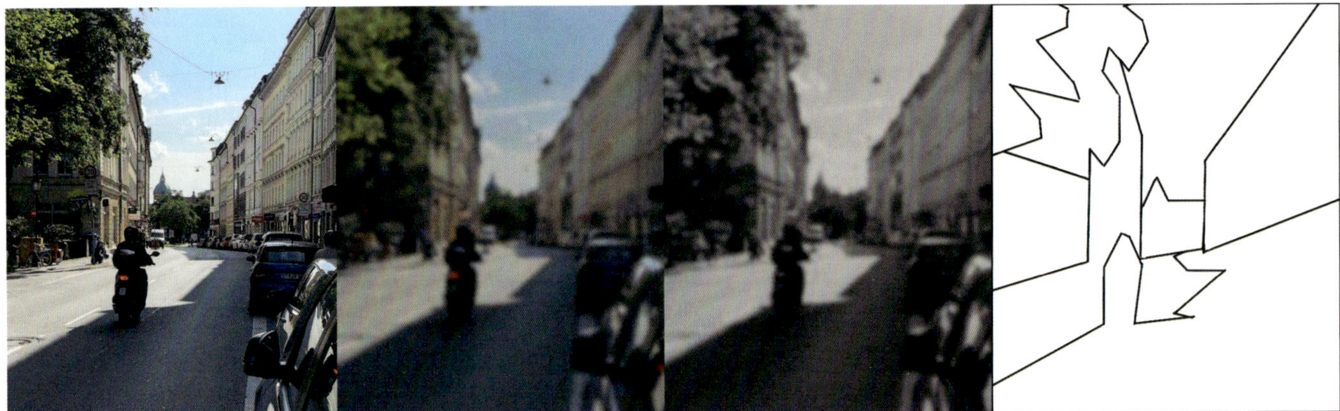

Wie erkennt man Tonwerte korrekt?

Im Motiv, das wir malen möchten, gibt es viele Details mit einer Vielzahl an Tonwerten. Um diese Fülle an Informationen zu erfassen, zu sortieren und mit dem Pinsel darstellen zu können, müssen wir unser Subjekt vereinfachen. Ein mächtiges Hilfswerkzeug, um entscheidende Fragen während des Malens zu beantworten, ist es, die Augen zusammenzukneifen (engl. to squint) und dabei das Motiv zu betrachten. Die Details reduzieren sich, und man erkennt nur noch einfache größere Tonwertbereiche. Es lassen sich so auch leichter Urteile über die Kanten im Motiv bilden. Wenn Sie „squinten" und einige Kanten bleiben hart, dann malen Sie diese so. Wenn diese weich und unscharf werden oder sogar komplett verschwinden, dann sollten Sie auch weiche Kanten im Bild einsetzen oder Bereiche im Bild komplett vereinen.

Es bedarf einiges an Übung, um zu wissen, wie eng Sie die Augen zusammenkneifen müssen. Das Motiv sollte auf wenige Formen reduziert zu sehen sein. Wenn Sie zu stark squinten, sehen Sie gar nichts mehr, wenn die Augen zu weit offen sind, reduzieren sich die Details nicht stark genug. Im Übrigen werden auch komplizierte Muster oder unruhige Szenen auf diese Weise vereinfacht und können so leichter dargestellt werden, ohne jedes Detail exakt wiedergeben zu müssen. In der Abbildung oben links sehen Sie das Originalmotiv, als Nächstes das Aussehen, wenn Sie leicht squinten und daneben, wenn Sie stärker die Augen zusammenkneifen. So kann man die Formen leichter identifizieren (siehe Abbildung oben rechts). Ein entscheidender Punkt beim Augenzusammenkneifen ist, dass Tonwerte im Motiv nur verglichen werden können. Es ist nicht möglich, die Tonwerte eines Objekts direkt zu bestimmen, da mit zusammengekniffenen Augen alles etwas dunkler wirkt als mit offenen. Mit dieser Methode ist es aber sehr gut analysierbar, ob eine Form des Motivs heller oder dunkler ist im Vergleich zu einer anderen. Dieser Unterschied muss auch auf dem Papier umgesetzt werden. Verlassen Sie sich auf die Informationen, die Sie erhalten, wenn Sie die Augen zusammenkneifen. Das wird Ihre Bilder besser und realistischer machen.

Es ist außerdem sehr wichtig beim Squinten, stets die Tonwerte des Gesamtmotivs im Blick zu haben, um richtige Schlussfolgerungen zu ziehen. Man sollte nie einzelne Bereiche genauer separat fokussieren, um die Tonwerte zu bestimmen, weil sich das Auge der Helligkeit dieses Bereichs anpasst und somit der Gesamteindruck nicht mehr stimmt. Korrekt wäre es, wenn man in einem Teil des Bildes die Tonwerte bestimmen möchte, dass man weiterhin auf das Gesamtmotiv schaut und dann auf den Teilbereich schielt und seine Entscheidung trifft!

Ich möchte hier auch auf technische Hilfsmittel eingehen. Es lässt sich heutzutage sehr schnell mit dem Handy ein Foto in ein Graustufenbild umwandeln, um so die Tonwerte zu prüfen. Diese große Anzahl an feinen Tonwerten ist dennoch schwer auf das Papier zu bringen, und daher gibt es Smartphone-Apps (z.B. „Notanizer" für iOS), mit denen man die Tonwerte auf eine geringere Anzahl – in unserem Fall auf vier Tonwerte – reduzieren kann. Diese technischen Hilfsmittel sollte man aber nur zur Überprüfung des eigenen Urteils verwenden, um die eigenen Fähigkeiten auszubauen.

Tipp

Um die tatsächlichen Tonwerte herauszufinden, suchen Sie sich Extreme im Motiv, etwa ein sehr helles Objekt oder einen sehr dunklen Schattenbereich. Diese können als Referenz dienen und mit mittleren Tonwerten verglichen werden.

Erzeugung von Tonwerten im Aquarell

Es gibt zwei Möglichkeiten der Erzeugung von Tonwerten in der Aquarellmalerei und diese werden oft auch kombiniert. Sie können in einem Arbeitsgang mit einer Farbschicht, also alla prima, erzeugt werden oder durch das Auftragen von mehreren Lasuren, also in Schichten. Beim Alla-prima-Farbauftrag erzeugt eine Farbmischung aus relativ viel Wasser und wenigen Farbpigmenten einen hellen Farbauftrag, hingegen ein Mix aus relativ wenig Wasser und vielen Farbpigmenten einen dunklen kräftigen Farbauftrag.

Pure Farbe ohne Wasserzugabe entspricht theoretisch dem stärksten Tonwert, den die jeweilige Farbe erzeugen kann. Man sollte jedoch in der Aquarellmalerei stets eine kleine Menge Wasser hinzumischen, ansonsten wirkt der Farbauftrag nicht mehr leicht und transparent und das Bild sieht eher wie ein Öl- oder Acrylbild aus. Der hellstmögliche Tonwert in der Aquarellmalerei ist stets das Weiß des Papiers. Ein deckendes Weiß sollte idealerweise gar nicht oder nur an wenigen Stellen verwendet werden.

ÜBUNG

Malen Sie, wie unten links zu sehen, den dunklen Tonwert alla prima, indem Sie eine kräftige Wasser-Pigment-Mischung verwenden. Danach üben Sie, wie im rechten Bild zu sehen, die Schichtenmalerei, indem Sie eine Lasur auftragen und diese trocknen lassen. Malen Sie danach eine weitere Lasur darüber. Wiederholen Sie dies, so oft Sie wollen, und beobachten Sie, wie die Tonwerte dunkler werden. Wenn Sie dafür unterschiedliche Farben verwenden, werden Sie feststellen, dass die unteren Farbtöne sichtbar bleiben und durch die darüberliegenden Schichten schimmern.

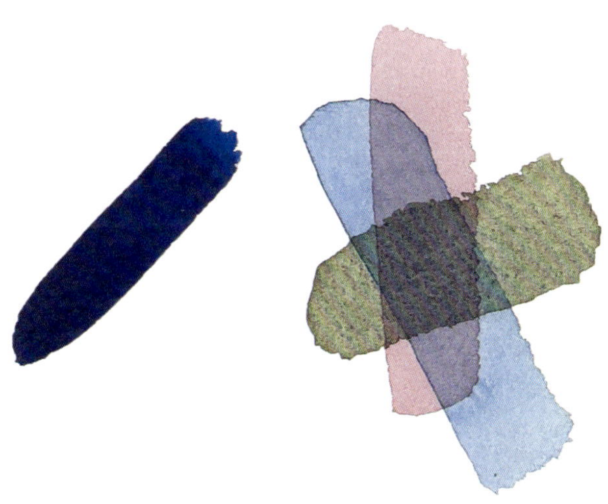

Dunkle Tonwerte

Meist sind Bilder erst so richtig einschätzbar, wenn die dunklen Tonwerte platziert wurden. Manchmal setze ich sie bewusst früher ein, um das Bild früher „zu sehen" und eine dunkle Referenz zu haben, um mittlere Tonwerte leichter bestimmen zu können.

Tipp

Wenn Sie dunkle Schatten malen, bleiben Sie erst mal im moderaten dunklen Bereich und gehen Sie noch nicht in die Vollen. Meistens ist es sinnvoll, sich die Option freizuhalten, noch eine Schippe Dunkelheit drauflegen zu können.

Allgemein können helle Tonwerte mit jeder Farbe erzeugt werden, man muss sie nur mit genügend Wasser verdünnen, dunkle Tonwerte dagegen nur mit bestimmten Farben. Jede Aquarellfarbe hat ihren eigenen dunkelsten Tonwert, der aber nicht unbedingt richtig dunkel sein muss, wie etwa bei vielen Gelbtönen. Nur bestimmte Pigmente besitzen die Eigenschaft, sehr dunkle Tonwerte erzeugen zu können. Hieraus ergibt sich, dass die eigene Farbpalette ein paar Farben enthalten sollte, die sehr dunkle Tonwerte erreichen können. In meiner Palette können folgende Farben dunkel werden: die unterschiedlichen Schwarztöne, Französisch Ultramarin, Permanent Alizarinkarmesin, Winsorblau (Rotton) und Seegrün. In der Abbildung unten erkennt man, dass Kadmiumrot nur maximal mitteldunkle Tonwerte erzeugen kann, Grüngold maximal mittelhelle und nur Winsorblau (Rotton) sehr dunkle.

Ohne dunkle Tonwerte wirkt das Bild meist flach und es fehlt an Atmosphäre. Ein dunkler Farbauftrag sollte sauber, transparent und nicht zu trocken oder zaghaft aufgetragen werden. Zögerliche Lasuren wirken meist schmutzig und schwerfällig. Man sollte auch im Hinterkopf behalten, dass Aquarellfarben im nassen Zustand oft etwas dunkler erscheinen als im getrockneten. Sollten Tonwerte nach dem Trocknen nicht dunkel genug sein, können weitere Lasuren aufgetragen werden, bis der gewünschte dunkle Tonwert erreicht ist.

Tipp

Um mit helleren Farben dunkle Tonwerte zu erreichen, muss man andere Farben beimischen, die dunkle Tonwerte erzeugen können oder eine dunklere Farbe der gleichen Farbfamilie als Basis verwenden (wie etwa Siena gebrannt als dunklere Alternative zu Kadmiumrot).

Dunkle Tonwerte sind noch effektiver als Highlights, um dem Bild Tiefe zu geben. Trauen Sie sich ruhig auch beim Aquarell, bei den Dunkelheiten in die Vollen zu gehen und das Aquarell zur echten Kunst werden zu lassen, denn mit Aquarellfarben lassen sich nicht nur blasse Studien erzeugen!

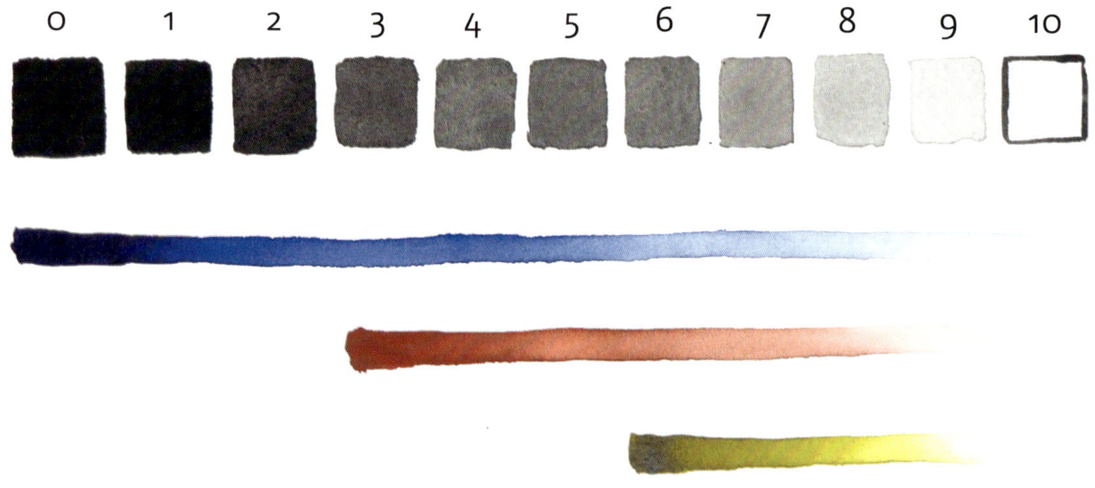

Tonwerte vor Farben

Die Tonwerte sind in der gegenständlichen Malerei wichtiger als die Farben, denn wenn Licht und Tiefe eliminiert werden, wird die Bedeutung des Bildes unklar. Hingegen bei der Reduktion der Farben bleibt die Botschaft weiter erkennbar. In den Abbildungen rechts oben und unten wurde aus dem Aquarell einerseits ein Graustufenbild mit eingeschränkten Farben erstellt und andererseits ein Bild, bei dem nur die Farben und Formen zu sehen sind, also die Tonwerte eingeschränkt wurden. Entscheiden Sie selbst, welches Bild dann noch erkennbar ist!

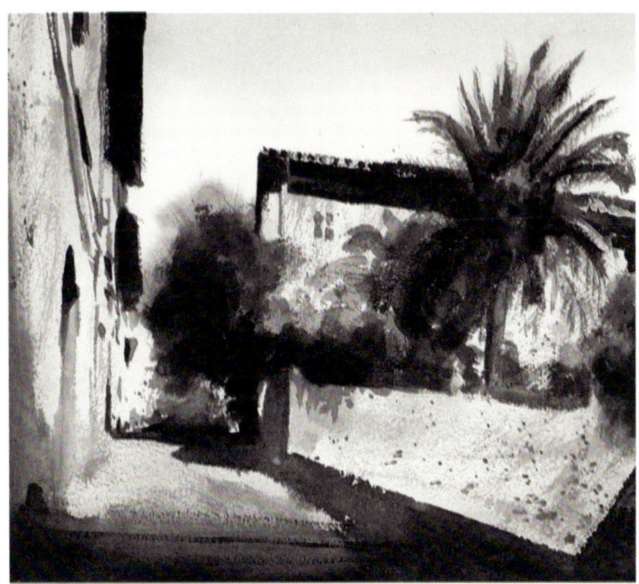

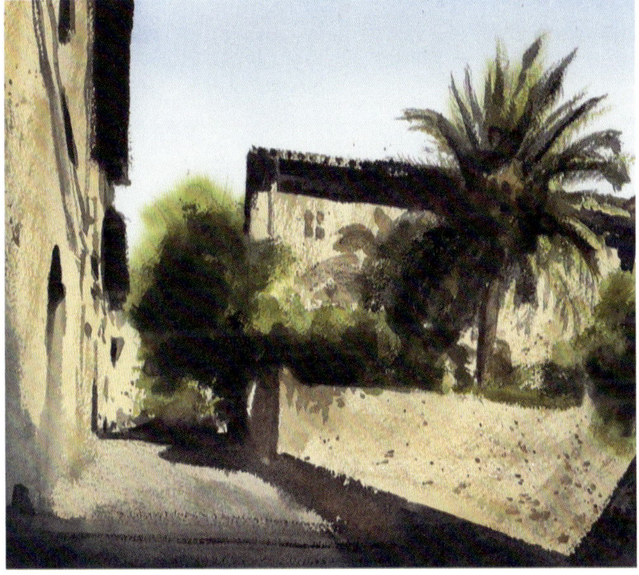

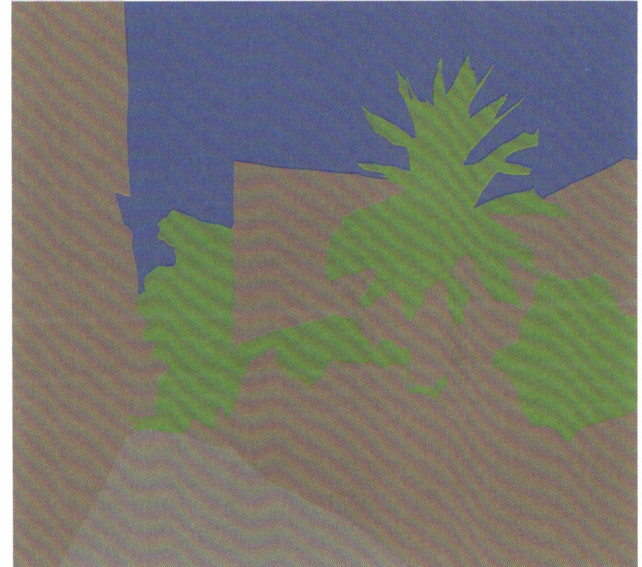

Kanten

An den Rändern jeder Form im Gemälde ergeben sich unweigerlich Kanten, die entweder hart oder weich sein können. Es ist schwer, eine Definition dafür zu finden, wie hart oder wie weich diese Übergänge sind. Ein Anwendungsfall für weiche Kanten wäre ein unscharfer Hintergrund einer Landschaft, während man für klare Objekte im Vordergrund eher harte Kanten verwenden würde. Jedes interessante Aquarell sollte alle Arten von Kanten enthalten, das erzeugt Spannung und Abwechslung. Bilder wirken nicht überzeugend, wenn man den Kanten nicht genügend Aufmerksamkeit schenkt!

Kantentypen

Kanten sind deswegen so wichtig, weil sie an den Übergängen zwischen den Formen auftreten, also dort, wo auch der Kontrast entsteht. Die Komposition und der Fokus im Bild funktionieren nur, wenn die Kanten richtig eingesetzt werden. Beim Malen der Kanten ist vor allem das Timing entscheidend, und wenn dieses nicht eingehalten wird, gibt es kein Zurück mehr. Speziell der nebelfeuchte Zustand hat ein sehr schmales Zeitfenster.

Tipp

Nebelfeuchtes Papier liegt vor, wenn das Papier fast getrocknet ist, aber noch eine minimale Restfeuchtigkeit hat. Dies ist ein kritischer Zustand, weil hier harte blumenkohlartige Ausblühungen entstehen, wenn man in diesem Stadium hineinmalt.

DIESE FÜNF KANTENTYPEN VERWENDE ICH AM HÄUFIGSTEN:

Harte Kanten (kontrolliert)

Harte Kanten (unkontrolliert): Trockenpinseltechnik, Ausblüheffekte

Weiche Kanten (kontrolliert)

Weiche Kanten (unkontrolliert)

Tipp

Wenn die Kanten zwischen Formen komplett verschwimmen und nicht mehr wahrnehmbar sind, spricht man von verlorenen Kanten (engl. lost edges). Da hier dann keine Kante mehr vorhanden ist, führe ich diese nicht explizit bei den Kantentypen auf. Zwei benachbarte Formen werden als eine Form betrachtet und dementsprechend vereint gemalt.

Um diese unterschiedlichen Kanten im Aquarell zu erzeugen, sind vorrangig zwei Freiheitsgrade entscheidend:

die Feuchtigkeit des Papiers und die Feuchtigkeit der Farbmischung im Pinsel.

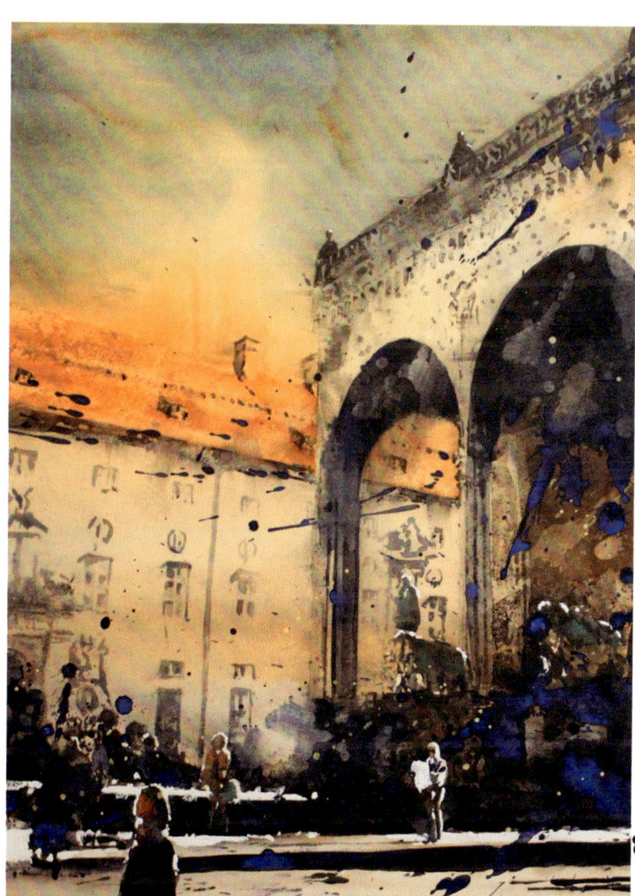

1. HARTE KANTEN (KONTROLLIERT), NASS-AUF-TROCKEN

Voraussetzung: trockenes Papier & nasser oder feuchter Pinsel

Die Papieroberfläche muss komplett trocken sein, dann erzeugt ein Pinselstrich harte Kanten, also scharfe Abtrennungen von Formen. Man kann die Grenze der Form klar erkennen. Die Farbmischung im Pinsel sollte feucht oder nass sein. Durch das trockene Papier verläuft die Farbe weniger als auf nassem Papier und lässt sich so leichter kontrollieren.

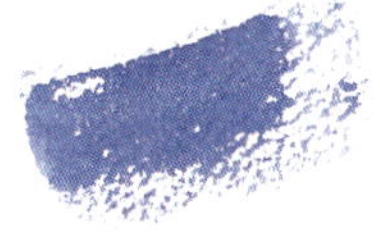

2. HARTE KANTEN (UNKONTROLLIERT)

2a. Trockenpinseltechnik, trocken-auf-trocken

Voraussetzung: trockenes Papier & trockener Pinsel

Bei der Anwendung der Trockenpinseltechnik entsteht ein Sprenkeleffekt mit diskreten Farbpunkten. Hierfür braucht man trockenes Papier und eine trockene Farbmischung im Pinsel. Damit lassen sich Texturen bei Felsen oder Hauswänden, aber auch bei Wiesen oder Bäumen darstellen. Für bestmögliche Ergebnisse hält man den Pinsel fast parallel zum Papier und benutzt den Bauch des Pinsels. Zusätzlich malt man mit schnellen Pinselstrichen. Man sollte darauf achten, dass man beim Malen von Texturen nicht versehentlich den Tonwert des Bereichs verändert, wenn man zu viele kräftige Texturen malt. Diese Technik funktioniert auch mit einer dünnen Farbmischung mit weniger Pigmenten.

2b. Ausblühungen

Voraussetzung: nebelfeuchtes Papier & nasser Pinsel

Wenn das Papier nebelfeucht ist und man mit einem nassen Pinsel hineingeht, erzeugt man blumenkohlartige Ausblühungen mit harten Rändern. Korrekturen auf nebelfeuchtem Papier enden meist im Desaster und sollten vermieden werden. Es ist ratsam, das Malen auf nebelfeuchtem Papier zu unterlassen, es sei denn, man möchte die erwähnten Ausblüheffekte in das Aquarell einbauen, wie etwa für Büsche oder auflockernde zufällige Strukturen. Bei Anfängern sieht man sie häufig, weil diese den kritischen Trocknungszustand des Papiers (noch) nicht erkennen und auf dem nebelfeuchten Papier malen.

3. WEICHE KANTEN (KONTROLLIERT), TROCKEN-IN-NASS

Voraussetzung: feuchtes Papier & trockener Pinsel

Das Papier sollte feucht sein und die Mischung im Pinsel trocken. Warten Sie also nach dem Befeuchten des Papiers etwas, bis die Nässe leicht aus dem Papier gewichen ist. Der Zeitabschnitt, in dem das Papier den feuchten Zustand behält, ist recht kurz. Die weiche kontrollierte Kante ist eine der wichtigsten, die man beherrschen sollte. Mit ihr kreiert man schöne weiche Kantenübergänge. Die Technik nennt man auch „trocken-in-nass“, auch wenn sie mit feuchtem Papier besser gelingt als mit nassem!

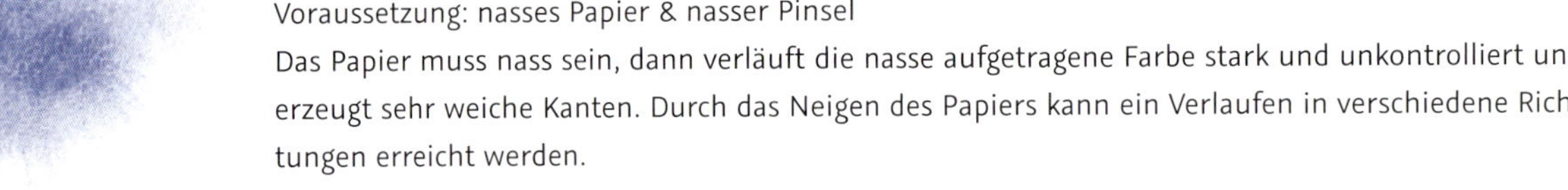

4. WEICHE KANTEN (UNKONTROLLIERT), NASS-IN-NASS

Voraussetzung: nasses Papier & nasser Pinsel

Das Papier muss nass sein, dann verläuft die nasse aufgetragene Farbe stark und unkontrolliert und erzeugt sehr weiche Kanten. Durch das Neigen des Papiers kann ein Verlaufen in verschiedene Richtungen erreicht werden.

Tipp

Den Begriff „nasser Pinsel" verwende ich für eine nasse oder feuchte Farbmischung im Pinsel, er enthält also relativ viel Wasser. Er sollte nicht triefend nass sein, ein kurzer Tupfer in ein bereitgelegtes Tuch hilft, dies zu kontrollieren.

Tipp

Beim „trockenen Pinsel" enthält der Pinsel relativ wenig Wasser. Erzeugen lässt sich der trockene Pinsel, indem man die Farbe ganz normal nass anmischt. Diese Farbmischung nimmt man mit einem Pinsel auf und berührt damit ein Tuch, um sie einige Sekunden herauslaufen zu lassen. Je länger man das macht, desto trockener wird der Pinsel. Wie trocken er sein muss, ist reine Gefühlssache und sollte separat geübt werden. Wenn man den Pinsel nicht lange genug ans Tuch hält, läuft nicht genug Flüssigkeit aus dem Pinsel heraus und die Trocken-in-Nass-Technik funktioniert nicht. Wenn das Papier sehr nass ist, funktioniert es ebenfalls nicht! Wenn der Farbauftrag zu schwach ausfällt, müssen Sie mehr Pigment anrühren!

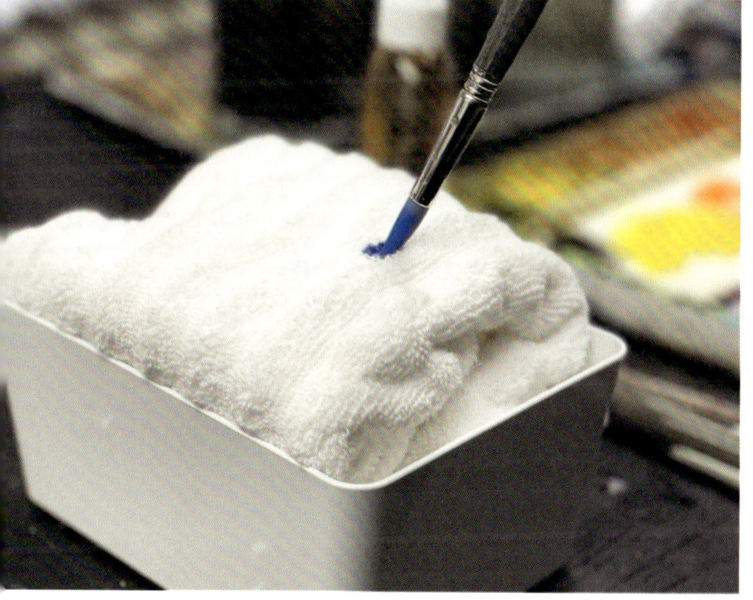

Neben den oben erwähnten Techniken kann man die Ränder harter Kanten auch aufweichen, solange der Pinselstrich auf dem Papier noch feucht ist. Hierzu sollte man stets sehr klares Wasser verwenden. Man trägt die Farbe zuerst auf und überstreicht den Rand des Pinselstriches mit klarem Wasser. Eine gute Angewohnheit ist es, zwei Pinsel zu verwenden, einen mit der Farbmischung und einen anderen mit klarem Wasser. Wenn man die Reihenfolge umkehrt und zuerst einen Pinselstrich mit klarem Wasser aufträgt und diesen dann mit dem farbigen Pinselstrich berührt, erhält man ein sehr ähnliches Ergebnis. Ich verwende beide Methoden.

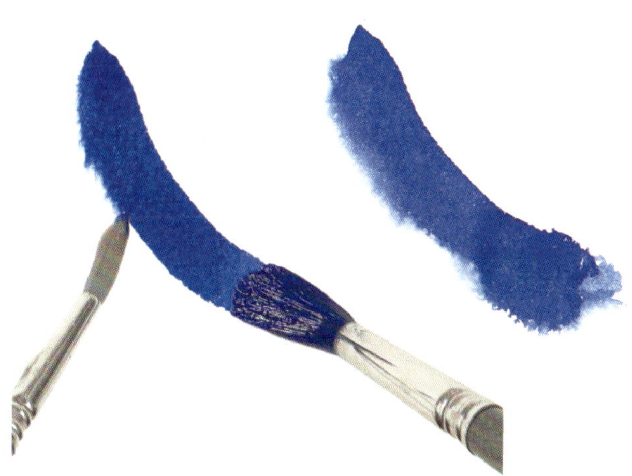

ÜBUNG

Üben Sie die vorgestellten Kantenarten. Starten Sie mit den Varianten auf trockenem Papier (nass-auf-trocken, Trockenpinseltechnik). Dann machen Sie weiter mit den Nasstechniken! Versuchen Sie zuletzt, harte Kanten im nassen Zustand mit klarem Wasser aufzuweichen.

Das Kantendiagramm

Den Zusammenhang zwischen der Feuchtigkeit des Papiers und der Feuchtigkeit im Pinsel möchte ich anhand des Kantendiagramms noch anschaulicher machen. Die Kombination dieser beiden Zustände ist hauptsächlich für unterschiedliche Kanten verantwortlich.

Papier ↑ / Pinsel →	Nasser Pinsel	Trockener Pinsel
Trocken	Harte Kanten (kontrolliert) nass-auf-trocken	Harte Kanten (unkontrolliert) Trockenpinseltechnik
Nebelfeucht	Harte Kanten (unkontrolliert) Ausblühungen (spans both columns)	
Feucht	Weiche Kanten (unkontrolliert) nass-in-nass	Weiche Kanten (kontrolliert) trocken-in-nass
Nass	Weiche Kanten (unkontrolliert) nass-in-nass (spans both columns)	

Weiche Kanten meistern

Wenn man bei den weichen Kanten noch genauer hinschaut, erkennt man, dass die Übergänge mal abrupter und mal sanfter erscheinen. Dies zu kontrollieren und zu beherrschen, ist die Meisterschaft bei den Kanten. Wenn man einen Pinselstrich am Rand mit klarem Wasser überstreicht, erzeugt man abruptere weiche Kanten. Für sehr weiche Übergänge muss man an den dunklen Pinselstrich einen leicht verdünnten Pinselstrich setzen und danach einen weiter verdünnten. Durch diese Zwischentöne werden die Pigmente stufenweise verringert und die Übergänge sanfter. Als Vergleichswert sehen Sie in der Kantenskala ganz links eine harte Kante und ganz rechts eine verlorene Kante.

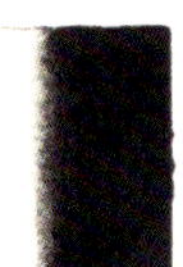
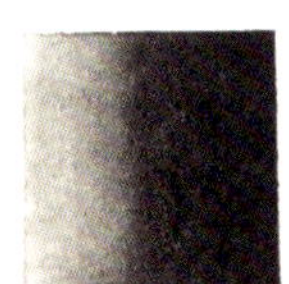

ÜBUNG

Versuchen Sie, die unterschiedlich weichen Kanten nachzumalen. Wenden Sie zum einen die Technik an, das Papier vorher anzufeuchten und dann mit einem trockenen Pinsel den weichen Übergang zu gestalten. Zum anderen malen Sie den Übergang, indem Sie auf der dunklen Seite mit viel Pigment den ersten Strich machen und diesen mit einer Mischung mit etwas weniger Pigment überstreichen. Wie weich der Übergang wird, hängt davon ab, wie geschickt Sie die Abstufungen hinkriegen. Beachten Sie hierzu auch die Technik der abgestuften Lavierung auf S. 71.

Gründe für unterschiedliche Kanten im Motiv

Es gibt einige Gründe dafür, unterschiedliche Kanten einzusetzen. Es ist aber nicht unbedingt erforderlich, die folgenden Punkte auswendig zu lernen, das Wichtigste ist, dass Sie genau hinschauen! Wenn Sie also eine weiche Kante erkennen, malen Sie sie weich! Kneifen Sie etwas die Augen zusammen, um diese Entscheidung leichter treffen zu können.

Die nachfolgenden Anhaltspunkte können bei der Entscheidung für einen Kantentyp helfen:

- Der Kontrast gibt harte oder weiche Kanten vor. Mehr Kontrast bedeutet eine härtere Kante, weniger Kontrast hingegen eine weichere Kante. Bei ähnlichen Tonwerten zweier benachbarter Formen wirken die Kanten für das Auge automatisch weicher im Vergleich zu großen Tonwerteunterschieden (siehe Abbildung).

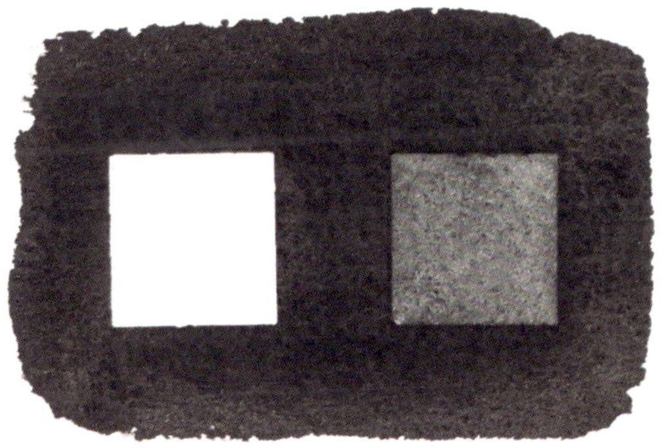

- Berücksichtigen Sie, ob das Subjekt von Natur aus hart oder weich ist, wie etwa ein Betonklotz, Federn, Haare, Stoff oder Wolken.
- Runde Objekte haben meist weiche Kanten, wenn sie sich vom Betrachter wegdrehen, wie etwa Rundungen im Gesicht oder Falten in Stoffen. Alles Eckige oder Architektonische hat eher harte Kanten.

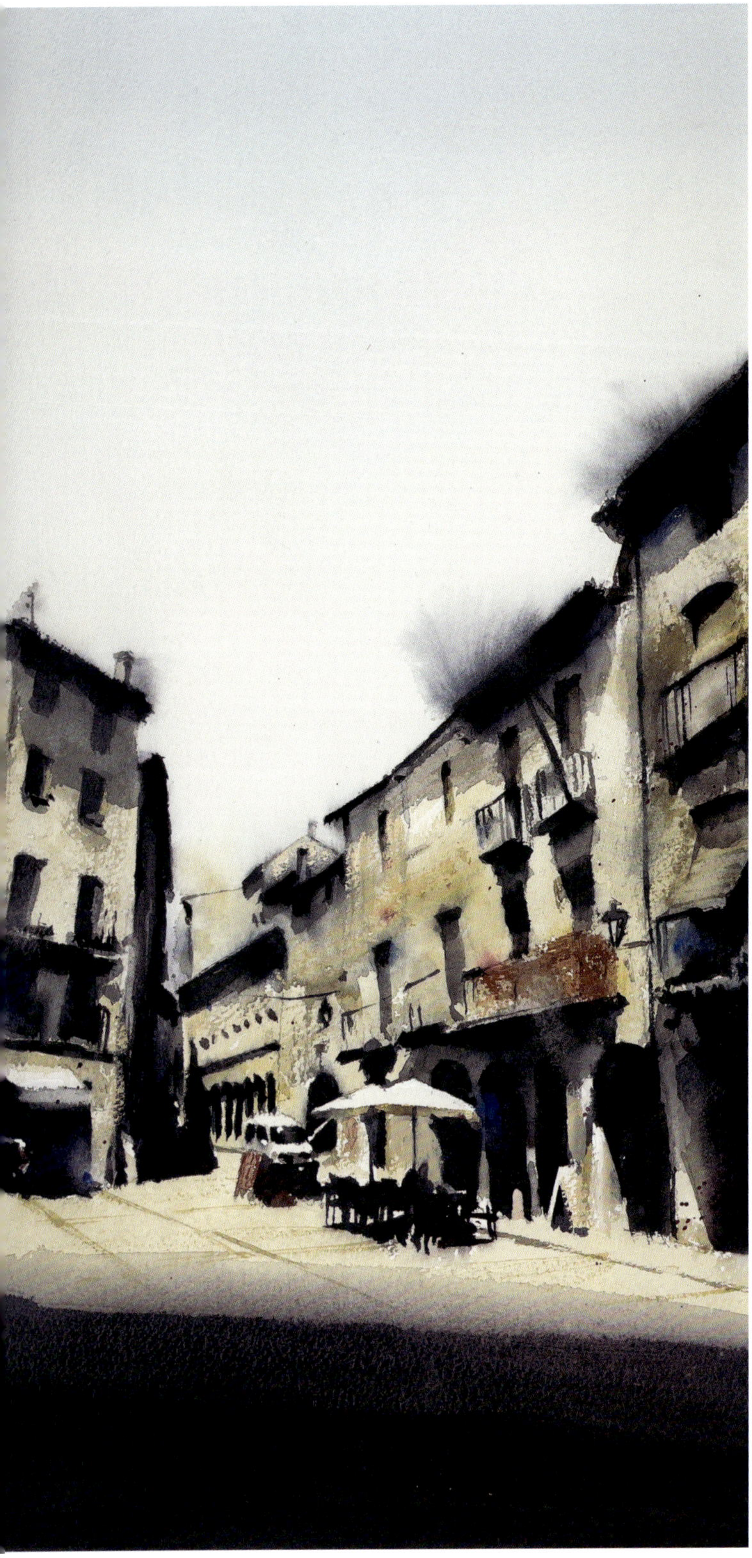

Schärfekontrast

Mithilfe von Kanten kann eine Art Fokussierung wie beim menschlichen Auge nachgebildet werden. Das Auge wird von harten Kanten angezogen und weiche treten eher in den Hintergrund. Der Kontrast einer Form ist größer, wenn die Kanten hart sind, wenn man die Bedeutung der Tonwerte hier mal außer Acht lässt. Der Hauptteil des Bildes sollte entsprechend eine größere Schärfe und somit härtere Kanten haben als Bildelemente, die außerhalb liegen und weniger wichtig sind. Durch eine solche Hierarchie mit dominanten und untergeordneten Kanten kann die Komposition verstärkt und der Blick auf den Fokus gelenkt werden und so lassen sich Kanten gezielt einsetzen. Der Blick wandert dann von scharfen Bereichen zu immer unschärferen. Die Blickführung behandle ich im Kapitel Komposition auf S. 56 noch genauer.

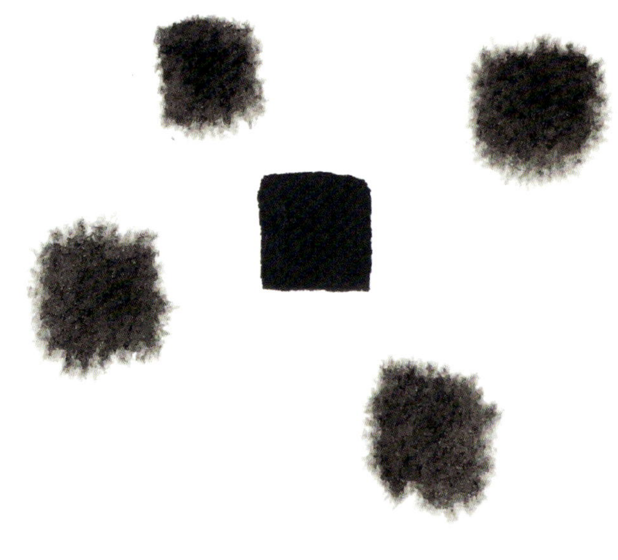

Weitere Kanten im Aquarell

Es gibt noch andere Möglichkeiten, Kanten zu erzeugen, vier weitere möchte ich gerne vorstellen:

Es können harte getrocknete Kanten durch nachträgliches Anfeuchten und Verwischen mit dem Pinsel oder einem Tuch etwas abgeschwächt und weicher gemacht werden.

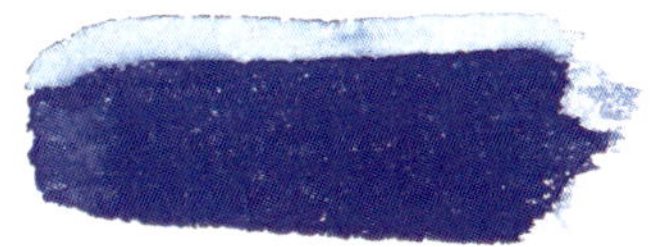

Als weitere Möglichkeit, um weiche Kanten zu erzeugen, kann eine Zwischenfarbe zwischen zwei Formen eingefügt werden, wie etwa eine graue Umrandung um eine Wolke, um den Übergang zum blauen Himmel weicher und weniger abrupt zu gestalten. Hier im Beispiel habe ich ein verdünntes Blau als Zwischenfarbe verwendet.

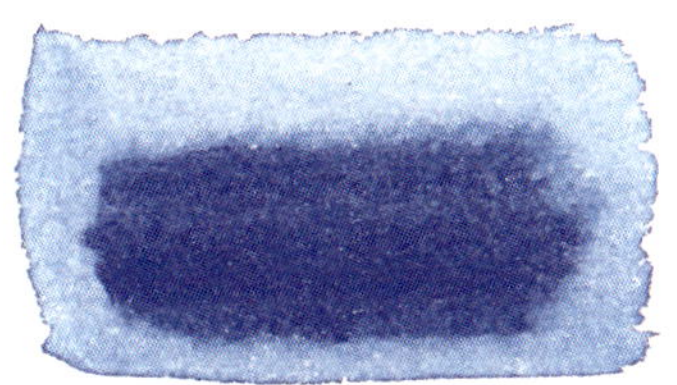

Eine andere Variante ist es, harte Kanten abzuschwächen, wenn ein Farbauftrag über einen bereits getrockneten Pinselstrich gemalt wird. Seine Ränder werden so etwas abgeschwächt. Dies setze ich öfter bei Gebäuden ein, die im Schatten liegen, indem ich dunkle Fenster und andere Details zuerst male, trocknen lasse und in einem zweiten Schritt mit einer Schattenfarbe überlasiere. So werden die dunklen Fenster etwas angelöst und subtiler dargestellt.

Eine weitere Möglichkeit besteht darin, verschiedene Kanten miteinander zu kombinieren. Wenn man harte Kanten stellenweise weich oder verloren werden lässt, spricht man von „verlorenen und gefundenen Kanten" (engl. lost and found edges). Dies macht Bilder spannend und lässt weiche und harte Kanten eine Verbindung eingehen.

ÜBUNG

Üben Sie auch diese Kanten und tauchen Sie so noch tiefer in das Thema ein.

Farben

Das menschliche Auge kann viele Millionen unterschiedliche Farbtöne erkennen. Farben sind ein großartiges Geschenk an unsere Sinne, auch wenn es nicht einfach ist, ihre komplexe und relative Natur zu verstehen und Bilder zum Leuchten zu bringen. Künstler*innen können durch eine bestimmte individuelle Farbpalette ein Erkennungsmerkmal schaffen und sich von anderen abheben. In diesem Kapitel möchte ich über die Eigenschaften von Farben und die entscheidenden Themen für die Malerei sprechen. Farben sind zwar sehr subjektiv und mit Worten schwer zu beschreiben, aber sie können dennoch rational erklärt werden.

Farben in der Malerei

Farben sind wichtig in Bildern, weil sie Emotionen hervorrufen. Ein lebendiges Rot kann den Betrachter in Aufregung versetzen und Spannung in ein Bild bringen.

Die Farben von Gegenständen sehen aufgrund der eigenen Pigmentierung und des Lichts auf ihnen, aber auch aufgrund des Einflusses der umgebenden Farben so aus, wie sie aussehen. Somit verändern sich die Farben von Objekten, wenn sich die umgebenden Farben oder das Licht auf ihnen ändert. Die Pigmentierung des Gegenstands selbst bleibt meist gleich.

Generell muss man lediglich die Farben des Motivs richtig erkennen, als ein gewisses Farbpigment oder eine Farbmischung identifizieren und an der richtigen Stelle auf dem Papier platzieren. Als Erstes ordnet man die Farbe einer Farbfamilie (Rot, Gelb, Blau) zu und sucht eine geeignete Farbmischung auf der Palette. Als Nächstes sollte man sich fragen, welchen Tonwert sie besitzt, ob die Farbtemperatur warm oder kühl sein muss oder ob man eine leuchtende oder eine stumpfe Farbe braucht. Soll die Farbe weiterhin Spezialeigenschaften haben, also granulierend, färbend, transparent oder deckend sein?

Die korrekte Wahrnehmung von Farben kann durch bestimmte Erinnerungen oder Vorlieben geprägt sein, aber auch durch die eigene Farbpalette. Manche Künstler*innen gebrauchen etwa regelmäßig gewisse Farben, unabhängig davon, ob sie im Motiv vorkommen oder nicht. Dies kann aber auch Unstimmigkeiten im Bild hervorrufen.

Die Herausforderung, wenn man mit Fotografien arbeitet, ist die Darstellung der Farben, denn das Foto verschluckt viele Farben, die wir mit dem Auge erkennen können. Vor allem auch in Situationen mit hohem Kontrast funktioniert unser Auge besser als eine Kamera und kann mehr Nuancen erkennen. Bei bewölktem Tageslicht erkennen wir Farben am besten. Am Morgen oder Abend bei kontrastreichem Licht sind mittlere Tonwerte weniger vertreten und die Farben weniger leuchtend.

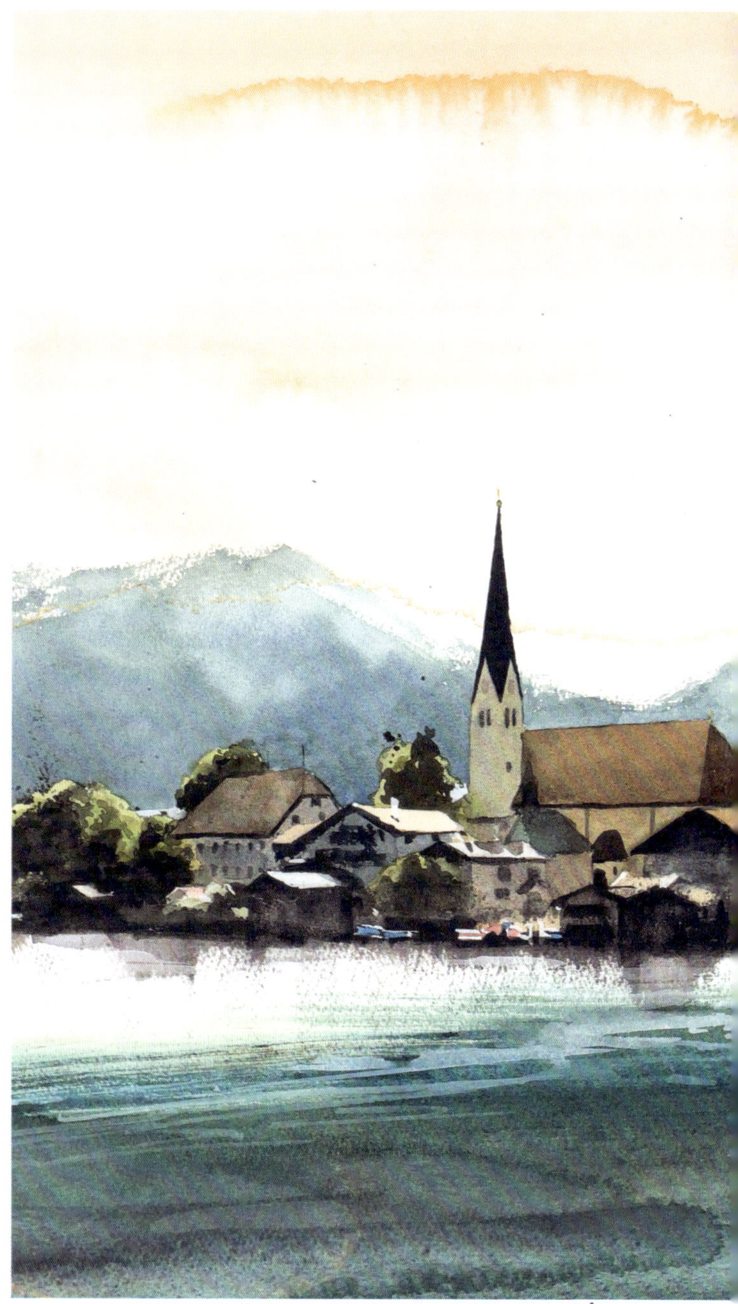

Das Munsell-Farbsystem

Es gibt viele verschiedene Farbtheorien. Für die Malerei brauchen wir ein Ordnungssystem, das auf Pigmentfarben aufbaut und die wichtigsten Charakteristiken und Eigenschaften der Farben enthält. Das von Albert Henry Munsell entwickelte Farbsystem berücksichtigt die drei Farbdimensionen Farbton, Tonwert und Sättigung. Das System sieht fünf Hauptbunttöne (Rot, Gelb, Grün, Blau, Purpur) und fünf Zwischenbunttöne vor, die jeweils aus den Mischungen der Hauptbunttöne besteht. Die Mittelachse des kreisförmigen Gebildes beschreibt die Tonwerte von Schwarz (unten) bis Weiß (oben), und je weiter man beim Kreis nach außen geht, desto gesättigter und leuchtender werden die Farben.

In der Abbildung rechts sieht man den Munsell-Farbkreis vereinfacht von oben. Erwähnenswert ist, dass die Komplementärfarbe von Rot (R) Blaugrün (BG), die von Blau (B) Gelbrot (GR) und die von Gelb (G) Purpurblau (PB) ist. Diese Anordnung der Farben wurde durch die internationale Beleuchtungskommission CIE bestätigt, die 1976 den sogenannten CIELAB-Farbraum festgelegt hat. Dieser beschreibt die menschliche Farbempfindung und enthält alle wahrnehmbaren Farben, wie sie von einem Normalbeobachter bei Standard-Lichtbedingungen wahrgenommen werden. Es ist ein weltweit führendes Modell der Farbmessung und -rezeptur und bestätigt weitgehend die von Munsell aufgestellten Thesen.

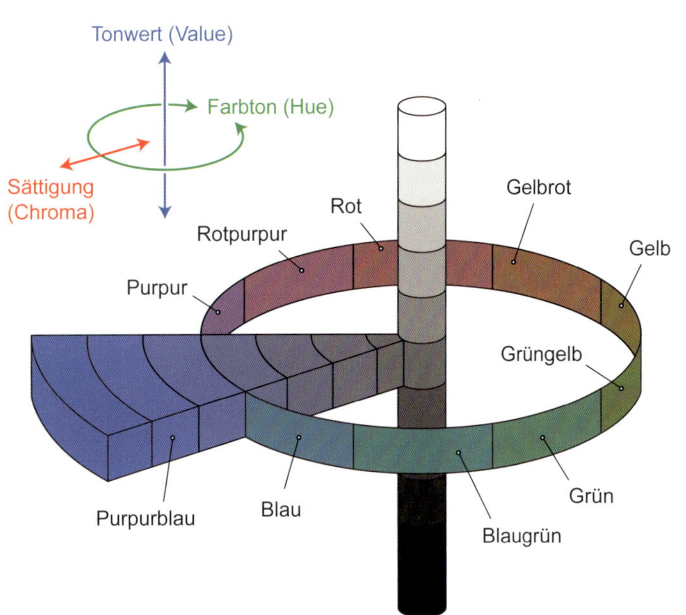

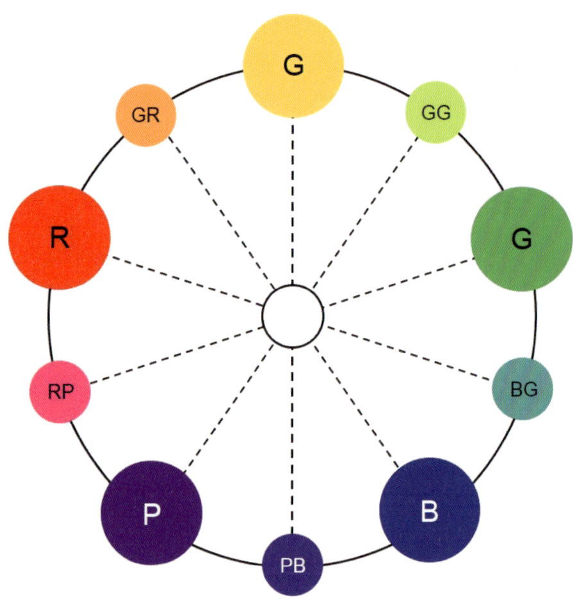

Wenn man sich das Munsell-System noch genauer ansieht, ist es eigentlich ein unregelmäßiger 3D-Körper, der unserem Farbempfinden sehr nahe kommt. Er ergibt sich, da jede Farbe unterschiedliche Tonwert- und Sättigungsbereiche aufweist. Nicht jede Farbe kann gleich stark leuchten oder sehr dunkel werden. Die Erhöhung oder Erniedrigung des Tonwerts bringt auch eine Veränderung der Leuchtkraft (Sättigung) mit sich.

Farbenlehre

Im Folgenden möchte ich einige Begriffe der Farbenlehre erläutern:

FARBTON

Der Farbton beschreibt die Eigenschaft, nach der Menschen Farbempfindungen nach z. B. Rot, Blau oder Gelb unterscheiden.

TONWERT

Der Tonwert beschreibt die Helligkeit einer Farbe. Dies wird im Kapitel Tonwerte ab S. 20 im Detail erläutert.

SÄTTIGUNG

Die Sättigung beschreibt, wie leuchtend eine Farbe ist. Viele Aquarellfarben leuchten am stärksten im mittleren Tonwertbereich. Dementsprechend ist eine Farbe meist weniger gesättigt, wenn sie sehr kräftig oder stark verdünnt aufgetragen wird. Jede Farbe hat ihren eigenen Sättigungsbereich, manche leuchten mehr als andere.

SPEZIALEIGENSCHAFTEN

Aquarellfarben haben zusätzlich Spezialeigenschaften. Die Farben können z. B. granulierend, färbend, transparent oder deckend sein.

FARBE

Der Begriff Farbe beschreibt die Summe aus Farbton, Sättigung, Tonwert und Spezialeigenschaften.

PRIMÄRFARBEN UND SEKUNDÄRFARBEN

Primärfarben sind die grundlegenden Farben, die nicht aus anderen Farben gemischt werden können. Sekundärfarben nennt man Mischungen aus zwei Primärfarben. Nach der Dreifarbentheorie lassen sich aus den Primärfarben theoretisch alle anderen Farben mischen. Sie geht von den drei Grundfarben Gelb, Rot und Blau aus. Das Problem dieser Theorie ist, dass Sekundär- und Tertiärfarben stumpfer werden, wenn sie aus einer Primärfarbenmischung hergestellt werden, z. B. Orange aus Rot und Gelb. Diese aus zwei oder mehr Pigmenten gemischten Farben werden nie so leuchtend sein wie eine Ein-Pigment-Farbe, etwa ein leuchtendes einpigmentiges Orange.

Munsell nennt seine Primärfarben Hauptbunttöne und die Sekundärfarben Zwischenbunttöne. Ein Vorteil des Munsell-Farbsystems ist, dass der Farbkreis aus fünf Farben besteht und somit Orange und Violett (Purpur) Primärfarben sind und nicht aus Primärfarben gemischt werden müssen. Dies ist wichtig für das Weitermischen mit anderen Farben, da sie ansonsten nur grauer und stumpfer werden, je mehr Pigmente enthalten sind.

KOMPLEMENTÄRFARBEN

Komplementärfarben sind die gegenüberliegenden Farben im Farbkreis, wie z. B. Rot und Blaugrün. Wenn diese nebeneinander platziert werden, entsteht ein hoher Farbkontrast, und wenn sie miteinander gemischt werden, entsteht ein Grauton. Möchte man also eine Farbe abschwächen oder neutralisieren, ist es ein eleganter Weg, sie mit der Komplementärfarbe zu mischen, anstatt einfach Schwarz zu verwenden.

FARBTEMPERATUR

Ein wichtiges Farbphänomen in der Malerei ist die Farbtemperatur. Farben können wärmer oder kühler sein als andere. Das Gefühl von Wärme oder Kälte im Bild kann man verstärken, wenn man Farbtemperaturkontraste geschickt einsetzt.

Allgemein würde man die Farben Gelb, Rot und Orange als warm bezeichnen und die Farben Blau, Lila und Grün als kühl. Aber dies gilt es, im Detail und in Relation zu anderen Farben zu prüfen, da die Farbtemperatur eine relative Eigenschaft ist und für eine Farbe alleine nicht bestimmt werden kann.

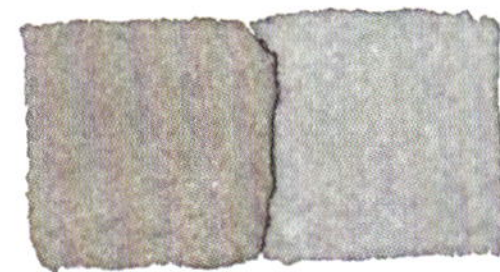

Im Bild (links) sieht das graue Quadrat, alleine für sich betrachtet, neutral oder kühl aus. Setzt man aber ein etwas bläulicheres Quadrat rechts daneben, wirkt das Grau wärmer (rechtes Bild). Dieselbe Farbe kann unter anderen Umständen also unterschiedlich aussehen!

Es gibt verschiedene Gründe dafür, dass sich eine Farbtemperatur ändert:

- Wenn die Farbe aufgehellt oder abgedunkelt wird, also der Tonwert verändert wird. Wenn dies passiert, müssen Sie mit der Zugabe von warmen oder kühlen Pigmenten gegensteuern.
- Wenn andere Pigmente in die Farbmischung eingebracht werden.
- Wenn die Umgebungsfarben verändert werden (siehe das Beispiel oben mit den grauen Quadraten).
- Wenn sich das Licht, welches auf das Motiv fällt, ändert.

ÜBUNG

Malen Sie verschiedene Tonwerte einer Farbe und beobachten Sie die Veränderungen der Farbtemperatur wie hier am Beispiel Winsorblau (Rotton). Der verdünnte Tonwert links ist verglichen mit den anderen beiden kühler, der mittlere und der dunkle Tonwert sind wärmer.

ÜBUNG

Im Bild ist Grün wärmer als Blau, Orange wärmer als Grün und Rot wärmer als Magenta. Vergleichen Sie weitere Farben miteinander und bestimmen Sie, welche wärmer oder kühler sind!

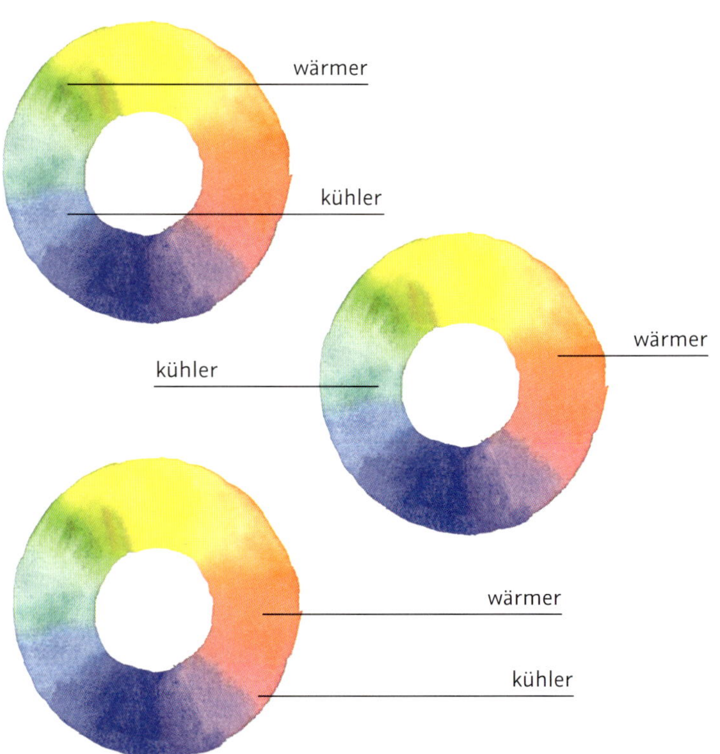

Tipp

Falsch aussehende oder schlammige Farben haben meist eine falsche Farbtemperatur für den Ort, wo sie im Bild platziert sind. Auch dem Papierweiß als hellsten Tonwert sollte man die richtige Temperatur geben, um die Farbtemperaturverhältnisse klar zu machen. Dies kann ein Hauch Gelbocker sein, wenn man ein warmes Licht darstellen möchte!

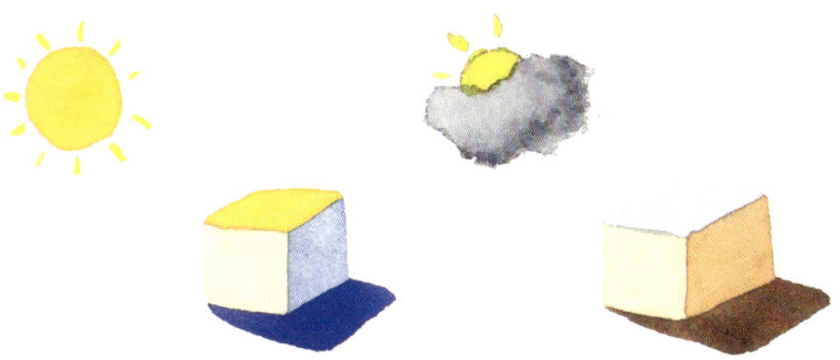

Häufig beobachtet man das Phänomen, dass kühles Licht warme Schatten erzeugt und entgegengesetzt warmes Licht kühle Schatten. Daher ist es nützlich herauszufinden, ob das Motiv von warmem oder kaltem Licht angestrahlt wird.

Weiterhin sei erwähnt, dass es Lichtquellen gibt, wie die Sonne oder Lampen, die Licht aussenden und Objekte, die Licht reflektieren, wie eine Tasse, ein Tisch oder eben ein Gemälde. Die Farbe im Gemälde wird ausschließlich durch Reflexion von Licht erzeugt (weil das Gemälde keine Lichtquelle ist). Lichtquellen haben, im Vergleich zur relativen Farbtemperatur unserer Pigmentfarben, eine bestimmte Farbtemperatur als feste Eigenschaft. Sie senden warmes, neutrales oder kühles Licht aus, je nachdem wie viel Kelvin (K) das Licht hat.

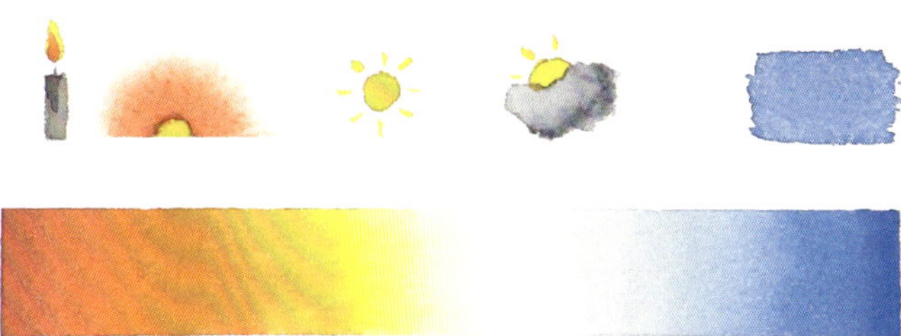

In der Abbildung sehen Sie Lichtquellen, die warme und kühle Farbtemperaturen erzeugen. Ein Sonnenuntergang oder eine Kerze erzeugen warmes Licht, ein Fenster mit Nordlicht oder ein bedeckter Himmel hingegen kühles Licht. Ein blauer Himmel ohne direktes Sonnenlicht wäre ganz rechts angesiedelt.

Beim Malen von Referenzfotos, die auf einem Computerbildschirm oder einem Tablet angezeigt werden, muss man beachten, dass das Referenzfoto aus Lichtpunkten besteht und unsere Aquarellfarbe auf dem Papier das Licht nur reflektiert. Hier hilft es, zum einen die Farben des Computerbildschirms zueinander und zum anderen die des Gemäldes zueinander zu vergleichen! Das direkte Vergleichen von Bildschirm mit Gemälde funktioniert leider nicht!

Tipp

In der freien Natur sollte das Motiv und das Papier im gleichen Licht sein, um die Farbtemperaturen richtig umsetzen zu können.

Generell gilt aber auch bei den Farbtemperaturen, malen Sie, was Sie sehen! Wenn Sie also warme Schatten sehen, malen Sie diese warm!

FARBHARMONIE

Allgemein wirkt eine kleinere Farbpalette harmonischer als zu viele verschiedene Farben. Eine Farbharmonie zu erzeugen, bedeutet, Farbkombinationen zu erschaffen, die angenehm zu betrachten sind. Die Farbharmonie wird hauptsächlich vom Licht auf dem Motiv bestimmt. Wenn das Licht in eine bestimmte Richtung driftet, etwa ins Warme, dann sollte man kühlere Farben reduziert einsetzen. Das Wort Farbharmonie hat tatsächlich wenig mit dem eigenen Geschmack zu tun, sondern stellt eine gewisse Ordnung dar, die alle Farben vereint. Das bedeutet, dass eine falsch aussehende Farbe im Gemälde auffällig wirkt, weil sie in der Realität unter einem bestimmten Licht nicht so aussehen würde. Um dies zu vermeiden, muss, je nachdem welches Licht vorherrscht, die komplementäre Farbe eingeschränkt verwendet werden. Ein zu hoher Farbtemperaturkontrast (Kalt-Warm-Kontrast), also ein sehr warmes Orange und ein sehr kaltes Blau im selben Bild, kann als unharmonisch empfunden werden. Mit Bedacht angewendet, kann es aber auch einen starken Effekt haben, wie bei einer kühlen verschneiten Berglandschaft und einer Hütte mit warmem Kerzenschein im Fenster.

Eine gute Vorgehensweise, um Harmonie im Bild zu erzeugen, ist es, wenn man in jede verwendete Farbe etwas von einer vorherrschenden dominanten Farbe mischt. Für eine warme Grundstimmung kann man z. B. Lasurorange in jede Farbmischung geben, es darf jedoch nicht die gleiche Menge der Farbe in jeder Mischung vorkommen. Dies muss durch Vergleichen mit den bereits platzierten Farben und dem Motiv abgestimmt werden. Im Bild unten ist in den dunklen Bereichen weniger Lasurorange enthalten, in den hellen mehr.

Tipp

Für die Harmonie ist es ratsam, eine neue Farbe, die bisher nicht im Bild vorkommt, nicht nur an einer Stelle einzuführen, sondern mehrfach im Gemälde zu wiederholen.

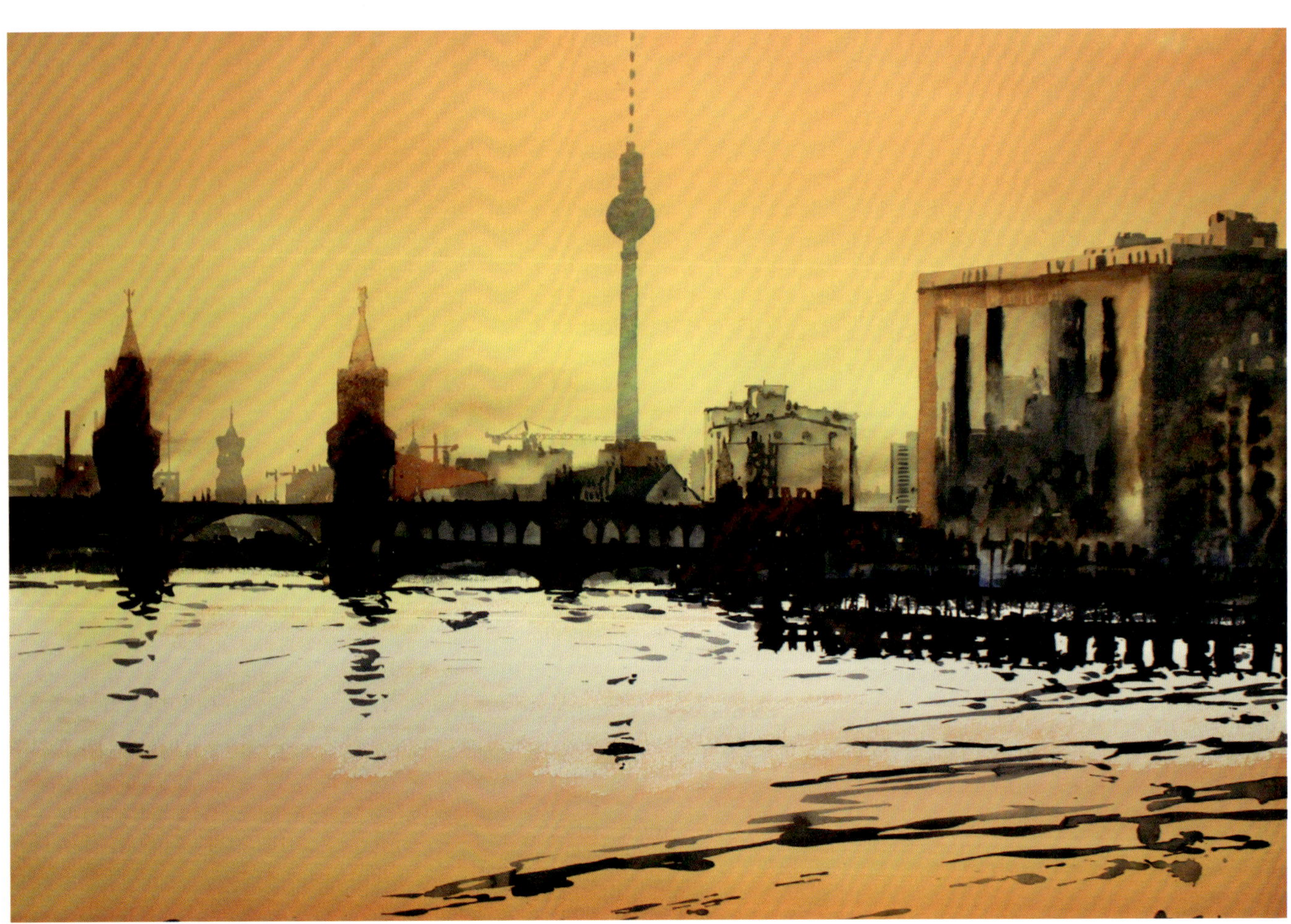

Farbbeschreibungen der Hersteller

Die Farbenhersteller stellen den Künstler*innen viele nützliche Informationen bereit. Folgende unterschiedliche Zeichen findet man bei den Informationen zu den Aquarellfarben von Winsor & Newton.

ZEICHENERKLÄRUNG

AA	Extrem permanent
A	Permanent
B	Moderat langlebig
S	Nummer der Serie
St	Färbend (engl. staining)
G	Granulierend
□	Transparent
◿	Semi-transparent
◩	Semi-opak
■	Opak

ASTM BEWERTUNG

I	Exzellente Lichtechtheit, für Künstler*innen empfohlen
II	Sehr gute Lichtechtheit, für Künstler*innen empfohlen

Am Beispiel von Französisch Ultramarin von Winsor & Newton möchte ich noch mehr zum Thema erläutern. Es handelt sich um ein sattes transparentes Blau, das als chemisch identische Alternative zum teuren Pigment aus Lapislazuli entwickelt wurde. Die Tonwerte werden vom Hersteller über einen Farbverlauf dargestellt. Der dunkelste Tonwert der Farbe liegt auf der dunklen Seite der Abstufung. Man kann am Verlauf auch die Sättigung der Farbe abhängig von den Tonwerten und die Veränderung der Farbtemperatur abhängig von der Verdünnung erkennen. Darüber hinaus gibt es folgende Herstellerangaben zu der Farbe.

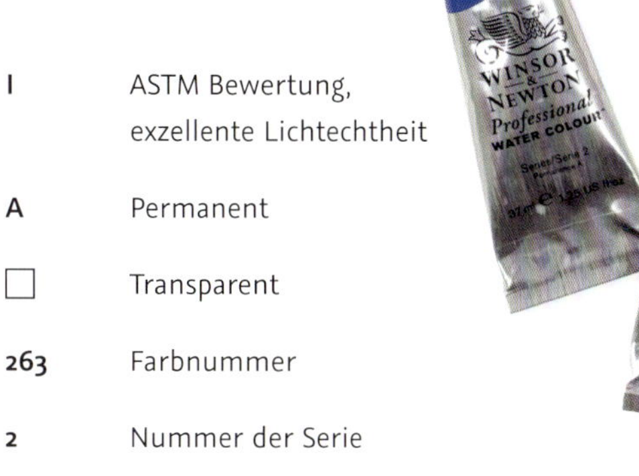

I	ASTM Bewertung, exzellente Lichtechtheit
A	Permanent
□	Transparent
263	Farbnummer
2	Nummer der Serie
PB29	Pigmentnummer
G	Granulierend

PIGMENTE

Pigmente sind nicht lösbare Moleküle, die bei Aquarellfarben in Gummi Arabicum als Binder aufgelöst sind. Dadurch können die Pigmente wandern und interagieren. Da die Pigmente unserer Farben ihre Grenzen haben, können wir die Natur nicht exakt kopieren. Die Hersteller versuchen jedoch, eine große Bandbreite an nützlichen Farben bereitzustellen, um möglichst nahe an die Natur heranzukommen. Die Aquarellfarbe Französisch Ultramarin von Winsor & Newton enthält das Pigment PB29, wie auf der Rückseite der Tube zu sehen ist. PB29 steht für Pigment Blau, Nr. 29. Der zweite Buchstabe steht für den Farbton, in diesem Fall B wie Blau. Es gibt darüber hinaus noch die Abkürzungen Bk für Schwarz (engl. black), Br für Braun, G für Grün, O für Orange, R für Rot, V für Violett, W für Weiß und Y für Gelb (engl. yellow). Die Ziffer dahinter ist eine internationale Pigmentnummer (Farbindexnummer). Wenn auf der Tube mehrere Nummern angegeben werden, sind mehrere Pigmente enthalten.

> *Tipp*
>
> Wenn zu viel Binder oben auf der Tube ansteht, also beim Aufmachen der Tube eine Flüssigkeit zu sehen ist, deutet das auf ein falsches Binder-Pigment-Verhältnis hin. Dies ist auf einen fehlerhaften Produktionsprozess zurückzuführen und die Farbanwendung ist dann nicht optimal.

TRANSPARENZ

Die Aquarellfarbe Französisch Ultramarin ist, wie man der Herstellerangabe entnehmen kann, transparent. Die Transparenz beschreibt, wie deckend eine Farbe ist, wie gut also das Weiß des Papiers oder ein früherer Farbauftrag bedeckt wird. Es gibt vier Kategorien: transparent, semi-transparent, semi-opak (halbdeckend), opak (deckend). Opake Farben sind schwerer, kreidiger und decken besser.

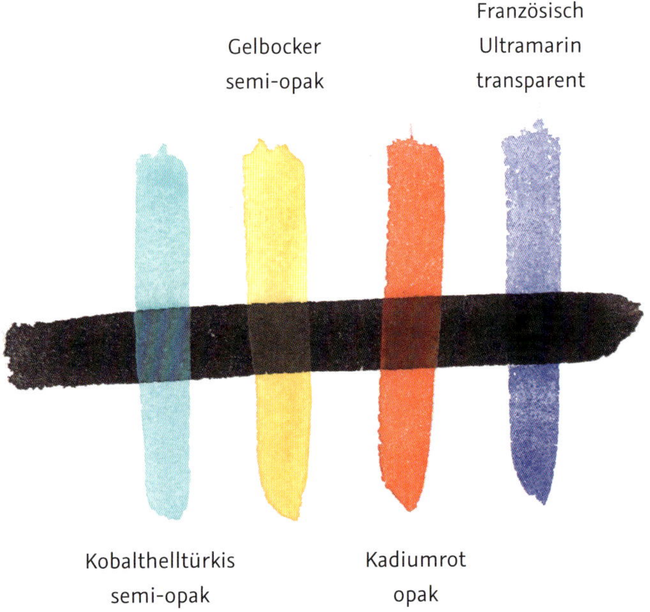

Das Bild zeigt, wie der dunkle Pinselstrich (Elfenbeinschwarz) mit unterschiedlichen Transparenzgraden (Kobalthelltürkis, Gelbocker, Kadmiumrot, Französisch Ultramarin) übermalt wird und somit, wie deckend die Farben sind.

GRANULIEREND UND FÄRBEND

Französisch Ultramarin ist granulierend und nicht färbend. Eine granulierende Farbe bildet eine sichtbare Punktierung auf der Papieroberfläche im Farbauftrag aus. Dies geschieht entweder, weil schwere Pigmentteilchen in die Papiertäler sinken oder weil sich leichte Pigmentteilchen zusammenklumpen. Eine färbende Farbe kann schlecht wieder vom Papier abgehoben oder ausgewaschen werden. Die färbende Eigenschaft entsteht entweder durch sehr kleine Pigmente, die weiter in die Papierfasern eindringen, oder durch einen höheren Anteil an Dispersionsmittel.

BESTÄNDIGKEIT UND ASTM

Französisch Ultramarin hat die Permanenz A und ist somit permanent. Die Bewertung AA wäre extrem permanent. Die Permanenz beschreibt bei Winsor & Newton die folgenden Eigenschaften nach dem Herstellungsprozess der Farbe: die Lichtbeständigkeit, die Farbstabilität in feuchten und sauren Umgebungen und die Reduktion der Permanenz durch Farbverdünnung. Derart aufwendige Tests werden nicht von allen Herstellern durchgeführt. Eine weitere Kennzahl für die Beständigkeit ist die ASTM-Kategorie, was für American Society for Testing and Materials steht. Sie beschreibt einen Standard, bei dem jede Farbe einer Lichtbeständigkeit von I bis V zugeordnet werden kann, wobei Farben aus den Kategorien I und II die stabilsten sind und für Künstler*innen empfohlen werden.

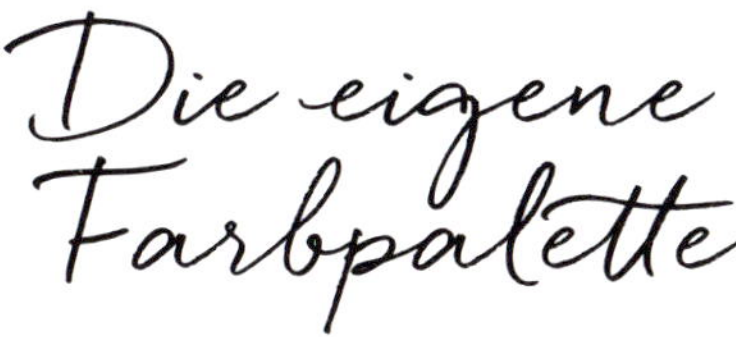

Die persönliche Farbauswahl sollte einfach gehalten werden und eine logische Reihenfolge im Malkasten aufweisen. Welche Farbpalette Künstler*innen wählen, hängt davon ab, ob die Wirklichkeit möglichst genau wiedergegeben werden soll, ein bestimmtes Set an präferierten Farben auf verschiedene Motive angewendet oder bestimmte Farben verwendet werden, um eine gewisse Stimmung zu erzeugen. Allgemein spielen auch Überlegungen eine Rolle, ob man Farben mit speziellen Eigenschaften in seinem Repertoire haben möchte. Die Farben meiner Farbpalette wurden bereits auf S. 11 aufgeführt, nun erhalten Sie jedoch noch die zusätzliche Info der Pigmentnummer.

Prinzipiell bevorzuge ich Farben mit einem Pigment, da sie reiner sind als mehrpigmentige. Farben werden schmutziger und grauer, je mehr Farbpigmente sie enthalten. Hin und wieder ist es ratsam, den Malkasten und die Mischflächen zu reinigen, da alles, was dort an Farbresten übrig ist, auch früher oder später auf dem Bild landet. Dadurch leidet eventuell die Brillanz der Farben, das Bild wird grauer.

Tipp

Man sollte immer ausreichend Farbe auf der Palette haben, damit man aus dem Vollen schöpfen kann und nicht zurückhaltend sein muss.

Manche meiner Farben sind Ergänzungen und haben bewusst mehr Pigmente, weil sie schöne fertige Mischungen produzieren. Ich verwende sie zum Teil pur und ungemischt, wie etwa Seegrün, das ein schönes dunkles Grün erzeugt. Des Weiteren vermeide ich Farben mit dem Zusatz „-ton" (engl. hue), weil dies meist preiswertere synthetische Pigmente der Originalfarbe sind. Die Gründe der Hersteller für die Entwicklung von Ersatzpigmenten können die Giftigkeit, der teure Preis, die schlechte Lichtbeständigkeit oder die Knappheit des Originalpigments sein. Diese Ersatzpigmente sind aber nicht generell schlecht oder minderwertig.

- **Kadmiumgelb: PO20, PY35**
- **Kadmiumzitronengelb: PY35**
- **Gelbocker: PY43**
- **Magnesiumbraun: PY119**
- **Siena gebrannt: PR101**
- **Kadmiumrot: PR108**
- **Lasurorange (Schmincke): PO71**
- **Permanent Alizarinkarmesin: PR206**
- **Französisch Ultramarin: PB29**
- **Kobaltblau: PB28**
- **Winsorblau (Rotton): PB15**
- **Kobalthelltürkis: PG50**
- **Permanent Saftgrün: PG36, PY110**
- **Grüngold: PY129**
- **Seegrün (Daniel Smith): PB29, PO48, PY150**
- **Elfenbeinschwarz: PBk9**
- **Payne's Grau: PB15, PBk6, PV19**
- **Marsschwarz: PBk11**
- **Titanweiß: PW6**

Allgemein verwende ich Farben, die eine sehr gute oder zumindest gute Lichtbeständigkeit haben. Darüber hinaus verfolge ich den Ansatz, dass dunkle Farben transparent sein sollen, damit die Dunkelheiten im Bild in den Hintergrund rücken und frisch erscheinen. Ansonsten verwende ich sowohl transparente als auch deckende Farben. Bei vielen Farbtönen habe ich eine warme und eine kühle Variante im Repertoire, um beim Malprozess die Farbtemperaturen justieren zu können.

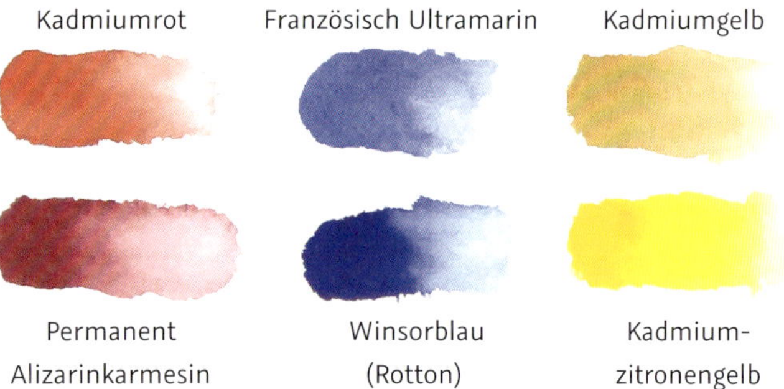

Im Bild sehen Sie einige warme Farben (obere Reihe) meiner Palette mit jeweils einem kühleren Pendant (untere Reihe).

Des Weiteren benötige ich eine Reihe von Farben, die sehr dunkel werden können, um tiefe Tonwerte erzeugen zu können, wie etwa meine Schwarztöne, Französisch Ultramarin, Permanent Alizarinkarmesin, Winsorblau (Rotton) und Seegrün. Ich verwende die drei Schwarztöne aufgrund ihrer unterschiedlichen Eigenschaften: Elfenbeinschwarz ist ein tiefes sattes Schwarz, an Payne's Grau schätze ich den Blaustich und an Marsschwarz die Granuliereigenschaft.

Tipp

Man sollte Schwarz nie pur verwenden, weil es leblos und langweilig aussieht. Ein lebendiges Schwarz kann man aus Winsorblau (Rotton) und Permanent Alizarinkarmesin mischen. Ein Mix aus Französisch Ultramarin und Siena gebrannt ergibt ebenso ein Schwarz. Mehr Französisch Ultramarin macht die Farbmischung kühler, mehr Siena gebrannt macht den Mix wärmer. Ein Trick ist es, die dunklen Farben auf dem Papier nebeneinander zu setzen, ohne sie komplett zu vermischen. Das ergibt interessante dunkle Töne.

Magnesiumbraun habe ich wegen der Granulierfähigkeit in meiner Auswahl und Kobalthelltürkis, weil ich die Farbe hin und wieder für Gebäudekuppeln oder Ähnliches brauche. Titanweiß verwende ich meist pur aus der Tube, um kleine Highlights wieder zurückzuholen, die ich versehentlich übermalt habe. Als magentafarbenen Ton verwende ich Permanent Alizarinkarmesin (Pigment PR206). Bei dieser modernen Version des Alizarin-Pigments (Pigment PR83) ist die Lichtechtheit stark verbessert, das ursprüngliche Pigment ist für Künstler*innen nicht empfehlenswert, aber immer noch erhältlich.

Beim Trocknen von Aquarellfarben muss man beachten, dass es Veränderungen von Eigenschaften gibt im Vergleich zum nassen Zustand. Die meisten Farben erscheinen getrocknet etwas heller, matter und weniger gesättigt. Im Umkehrschluss bedeutet das, wenn die Farbe im nassen Zustand richtig aussieht, ist sie es im trockenen Zustand sehr wahrscheinlich nicht! Weiterhin muss man berücksichtigen, dass das Aquarell in dunklen Bereichen an Farbreichtum verliert.

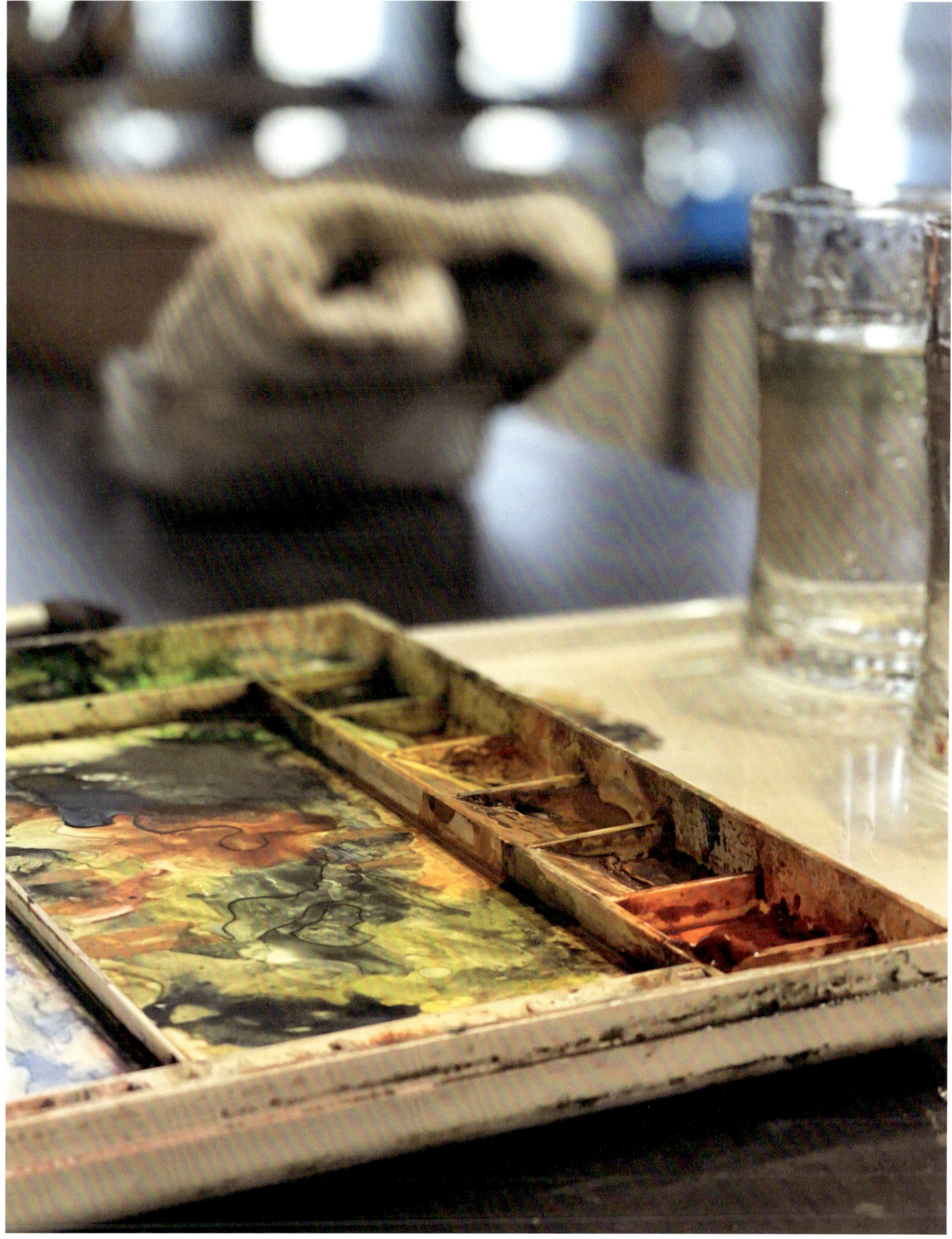

Komposition

Die Komposition ist eine der wichtigsten Komponenten eines gelungenen Kunstwerks, und wenn man alle zuvor angesprochenen Grundlagen beherrscht, wird es wichtig, sich damit auseinanderzusetzen. Eine gelungene Komposition ist sehr subjektiv und ein Aspekt, der in den meisten akademischen Umgebungen vernachlässigt wird. Man gibt sich mit dem zufrieden, was sich visuell „richtig anfühlt". Es gibt jedoch objektive Ansätze zur Bildkomposition, gewisse Prinzipien und funktionierende Designs. Sie sind keine Gesetze, sondern aus der Tradition geborene allgemeine Vereinbarungen, was gefällig ist oder nicht. Das Konzept und die Planung sind entscheidende Faktoren für den Erfolg von Bildern und unterscheiden professionelle Künstler*innen von Hobbymaler*innen. Viele heutige Künstler*innen beherrschen die technischen Fähigkeiten, um gute Bilder zu malen, daher kann nur durch einen vorangegangenen kreativen Prozess etwas Besonderes kreiert werden. Generell möchte ich Sie dazu ermutigen, Regeln zu brechen und Ihrer eigenen Stimme zu folgen!

Was bedeutet Komposition?

Die Komposition wird vom Betrachter weniger beachtet, weil sie meist unauffälliger als kräftige Farben oder starke Kontraste ist. Komposition ist die Bezeichnung für den Aufbau eines Bildes und beschreibt die Zusammenstellung der Motivelemente zu einem gefälligen Design. Die Anordnung der großen Hauptformen im Bild ist entscheidend. Das ist es, was dem Betrachter aus der Ferne sofort auffällt und woraufhin er entscheidet, das Bild näher zu betrachten oder nicht. Diese großen Formen sind abstrakte Bereiche, also losgelöst vom Objekt, und das bedeutet, dass dies beliebige Formen sein können. Wenn das abstrakte große Design funktioniert, wird auch das Bild funktionieren. Bei der Planung des Arrangements der Formen überlegt man sich eine visuell ansprechende Komposition und wie die Formen interagieren und visuellen Fluss erzeugen. Hier unterstützt uns die Natur, wenn wir von einem natürlichen Motiv malen, da ja bereits eine von der Natur entworfene Komposition vorhanden ist. Wir wählen dann einen gefälligen Ausschnitt des Motivs und können Dinge auch verändern oder weglassen, je nach Belieben. Es ist aber auch von Nutzen, die Natur so zu belassen, wie sie ist, und von ihr zu lernen, es sind nicht immer Kompositionsanpassungen nötig. Die Natur ist eine unerschöpfliche Inspirationsquelle für Kompositionen und Designs. Wenn wir die Planungsphase eines Bildes weglassen, kann es sein, dass das Bild eine bloße Ansammlung von Formen ohne Bezug zueinander ist.

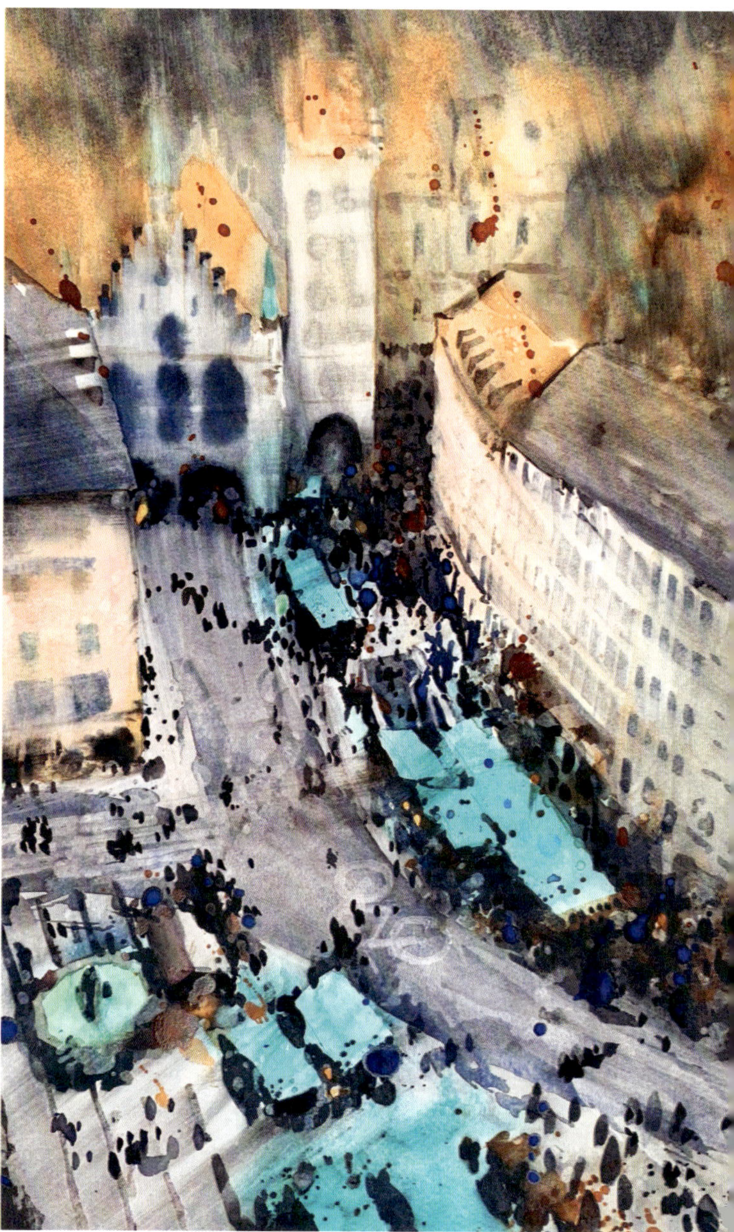

Tipp

Wichtig ist, dass man sich am Anfang fragt, warum man das Motiv malen möchte, dann kommt das Wie meist von alleine.

Generell ist ein gefälliges Design eine subjektive Sache und muss für uns persönlich gelungen sein. Es gibt kein Richtig oder Falsch wie bei den Punkten Tonwerte, Kanten, Farben und Zeichnung. Es ist nicht einfach zu überprüfen, ob eine Komposition richtig ist. Es gibt viele Aspekte wie Balance, Einheit, Bewegung, Fokus und Rhythmus, und sie alle sind abstrakte Ideen. All die Regeln wurden oft erfolgreich von Maler*innen ignoriert, denn es hat immer einen gewissen Reiz, Regeln zu brechen und neue Lösungen zu präsentieren. Am Ende ist es aber so, dass uns unser Instinkt sagt, ob sich eine Komposition richtig anfühlt.

Tipp

Es gibt keine Formel und kein Gesetz für eine gute Komposition, es ist lediglich eine gelungene Lösung von Künstler*innen für ein Anordnungsproblem von Formen.

Möchte man eine Komposition planen, gibt es einige Schritte, die man beachten sollte. Jedes Mal, wenn wir einen Strich auf das Papier setzen, interagiert dieser mit der rechteckigen Begrenzung der Bildebene und erzeugt eine Dynamik. Daher muss man sich als Erstes überlegen, welches **Format** man wählt, da auch dieses Einfluss auf das Bild hat. Mit schnellen Studien und Skizzen kann man verschiedene Proportionen testen. Danach legt man ein **Kompositionsgerüst** fest. Man arrangiert Formen so, dass ein zusammenhängender Fluss im Bild entsteht. Dieses Gerüst erschafft unsichtbar im Hintergrund Dynamik und Struktur. Anschließend sollten die größeren abstrakten **Formen** definiert und geplant werden und wie der Blick des Betrachters durch das Bild geführt wird. Für den Planungsprozess mache ich kleine Kompositionsskizzen und bediene mich an Grafikprogrammen und Apps (z. B. Procreate für das iPad Pro), um Formen zu verschieben und verschiedene Kompositionen auszuprobieren. Erst dann kommen die **Objekte** und danach die **Details** und **Highlights**. Schließlich wählt man die nötigen Techniken, um das Aquarell auf das Papier zu bringen.

Hier ein Überblick über die Kompositionserstellung:

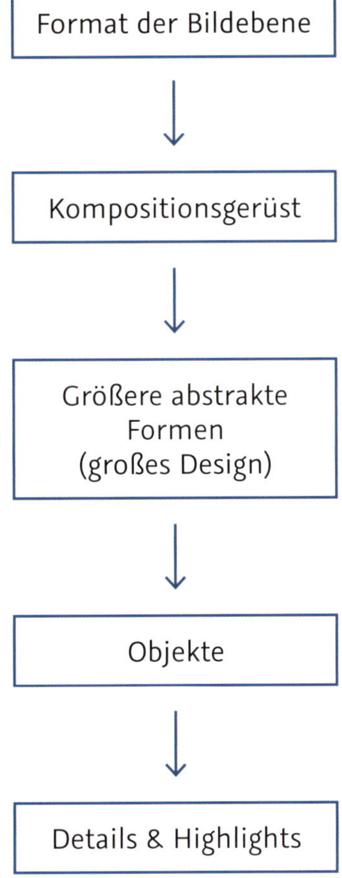

Kompositionsgerüste

Nachdem man das Bildformat ausgewählt hat, sollte man sich Gedanken über ein geeignetes Kompositionsgerüst machen. Die alten Meister steckten viel Arbeit in die Planung und Vorbereitung ihrer Werke. Das Gerüst hielt dann die komplexen Figuren in ihren Gemälden und war die Basis der Planung. Sie teilten die Bildebene in verschiedene Proportionen wie Drittel oder Viertel ein und nutzten Dreiecke, Kreise und andere geometrische Elemente, um eine Struktur festzulegen. Zugegeben, ein solches Gerüst ist insbesondere für Künstler*innen relevant, die aufwändigere visuelle Arrangements erstellen möchten. Ich bin jedoch der Meinung, dass man von dieser Möglichkeit gehört haben sollte.

Tipp

Die Basis der Kompositionsgerüste ist die Erkenntnis, dass es Proportionen gibt, die angenehm für unser Auge sind. Effektive Konfigurationen sind Unterteilungen in Drittel, Viertel, der Hälfte, zwei Drittel und drei Viertel neben dem Goldenen Schnitt und anderen.

Durch das Verbinden der Bildecken durch Linien ergibt sich ein einfach zu erstellendes harmonisches Grundgerüst, das auf jedes rechteckige Bildformat angewendet werden kann. Anhand meines Aquarells „In den verschneiten Bergen" sehen Sie, wie man das Gerüst anwenden kann. An den Schnittpunkten kann man den Fokus positionieren und entlang der Linien wichtige Bildelemente oder Führungslinien, die das Auge leiten sollen.

Doch es müssen nicht derart komplexe geometrische Beziehungen sein. Auch einfachere Gerüste erzeugen einen Bildfluss. Ich möchte einige vorstellen, die Künstler*innen erfolgreich anwenden. Sie sind Beispiele für funktionierende Strukturen, die die Anordnung der größeren Formen festgelegen und sie ins Zusammenspiel bringen, sodass das Auge durch die Komposition geführt wird. Im Beispiel unten zeigt der rote Pfeil die Blickführung am Beispiel einer C-Komposition.

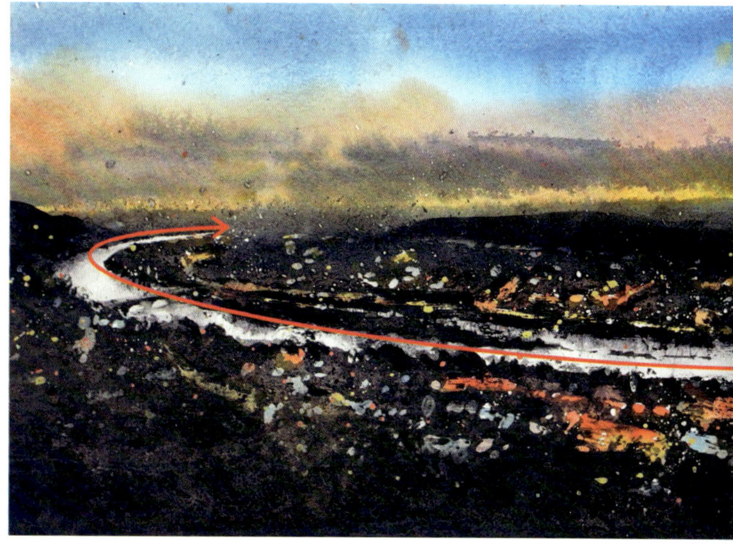

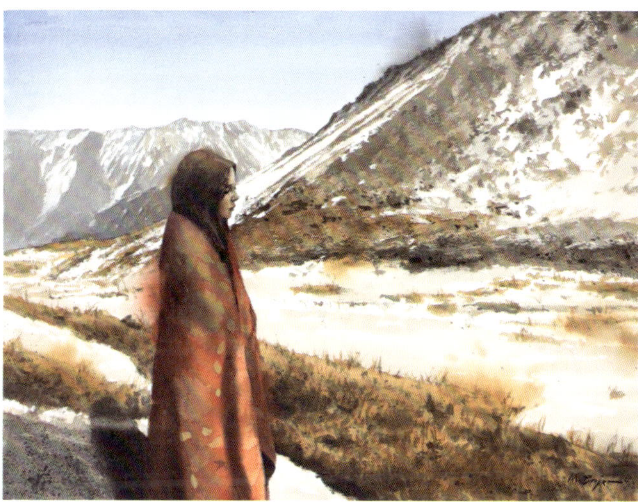

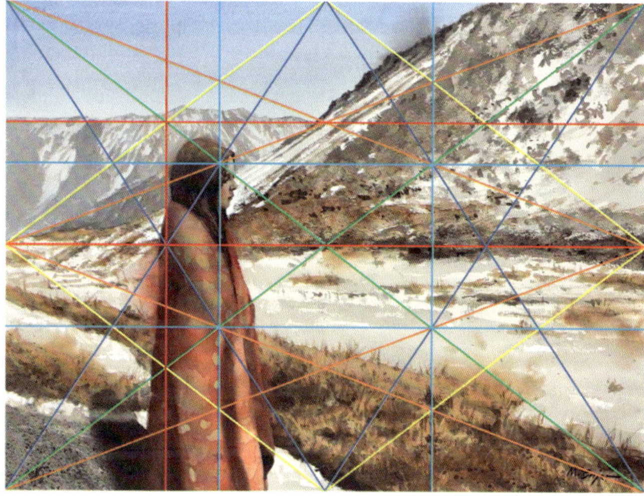

GOLDENER SCHNITT UND DRITTELREGEL

Der Goldene Schnitt ist ein klassisches Proportionsverhältnis und gilt als Ideal, das von Natur aus gefällig ist. Das Teilungsverhältnis einer Geraden im Goldenen Schnitt beträgt ca. 61,8 % zu ca. 38,2 %, eine grobe Annäherung wäre ⅔ zu ⅓. Daher verwendet man als vereinfachte Version des Goldenen Schnitts die **Drittelregel**, bei der die Bildebene vertikal und horizontal in drei gleiche Abschnitte eingeteilt wird. An den Schnittstellen entstehen so mögliche Positionen für den Fokus oder markante Bildbereiche und entlang der Linien können Bildelemente wie ein Horizont ausgerichtet werden.

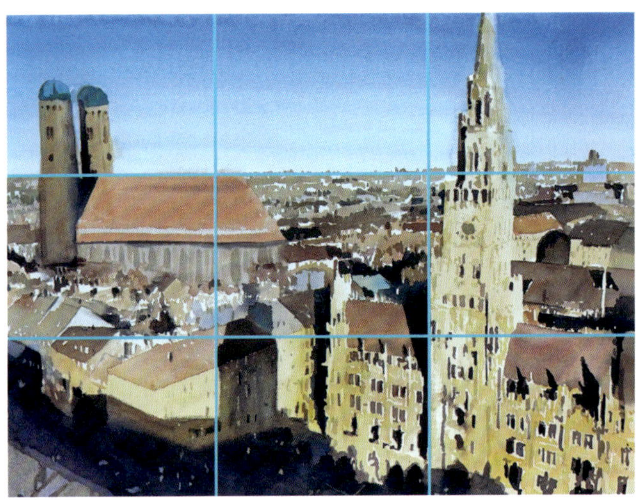

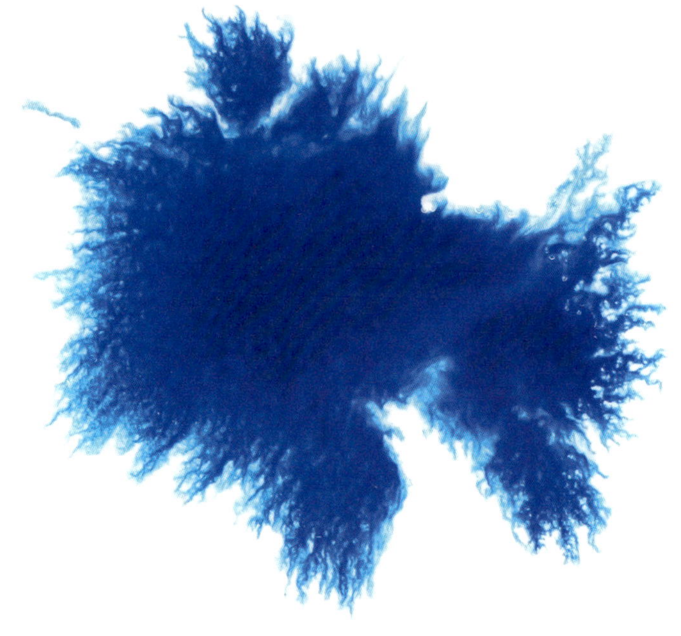

WEITERE KOMPOSITIONSGERÜSTE

Weitere gebräuchliche Gerüste möchte ich anhand einer Übersicht vorstellen.

TUNNELKOMPOSITION

S-KOMPOSITION

L-KOMPOSITION

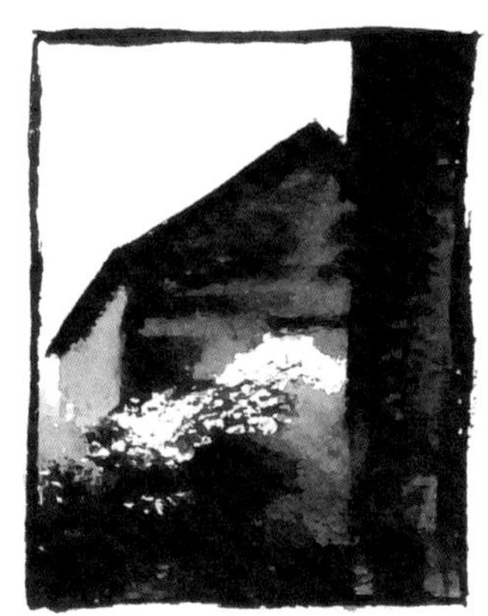

H-KOMPOSITION

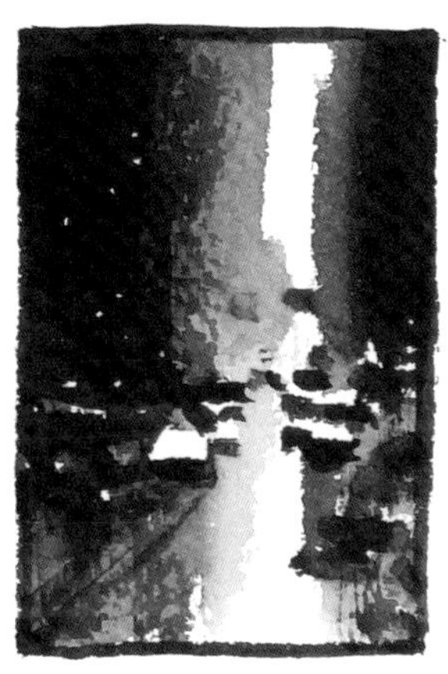

STRAHLENDE-LINIEN-KOMPOSITION

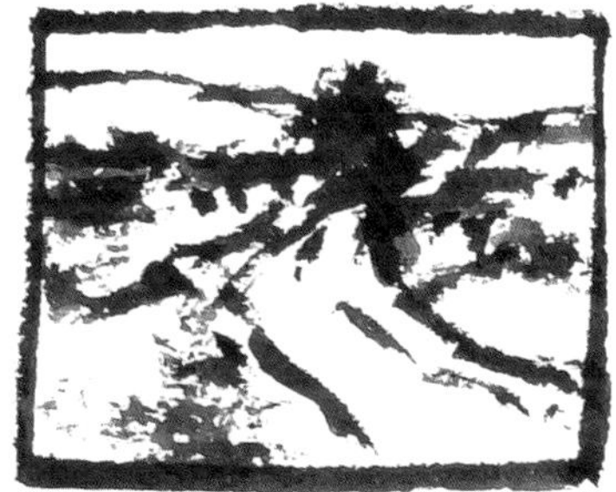

KREUZ-KOMPOSITION

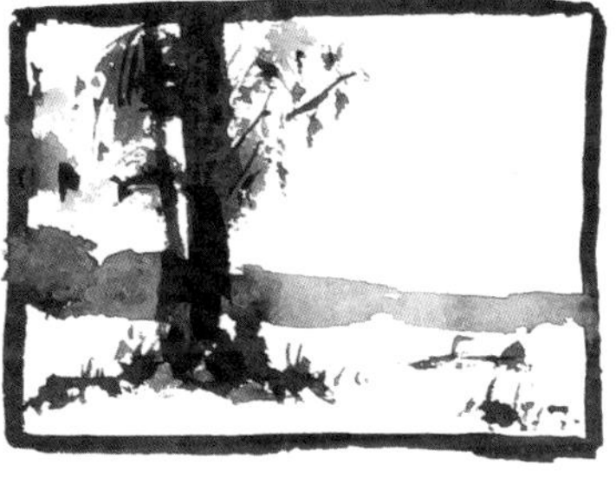

MUSTER-KOMPOSITION

SILHOUETTE-KOMPOSITION

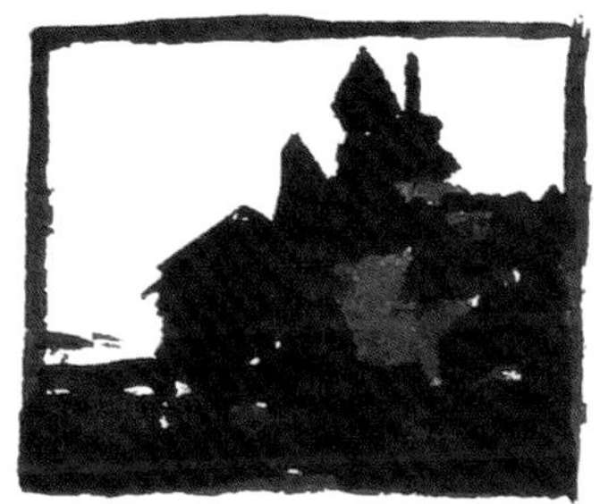

WAAGE-KOMPOSITION

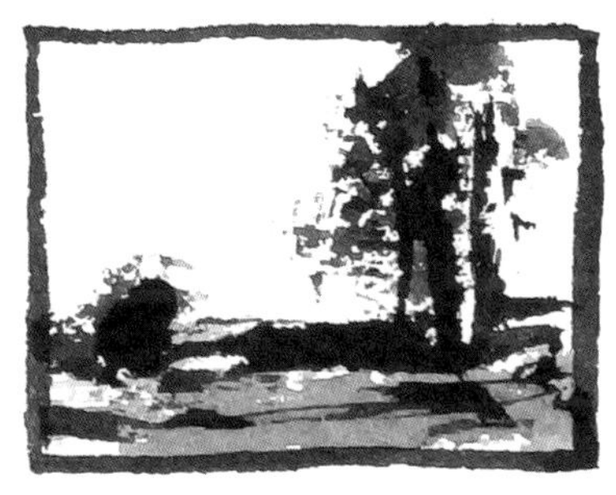

Abstrakte Formen

Blenden Sie aus, was Sie über ein Motiv wissen, blenden Sie aus, dass sich vor Ihnen Autos, Häuser und Menschen befinden und vergessen Sie die Namen der Objekte. Sehen Sie nur noch Formen! Das hat den Vorteil, dass Sie auf diese Weise jedes Motiv malen können, von der Landschaft über Menschen bis hin zu Tieren, da es sich lediglich um eine Aneinanderreihung von Formen handelt. Die im Motiv enthaltenen Objekte sind dann lediglich die Inspiration, weshalb Sie das Bild anfangs malen wollten! Wie im Kapitel Tonwerte auf S. 24 erläutert, ist hier die Technik des Augenzusammenkneifens hilfreich, da sich dadurch die relevanten abstrakten Formen offenbaren. Vor allem die großen Tonwertformen sind das, was der Betrachter vom anderen Ende des Raumes als Erstes sieht und ihn dazu bewegen soll, Ihr Bild näher zu betrachten. Ein besseres großes (übergeordnetes) Design führt zu besseren Bildern!

Tipp

Sie müssen in abstrakten Formen denken, nicht in Objekten! Konzentrieren Sie sich auf das große Design und dramatische Tonwerte und nicht auf zu viele ablenkende Details!

Wenn das Motiv kein überzeugendes großes Design bietet, gibt es Möglichkeiten, die abstrakten Formen zu verbessern. Kehren Sie zu unterschiedlichen Tageszeiten zum Motiv zurück oder ändern Sie, falls möglich, das Licht auf das Motiv oder verschieben Sie Objekte. Sie können auch Veränderungen um das Motiv herum vornehmen, wie z. B. bei Stillleben den Hintergrund ändern (z. B. einen dunklen Hintergrund einsetzen) oder den Blickwinkel auf das Motiv. Diese Modifikationen funktionieren draußen in der Landschaft nur begrenzt. Im Beispiel links gibt es kein Drama, kein Design, nur versprengte Einzeltonwerte. Dadurch entsteht keine klare Aussage. Das am Abend fotografierte Bild rechts hat dagegen ein markantes großes Design, was bei der Umwandlung in vier Tonwerte klar zu sehen ist. Im Übrigen sei erwähnt, dass es eine subjektive Entscheidung ist, wie man die Tonwerte einteilt, also ob z. B. der große Schatten Tonwertstufe 3 oder 4 hat. Squinten und technische Hilfsmittel wie die Notanizer App (für iOS) können hier Entscheidungshilfen sein.

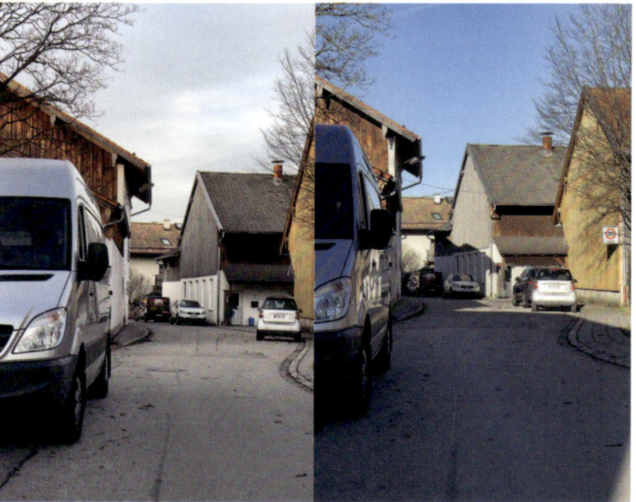

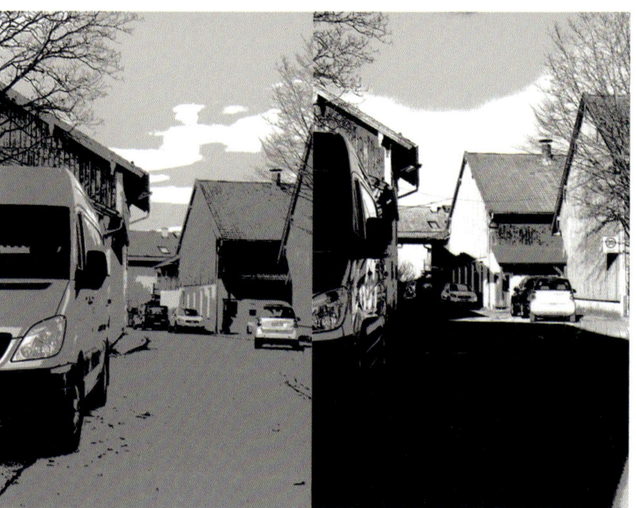

Auf der Suche nach einem starken Design können Smartphones sehr hilfreich sein, denn ein Foto ist schnell gemacht und in kürzester Zeit zugeschnitten oder in ein Graustufenbild umgewandelt. Auch Bildeinteilungen in Drittel mittels Foto-Apps unterstützen die Kompositionsfindung. Generell sollte man gute Referenzfotos machen, auch mit verschiedenen Belichtungen. Jedoch können unsere Augen Tonwerte und Farben besser erkennen als eine Kamera, aber wir sind meist nicht ausreichend geschult, um dies auch anwenden zu können. Daher sollte man das Malen vom Leben draußen in der Natur auch immer wieder üben.

Durch den Einsatz unkomplizierter und klarer Tonwerte wird der visuelle Eindruck und das Design verstärkt und eine Überladung des Bildes vermieden. Viele kleine unruhige Tonwertverteilungen sind für das Auge schwerer zu verstehen und nicht so effektiv. Man konzentriert sich also erst mal auf große zusammenhängende Tonwertbereiche und unterbricht diese möglichst wenig. Da hilft es, wenn man sich bei der Planung auf die drei bis fünf Hauptformen und die vier zuvor erwähnten Tonwerte beschränkt.

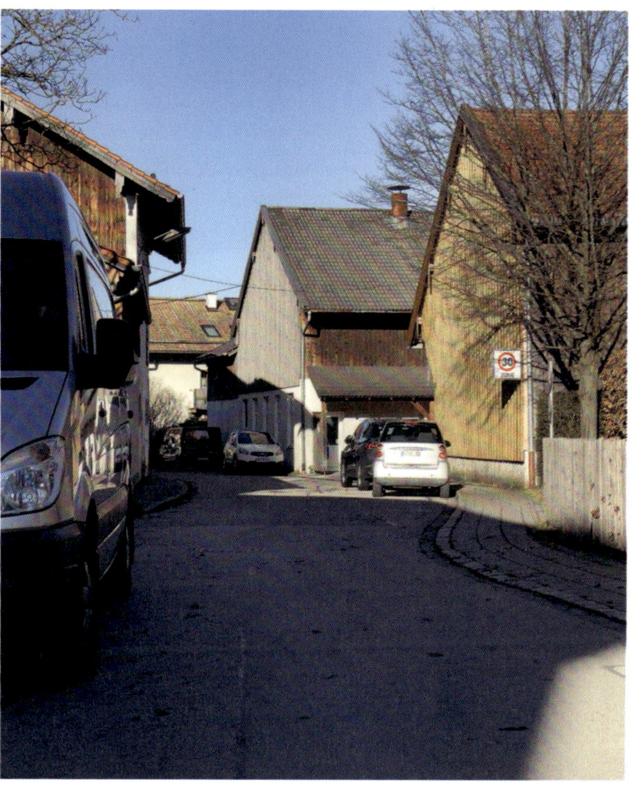

ÜBUNG

Machen Sie eine Tonwertstudie des oberen verbesserten Motivs mit breiten grauen Markern. Ich verwende die Marker Copic Ciao C-3, C-7 und 100. Die drei Marker ergeben mit dem Papierweiß zusammen vier Tonwerte. Breite Marker haben den Vorteil, dass man sich nicht in Details verliert und das Motiv vereinfacht und klar strukturiert darstellt. Beachten Sie, dass diese grobe Tonwertstudie kein fertiges Bild ergeben soll, sondern vielmehr klären soll, ob die großen Tonwertformen eine gefällige Komposition ergeben und einen Bildfluss erzeugen.

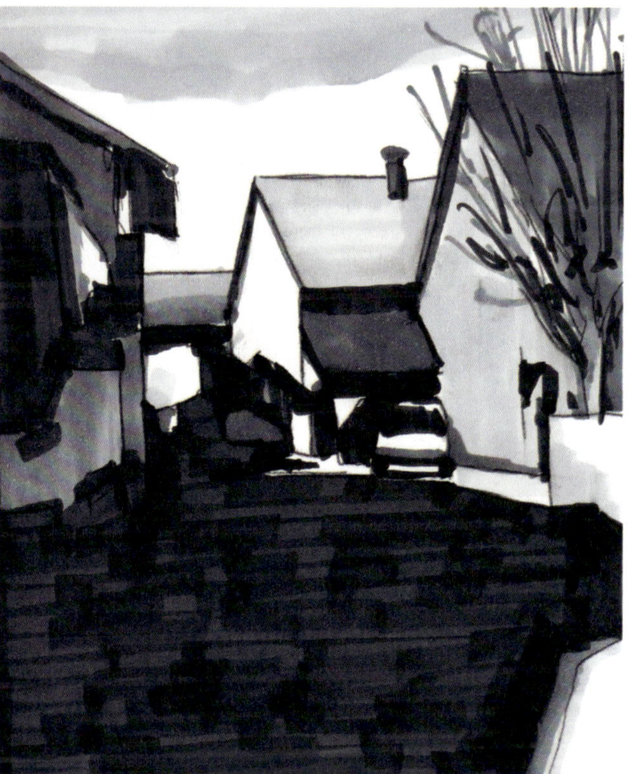

Blickführung

Ich möchte als Erstes anmerken, dass das folgende Prinzip keine ultimative Sache ist. Unter anderem ist es das Ziel einer Komposition, den Betrachter*innen einen Weg durch das Bild vorzugeben, indem man eine geschickte Anordnung von Bildelementen wählt. Es bedarf einer sorgfältigen Planung, den Blick der Betrachter*innen für mehr als nur einen kurzen Augenblick auf dem Gemälde zu halten. Der konzipierte visuelle Fluss kann die Betrachter*innen in das Bild führen, sie dazu einladen, näher zu treten, verschiedene interessante Bereiche zu erkunden und sich Details oder Pinselstriche genauer anzuschauen.

Durch starke Kontraste rückt man bestimmte Bereiche bewusst in den Fokus. So erzeugt man Balance, Rhythmus und Bildfluss in der finalen Komposition. Jedes Bild sollte nur einen Fokus, das Zentrum des Interesses, haben, einen Bereich, der das Auge magisch anzieht. Um das zu erreichen, sollten hier der stärkste Kontrast mit den stärksten Tonwerten und Kanten, intensive Farben und die meisten Details verortet sein.

Tipp

Den stärksten Hell-Dunkel-Kontrast erzeugt man, indem der hellste neben den dunkelsten Tonwert gesetzt wird. Dieser Kontrast sollte im Fokus des Bildes eingesetzt werden. Tonwertkontraste sind in der Regel die mächtigsten Kontraste und ziehen mehr Aufmerksamkeit auf sich als etwa ein Komplementärfarbenkontrast.

Es ist sinnvoll, ein Zentrum klar zu definieren, weil der Blick sonst orientierungslos durch das Bild wandert. Im restlichen Bild sollten die Kontraste je nach Wichtigkeit der Region weniger hoch sein. So sorgt man dafür, dass das Auge die restliche Komposition erkundet. Das Ziel einer Komposition sollte es also sein, eine Hierarchie durch eine geschickte Verteilung von starken und immer schwächer werdenden Kontrasten zu erzeugen.

Tipp

Beobachten Sie Ihre eigenen Augen, welche Wege sie in Ihrem Bild gehen, und ändern Sie die Anordnung der Dinge, bis sie den gewollten Weg beschreiten! Kompositionen wie eine C-, L- oder S-Komposition funktionieren, weil das Auge den markanten Linien und Kontrasten durch das Bild folgt.

Das Beispiel unten zeigt, wie eine solche Reihenfolge durch Manipulation der Tonwerte von Formen oder deren Umgebung erzeugt werden kann. Es geht um das Zusammenspiel der drei Kreise links. Um einen Kreis in den Fokus zu setzen und eine Hierarchie zu schaffen, kann man den Kontrast der beiden anderen Kreise verringern, indem man ihre Tonwerte verändert, siehe die Abbildung in der Mitte. Eine weitere Möglichkeit ist es, den Umgebungstonwert zu verändern, also den Bereich um den Kreis herum, wie rechts in der Abbildung zu erkennen. Dadurch wurde ebenfalls eine Hierarchie erzeugt und so wandert das Auge vom stärksten zu schwächeren Kontrasten. Hier muss man aber Nebeneffekte beachten, denn durch die Maßnahme wurde der untere Kreis optisch vergrößert und dies kann ebenso die Aufmerksamkeit erhöhen.

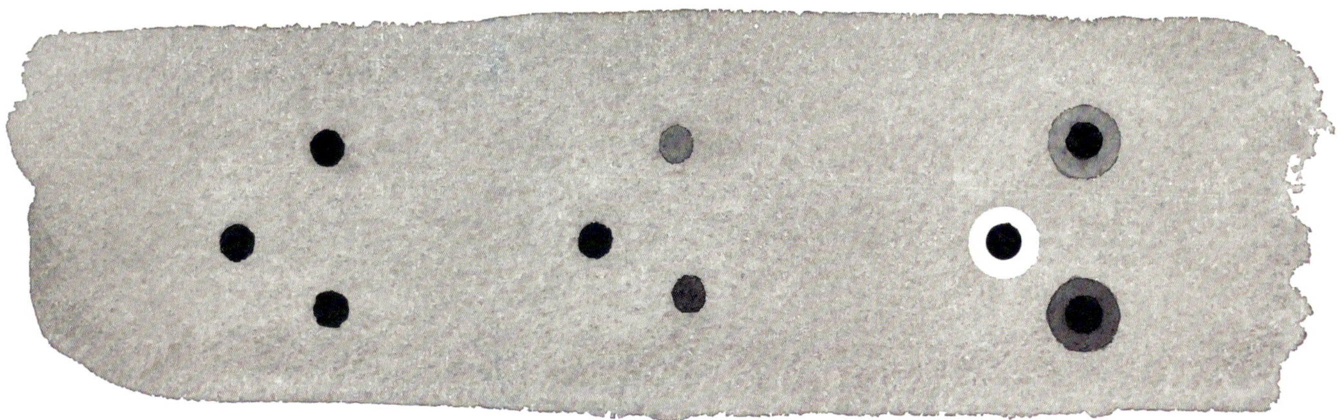

In einem weiteren Beispiel sehen Sie eine einfache Komposition mit einer Hütte als Fokus mit dem stärksten Kontrast. Von dort folgt der Blick dem Wald nach links, der sich wie ein Pfeil verjüngt. Die Pfosten erregen dann links die Aufmerksamkeit, und die Augen wandern nach unten zur Straße, wo sie wieder zum Fokus hochgeführt werden. Die Straße wirkt als Führungslinie für die Augen. Damit der Blick nicht unten links aus dem Bild herausrutscht, habe ich den Tonwert der Straße verringert und die Kanten weicher gemacht. Entschärfen Sie harte Kanten am Rand des Bildes, die den Blick aus dem Bild führen oder zu viel Aufmerksamkeit auf sich ziehen. Durch diesen Kreislauf sorgt man dafür, dass der Blick im Bild umherwandert und immer wieder zum Fokus zurückkehrt.

Tipp

Sich wiederholende Farben, Tonwerte oder Formen werden vom Auge wahrgenommen und können als Spur durch das Bild dienen. Richtungslinien können ebenfalls im Bild eingesetzt werden, um den Blick zu lenken. Sie wirken wie Pfeile.

Tipp

Die Bildung eines starken Fokus kommt einem Tiefenschärfe-Effekt gleich. So lässt sich das Sehen unserer Augen nachbilden. Wenn die Augen ein Objekt fokussieren, wird dieses scharf gestellt, der Rest wird unschärfer, und die Tonwerte, Kanten und Farben werden weniger deutlich. Entfernte Objekte erscheinen geradezu abstrakt. Ein passendes Beispiel wäre hierzu mein Aquarell „Marienplatz, München von oben“ auf S. 49.

Wenn eine Komposition zu viele Elemente enthält, kann es sein, dass diese um Aufmerksamkeit konkurrieren, der Fokus unklar wird und das Auge unkontrolliert hin und her springt. Es kann auch sein, dass man im Fokus feststeckt, wenn dieser zu dominant ist, etwa durch auffällige Farben, die sonst nirgendwo im Bild auftauchen.

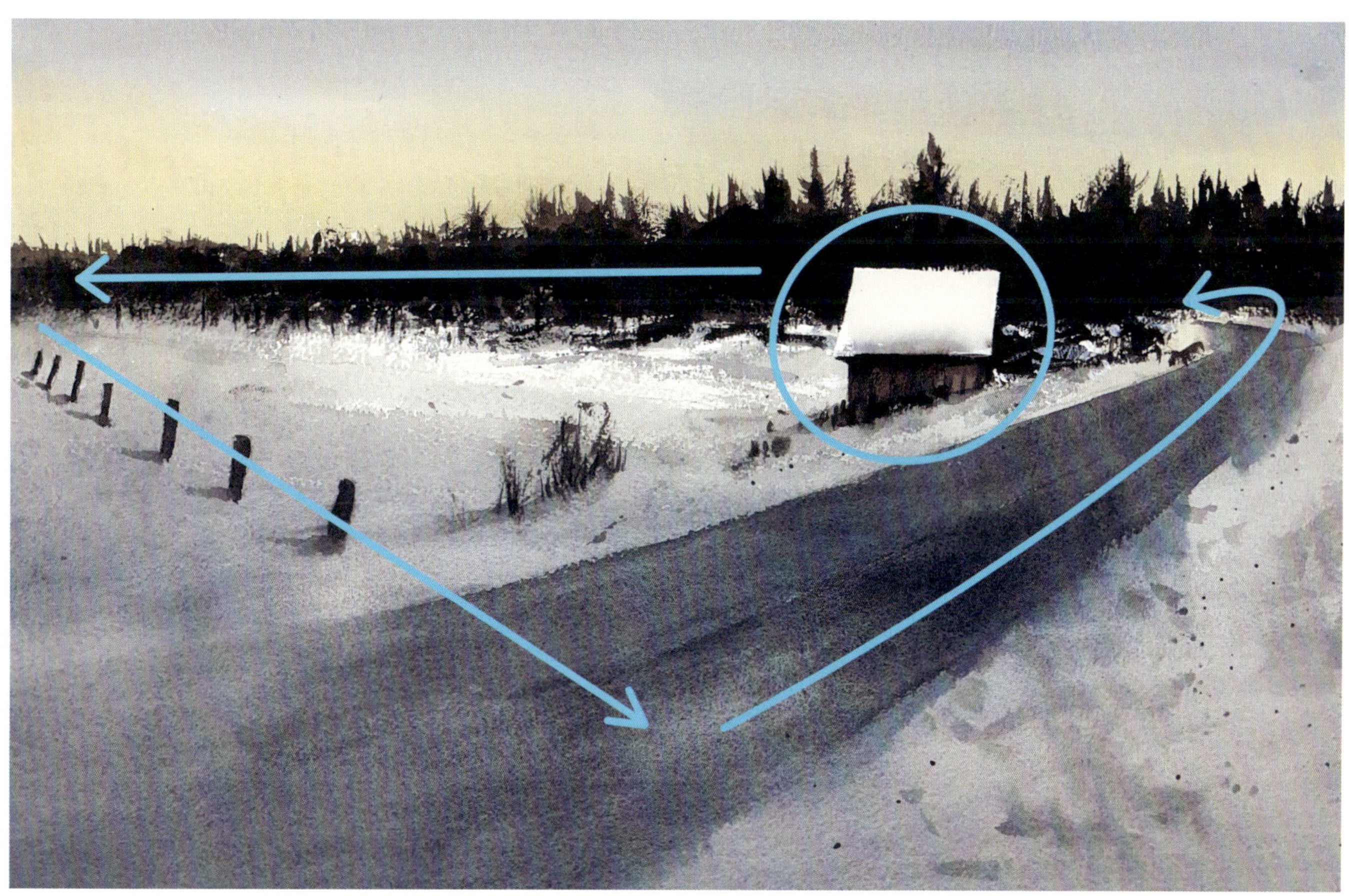

Vorder-, Mittel- und Hintergrund

Bei einer Landschaft ist es hilfreich, in drei Ebenen zu denken: Vorder-, Mittel- und Hintergrund. Der Vordergrund ist dazu da, den Betrachter in das Bild eintreten zu lassen und in den Mittelgrund zu führen. Hier kann man Texturen, Richtungslinien oder eine abgestufte Lavierung einsetzen, um ihm den Weg ins Bild zu ebnen. Die Lavierung sollte nach unten dunkler werden. Der Blick wandert automatisch zur hellen Seite der Abstufung und somit in das Bild hinein. Weitere Infos dazu finden Sie auf S. 71. Der Mittelgrund ist die Bühne des Bildes, hier passiert die Handlung, und dementsprechend sollte hier der Fokus verortet sein. Im Vorder- und Hintergrund darf nicht das größte Interesse des Bildes liegen! Der Hintergrund erzeugt ein Raumgefühl und Tiefe, die Details werden weniger und die Farben blasser. Dieser sollte also simpel und unauffällig bleiben. Das bedeutet, dass eine schöne Gebirgskette im Hintergrund nicht zum Hauptdarsteller werden darf, wenn es noch einen Vorder- und Mittelgrund gibt. Man muss diese dann mehr in den Fokus rücken, wenn es hauptsächlich um die Darstellung der Berge geht.

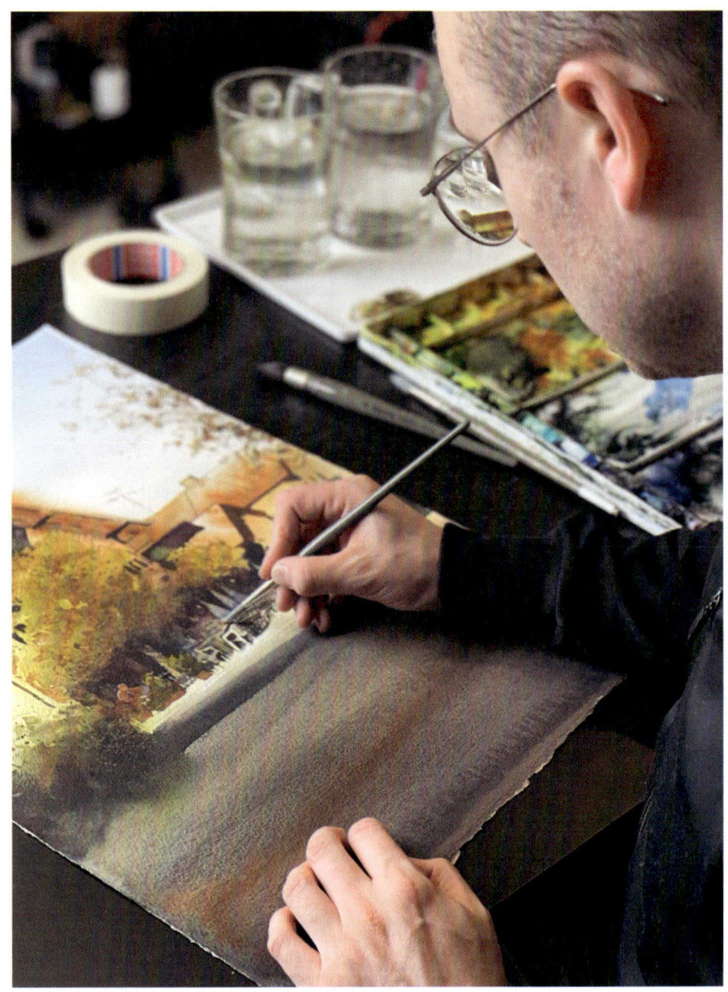

Kompositionsstudien

Wenn Sie ein Motiv gefunden haben, das Sie interessiert, wählen Sie einen vorläufigen Ausschnitt und machen Sie sich Gedanken zum Kompositionsgerüst und zu den abstrakten großen Formen. Danach erstellen Sie kleine Kompositionsstudien. Planen Sie, wie die Blickführung des Betrachters sein wird und ob der Fokus stark genug ist. Nun können Sie das Motiv final beschneiden und das Gemälde starten.

ÜBUNG

Bevor Sie zu einer Kompositionsstudie mit mehreren Tonwerten übergehen, können Sie die Formen bereits durch eine noch schnellere Skizze prüfen. Beim sogenannten Notan teilen Sie das Bild in helle und dunkle Bereiche ein. Helle bleiben weiß, dunkle werden schwarz dargestellt. Es gibt also nur zwei Tonwerte. Schon hier lässt sich erkennen, ob Formen harmonieren und ein Bildfluss entsteht.

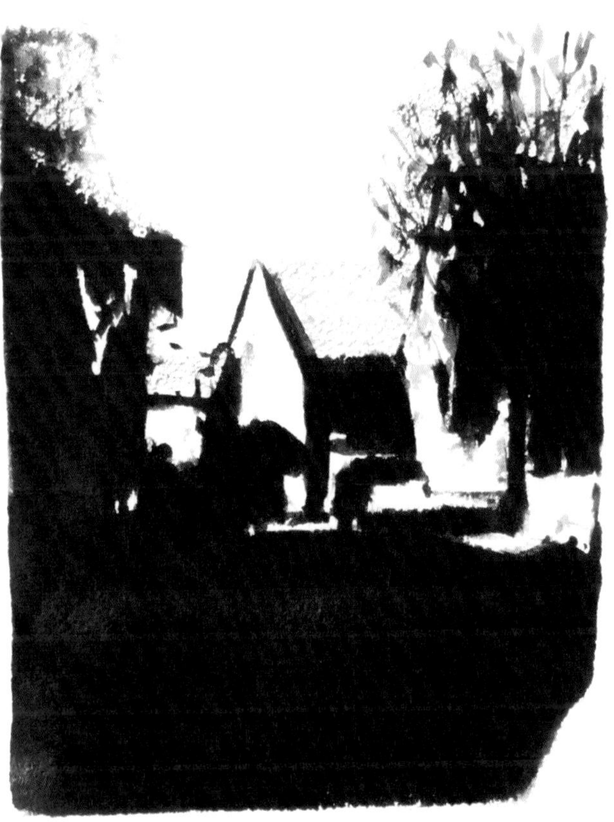

ÜBUNG

Erstellen Sie regelmäßig kleine Kompositionsskizzen mit Bleistift, Markern oder Aquarellfarben, und achten Sie darauf, dass diese nicht objektorientiert, sondern designorientiert sind! Das heißt, egal wie banal das Objekt oder Motiv ist, zu versuchen, ein gutes und interessantes Design zu kreieren. Das Augenmerk sollte auf den Formen und der abstrakten Anordnung der Tonwerte liegen. Sie können Ausschnitte verändern, Objekte verschieben, Licht und Schatten auf dem Motiv verändern und vieles mehr, um die Komposition und das Design zu verbessern. Rechts habe ich versucht, durch ein weiteres Objekt und eine andere Beleuchtung das Design interessanter zu machen.

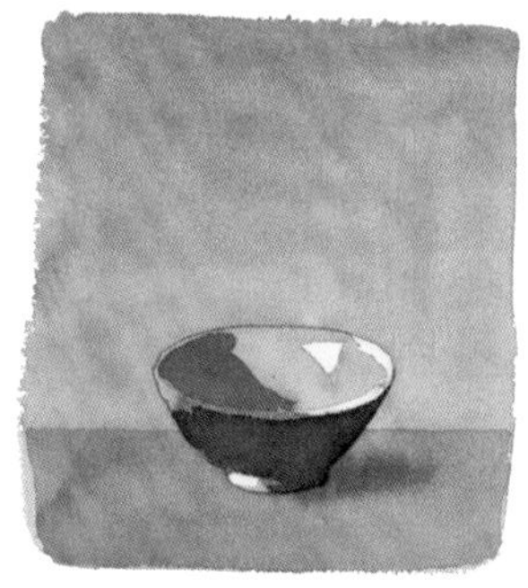

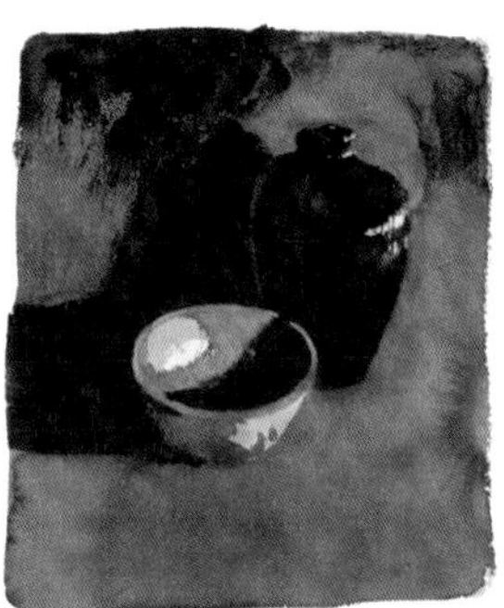

Zeichnung

Die Zeichnung stellt ein Motiv in vereinfachter Weise durch Striche und Linien dar. Das Ziel der Zeichnung in der gegenständlichen Malerei ist es, ein solides Skelett für den Einsatz der Farbe zu haben und die Farbflächen positionieren zu können. Je akkurater die Zeichnung ist, desto mehr Freiheiten hat man bei der Umsetzung des Gemäldes mit Farbe. Durch viel Übung wird Zeichnen einfacher und man erkennt Rhythmen im Motiv. Zeichnen erfordert Messen und Vergleichen und das braucht viel Geduld, Disziplin und Konzentration. Die Zeichnung ist so wichtig, weil nicht gelungene Bilder fast immer auf Zeichen- oder Tonwertfehler zurückzuführen sind.

Was ist Zeichnen?

Zeichnen ist die Fähigkeit, die visuelle Realität grafisch darzustellen. Die meisten verstehen unter Zeichnen, einen Umriss von einem Objekt zu skizzieren. In der Realität haben Objekte jedoch keine Linie an den Rändern, daher ist die Linienzeichnung nur eine Vereinfachung, um unsere visuelle Welt auszudrücken. Man muss jeden Tag zeichnen, um besser zu werden, denn Zeichnen muss zuerst erlernt werden und erfordert dann ständige Übung und Aufmerksamkeit, da es sich um eine mentale Disziplin handelt. Selbst wenn man ein gutes Niveau beim Zeichnen erreicht hat, ist es nie ein Selbstläufer, sondern erfordert kontinuierliches Training. Wenn man die Zeichnung als eigene Kunstform betrachtet, gibt es noch weitere Ziele als die Ähnlichkeit zum Motiv, nämlich Style, korrekte Tonwerte und interessante Kanten. Diese Dinge möchten wir jedoch mit der Aquarellfarbe umsetzen. Für die Zeichnung als Teil des Malprozesses sind das Schattieren, spezielle Techniken und Besonderheiten nicht nötig, daher möchte ich darauf nicht weiter eingehen.

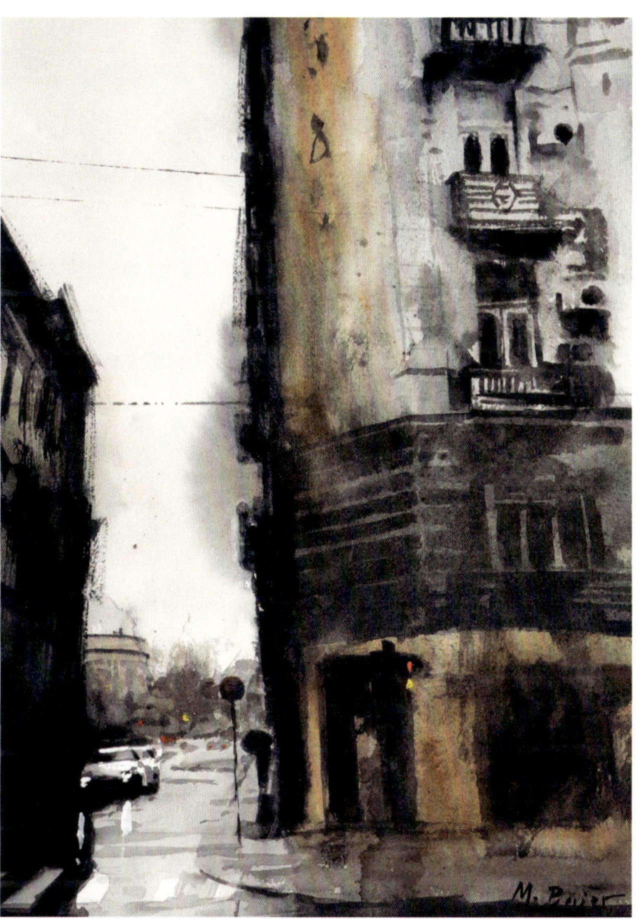

Wie funktioniert Zeichnen?

Zeichnen ist im Wesentlichen Messen und Vergleichen. Man versucht im ersten Schritt, die Abmessungen von Formen herauszufinden und daraus dann ein Bild zusammenzufügen. Es handelt sich um einen messbaren Aspekt der sichtbaren Welt. Dagegen sind Farben, Tonwerte und Kanten relative Qualitäten mit Interpretationsspielraum. Das Tückische am Zeichnen ist, dass es meist offensichtlich ist, wenn etwas falsch ist, vor allem bei Gesichtern und Figuren, aber auch bei technischen und architektonischen Objekten in Stadtlandschaften wie Autos oder Häusern. Alle diese Elemente haben bestimmte Formen und Größen und sehen falsch aus, sobald die Abweichung zur Referenz zu groß ist. Wenn eine Form als eine bestimmte bekannte Form erkannt wird, etwa ein Baum, kann es zu Zeichenfehlern kommen, da das bekannte Objekt nicht mehr genau beobachtet, sondern mehr aus dem Gedächtnis heraus gezeichnet wird. Wichtig ist, dass man Formen zeichnet, nicht Objekte! Sorgfältiges Zeichnen muss nicht unbedingt in einer realistischen und detaillierten Arbeit resultieren. Sie gibt einem vielmehr die Freiheit, über die Zeichnung interessante Pinselstriche zu legen und auch davon abzuweichen, ohne dass das Bild am Ende falsch aussieht. Dadurch kann man eine Lockerheit an den Tag legen und sich voll auf die anderen Aspekte wie Tonwerte, Kanten und Farben konzentrieren. Obwohl fast jede Form gemessen werden kann, ist es beim Zeichnen für viele Menschen nicht auf Anhieb ersichtlich, wenn ihre Zeichnung falsch ist. Das liegt daran, dass man sich im normalen Leben der Beziehungen und Dimensionen von Dingen nicht bewusst ist. Man muss diese also für ein Gemälde erst erlernen und für jede Form die Maße und Ausrichtungen bestimmen, was mental sehr anstrengend ist.

Messen & Vergleichen

Wenn man from life malt, also live vor Ort, sollte man den Bildausschnitt und die großen Formen zunächst grob positionieren. Danach misst und zeichnet man als erste Form eine, die leicht zu erfassen ist, also eine, bei der man harte Kanten, starke Tonwerte oder auffällige Farben sieht. Zudem sollte sie eine klare Geometrie haben. Starten Sie mit den einfachen Formen, dann ist es einfacher, Fehler zu erkennen. Die erste Form kann man in der gewünschten Größe zeichnen und gleicht dann alle anderen Formen damit ab. Man sollte sich vergewissern, dass man die ersten Formen sehr genau misst und zeichnet, denn sie sind für die nächsten Formen die Referenz und die Basis. Jeder kann zeichnen, es geht nur darum, mit Geduld und Disziplin sorgfältig zu messen!

Um eine Form im Motiv zu vermessen, strecken Sie Ihren Arm komplett aus, halten Sie einen Stift auf Augenhöhe und schließen Sie ein Auge. Im Beispiel unten links soll die Höhe der Kapelle gemessen werden. Die Spitze des Bleistifts wird zu einem Ende des Objekts geführt, der Daumen bewegt sich entlang des Stiftes zum anderen Ende. Nun zeichnen Sie dieses Maß auf das Papier. Stellen Sie nun laufend Vergleiche an, wie z. B. eine Linie passt dreimal in eine andere gesuchte Linie. Das Verhältnis von Breite und Höhe der Objekte muss auf dem Papier dem Motiv aus dem Leben gleichen. Anschaulich gesprochen, wenn die Breite des Kirchturms fünfmal in die Höhe passt, dann muss dieses Verhältnis auch auf dem Papier stimmen.

Der Kirchturm kann nun als Referenz für die restlichen Maße im Bild herhalten. Wenn das anfängliche Referenzobjekt zu klein ist, kann es sein, dass der Rest des Bildes ungenau gemessen wird. Wenn die Landschaft also 20-mal so groß wie der Kirchturm ist, schleichen sich sehr wahrscheinlich Fehler ein, wenn man diesen Turm als erste Referenz für alles andere verwendet.

Beim Winkelmessen hält man den Stift im Winkel, den man übertragen möchte und verschiebt diesen dann möglichst parallel auf das Papier (siehe Beispiel unten rechts).

Tipp

Man lernt besser und schneller, wenn man zuerst versucht, die Formen ohne Hilfsmittel richtig zu erkennen und im zweiten Schritt erst zu messen. So wird man schon bald kaum mehr messen müssen und sich stets auf das eigene Auge verlassen können.

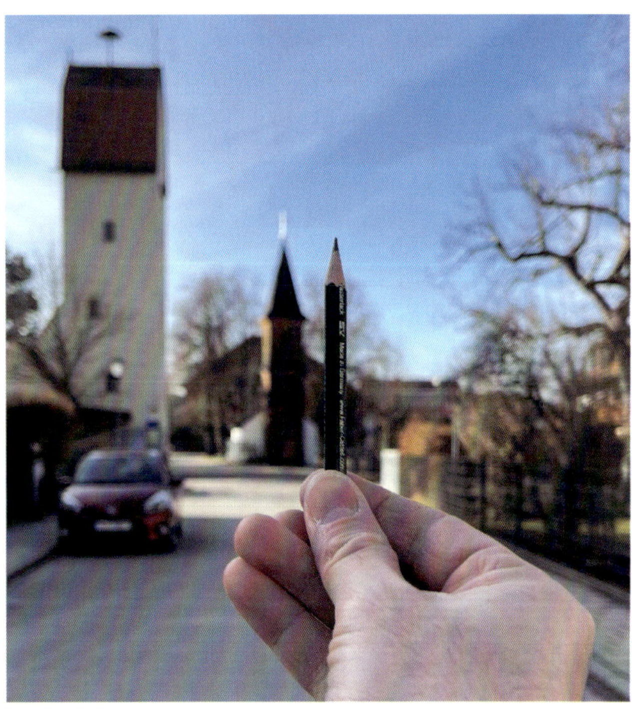

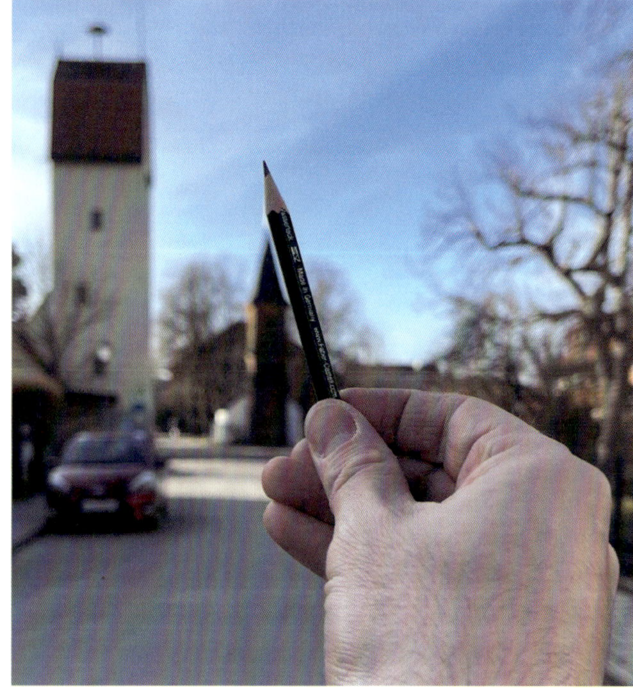

Das Erkennen von Beziehungen und Rhythmen ist wichtig und erleichtert das Zeichnen immens. Im Beispiel fährt der Radfahrer auf der verlängerten Dachlinie der Kapelle. Die Verwendung von vertikalen und horizontalen Linien ist eine der schnellsten Möglichkeiten, um die genaue Platzierung einer Form zu überprüfen. Im Normalfall reicht dabei das Augenmaß. Die Spitze des Kapellenturms ist auf der gleichen Höhe wie die Unterkante des oberen Fensters des Wasserturms. Die Unterkante des Daches der Kapelle ist auf der gleichen Höhe wie die Unterkante des mittleren Fensters des Wasserturms.

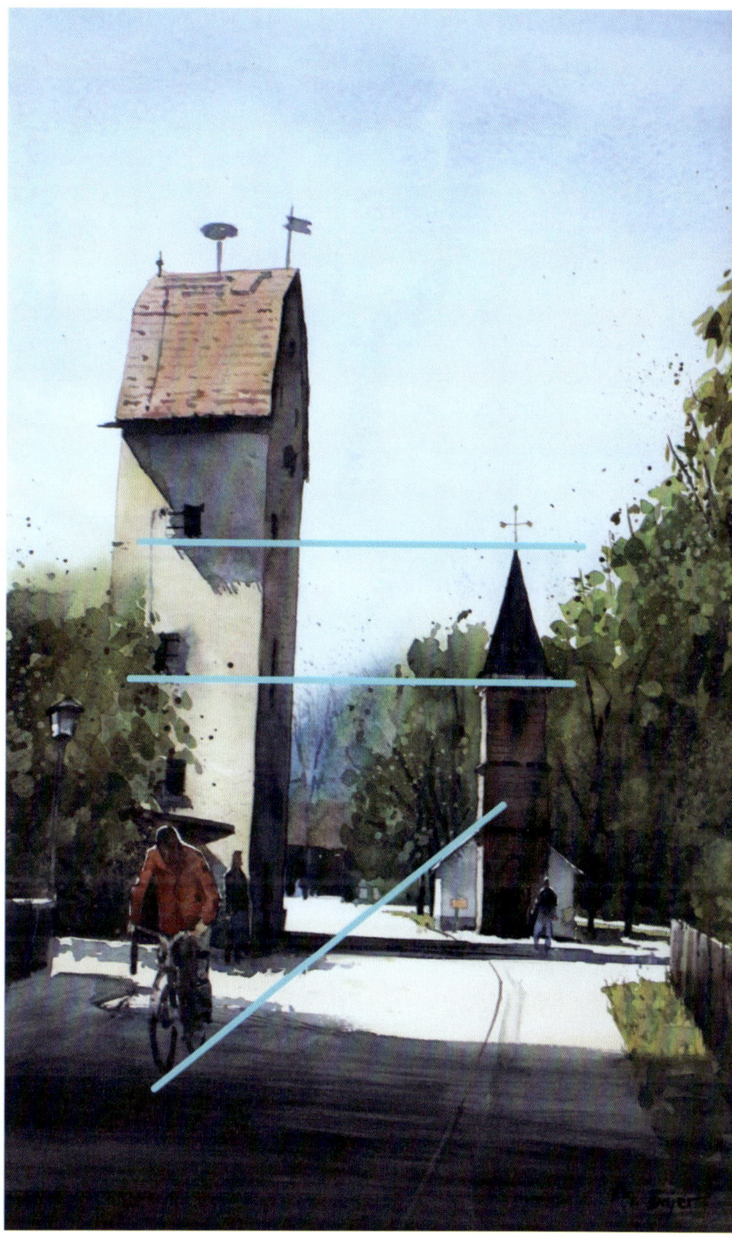

Tipp

Die meisten Kurven in Motiven sind selten so kurvig, wie sie auf den ersten Blick erscheinen. Man sollte jede Kurve als eine Aneinanderreihung von geraden Linien sehen (siehe Bild unten). So sind sie viel leichter korrekt zu zeichnen und sehen eleganter aus. Sie können anschließend mit leichten Radien versehen werden.

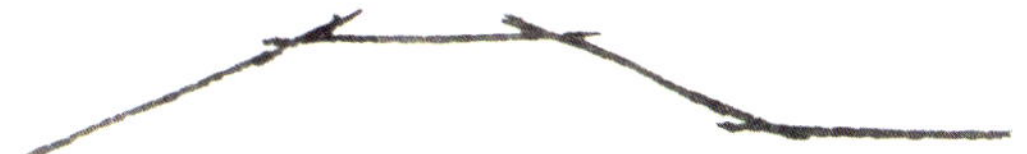

Die Zeichnung übertragen

Für geübte Zeichner ist die Vorzeichnung leicht auszuführen, für andere ist Zeichnen eher schwierig oder der Prozess nicht so wichtig, und so sind auch andere Übertragungsformen des Motivs denkbar. Generell ist das regelmäßige Zeichnen sehr wichtig für den Fortschritt, weil das Vorgehen auch danach beim Malen mit Farbe relevant ist. Man zeichnet ja sozusagen mit Farbe im gesamten Malprozess.

Auch wenn man auf Basis eines Fotos und nicht vor Ort arbeitet, macht es Sinn, mit großen Formen zu beginnen und das Bild erst mal grob einzuteilen. Wenn man sich zu früh auf die Details stürzt, kann es passieren, dass man diese am Ende wieder wegradieren muss, weil das Gesamtdesign nicht passt. Eine Möglichkeit, die Zeichnung zu übertragen, ist es, sich mit einem Raster zu behelfen oder die Vorlage horizontal und vertikal zu dritteln oder vierteln, um sich bei der Übertragung auf das Papier besser orientieren zu können. Weitere Möglichkeiten der Übertragung einer Zeichnung ist die Verwendung eines Lichtpults oder eines Beamers sowie die Übertragung eines ausgedruckten Referenzfotos mittels Graphitpapier. Dazu legt man das Graphitpapier zwischen die Vorlage und das Papier und fährt auf der Vorlage die Linien nach, die dann auf das Aquarellpapier durchgedrückt werden. Bei dieser Methode sind die Größen von Vorlage und Zeichnung zwingend gleich.

Tipp

Beachten Sie, dass das Papier und die Fotovorlage unterschiedliche Formate haben können!

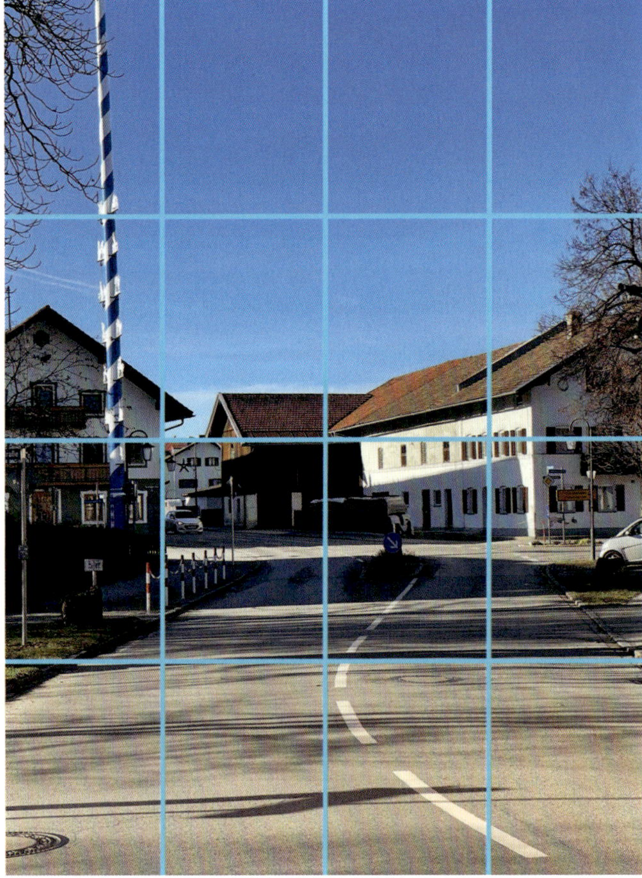

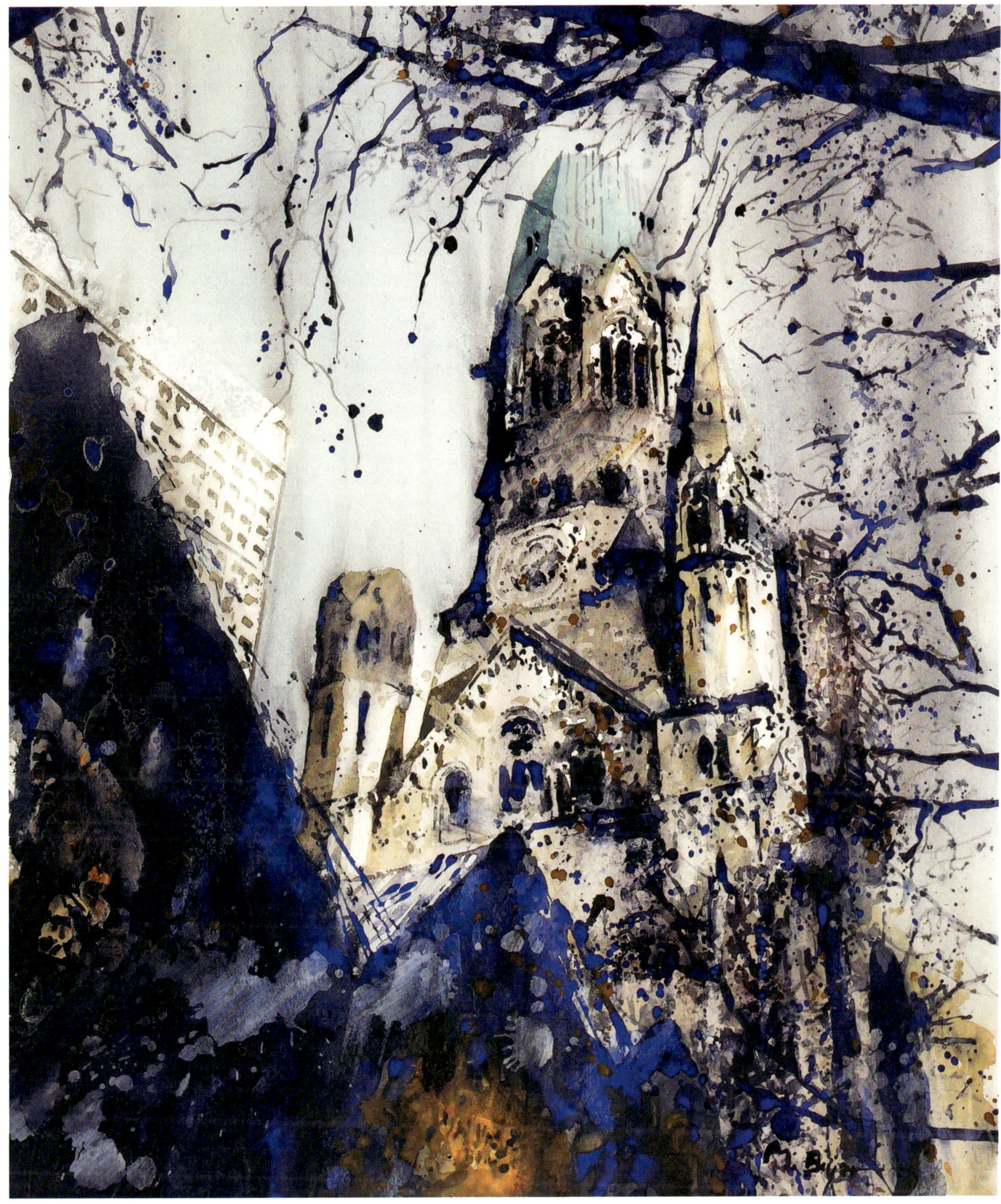

Perspektive

Der Begriff Perspektive bezeichnet die räumlichen Beziehungen von Objekten im Raum, also den Abstand von Objekten zum Standort des Betrachters. Ich möchte hier einige Perspektivregeln vorstellen, denn es ist wichtig, die Grundlagen zu kennen.

LINEARPERSPEKTIVE

Das Wesentliche der Linearperspektive ist, dass man raumparallele Kanten (Fluchtlinien) verwendet, die sich, wenn man sie verlängert, in einem oder mehreren Fluchtpunkten treffen. Diese Punkte befinden sich auf der Horizontlinie, die der Augenhöhe entspricht, sofern man keine erhöhte oder niedrigere Betrachtungsposition eingenommen hat. Es gibt verschiedene Arten der Linearperspektive wie die Ein-, Zwei- oder Dreipunktperspektive.

Tipp

Verwenden Sie in der Praxis lieber die zuvor erwähnten Messmethoden, um das Motiv korrekt zu zeichnen. Vergleichen Sie also die Formen miteinander und messen Sie die Winkel, anstatt mit Fluchtpunkten und -linien zu arbeiten. Diese sind oft nicht eindeutig bei verwinkelten Stadtlandschaften, und es ist mühsam, etliche Fluchtlinien zu ziehen, um sie danach wieder wegzuradieren.

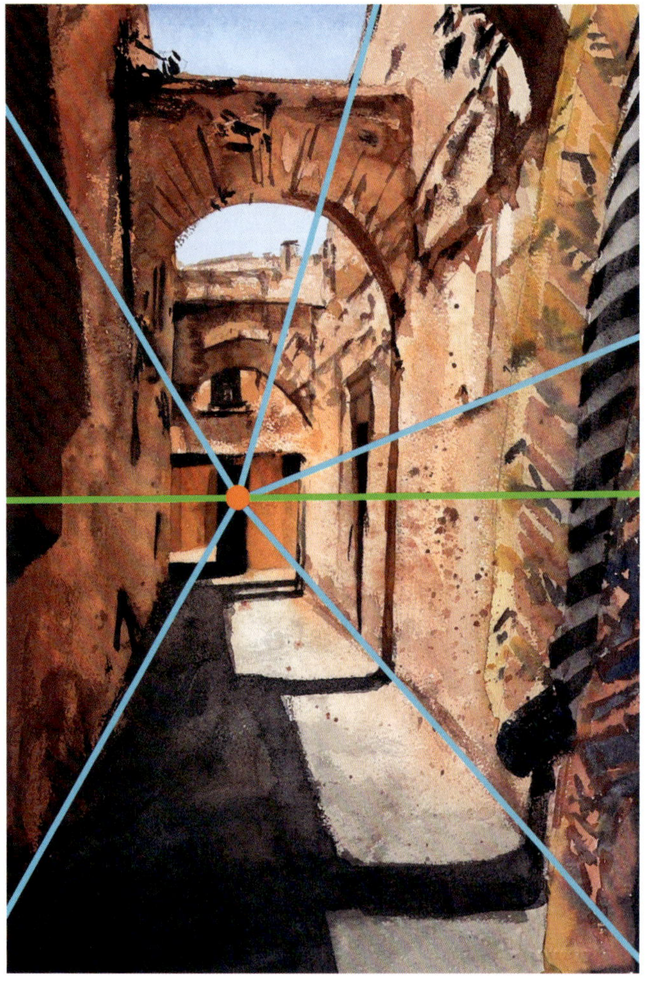

Bei der Einpunktperspektive scheinen die Fluchtlinien in einen Punkt auf der Horizontlinie zu fluchten.

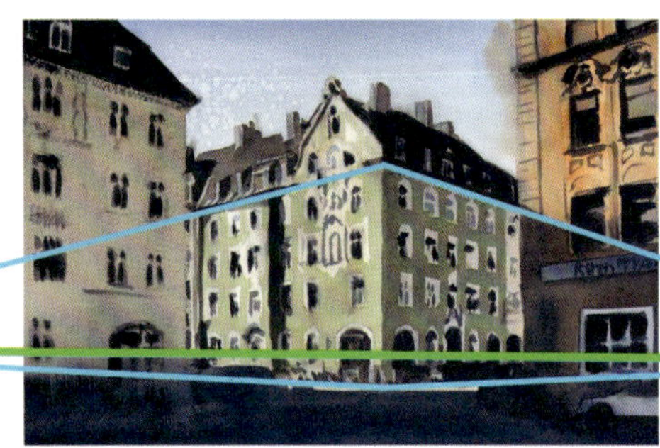

Bei der Zweipunktperspektive ergeben sich, aufgrund eines schrägen Blickwinkels auf ein Objekt, zwei Fluchtpunkte auf der Horizontlinie.

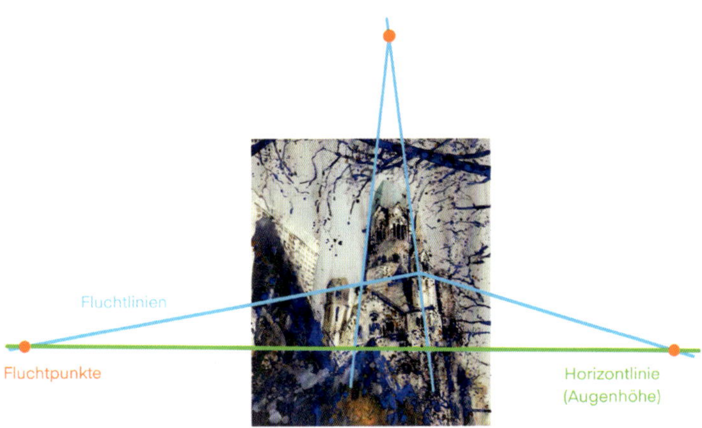

Bei der Dreipunktperspektive ergibt sich noch ein dritter Fluchtpunkt unter oder über dem abgebildeten Gegenstand. Dies ist etwa bei einem Hochhaus relevant, bei dem der Eindruck von Höhe verstärkt wird, wenn die Fassadenlinien nach oben hin in einem dritten Fluchtpunkt zusammenlaufen. Fluchtpunkte liegen oft auch außerhalb des Bildes.

ÜBUNG

Zeichnen Sie die Gasse der Einpunktperspektive nach, indem Sie einmal Perspektivlinien und Fluchtpunkte verwenden. In einem zweiten Versuch zeichnen Sie die schrägen Linien der Gasse nur durch Messen der Winkel.

ATMOSPHÄRISCHE PERSPEKTIVE

In Landschaften, in denen es keine eindeutigen Fluchtlinien gibt, kann man dem Betrachter trotzdem vermitteln, dass Objekte weit entfernt liegen und so Tiefe erzeugen. Durch die Atmosphäre verändern sich einige Dinge, die wir malerisch umsetzen können. In der Ferne nehmen Farb- und Helligkeitskontraste ab, Details werden weniger, Konturen meist weicher und Farben blasser und bläulicher.

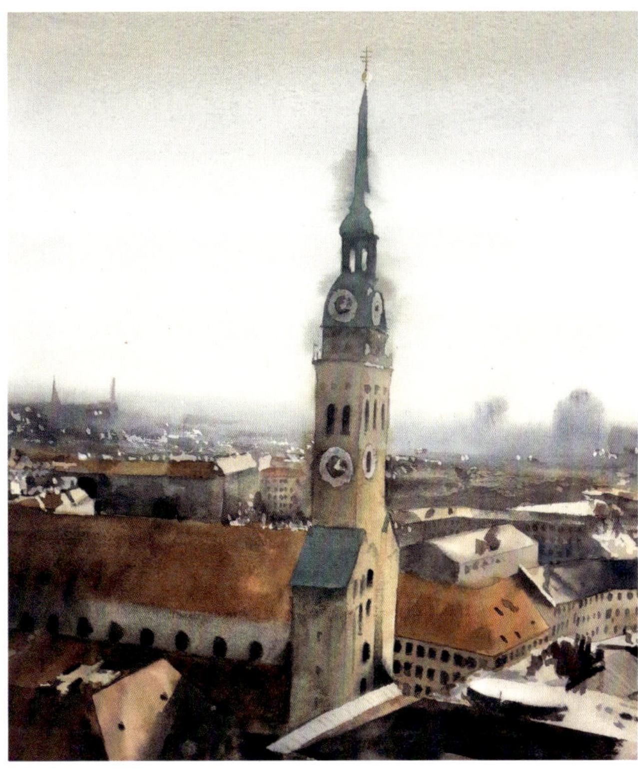

Elemente von Stadtansichten

Hier möchte ich noch einige Elemente betrachten, die so oder so ähnlich in vielen Stadtlandschaften vorkommen und die Sie auch separat üben sollten, um die Proportionen zu verinnerlichen und einen lockeren Stil zu entwickeln. Erwachsene Personen haben eine bestimmte Größe, nämlich sieben bis acht Köpfe hoch und Kinder je nach Alter weniger. Die Einzelteile der Figuren sollten möglichst ineinanderfließen, ohne viele harte Kanten, wenn sie Teil einer Stadtlandschaft sind. Dynamischer werden die Figuren, wenn Sie die Beine an manchen Stellen nicht vollständig malen, das wirkt, als würde die Figur gehen. Meist überlege ich, wie groß die Figur ungefähr sein soll und beginne dann mit dem Kopf. Autos sind am einfachsten, wenn man sie von vorne zeichnet. Denken Sie in drei Teilen, der Windschutzscheibe (Trapezform), der schmalen Motorhaube (Rechteck) und der dunklen Front (Rechteck). Zum Schluss ergänzen Sie zwei Striche ganz außen, die die Reifen darstellen, und ein schmaler Schatten, der die beiden Reifen verbindet.

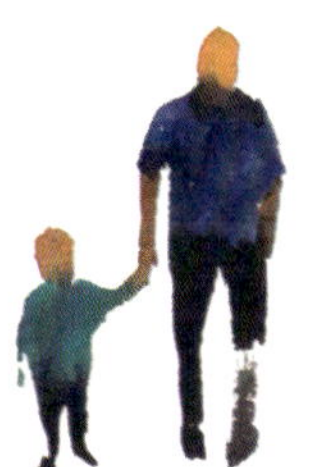
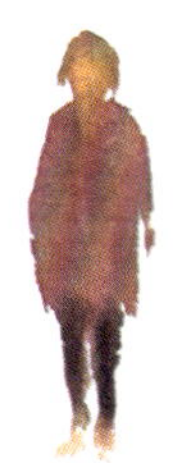
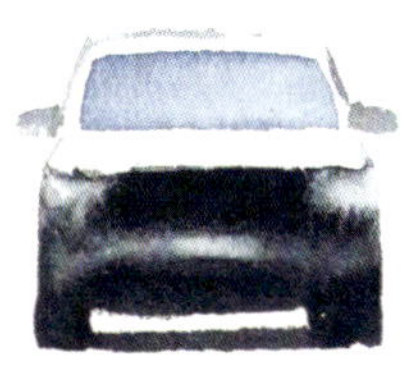

Aquarelltechniken

Es gibt viele verschiedene Aquarelltechniken. Einige behandle ich bereits in den vorherigen Kapiteln, andere möchte ich hier noch vorstellen. Dabei gehe ich speziell auf die von mir verwendeten Techniken ein. Andere Techniken wie den Einsatz eines Schwamms, Salz, Wachs, Kalken oder das Pusten der Farbe mit einem Strohhalm gefallen mir nicht besonders und möchte ich daher auch nicht aufführen. Je mehr Techniken verwendet oder auch kombiniert werden, desto vielseitiger werden die Bilder, aber eventuell auch unruhiger, wenn diese nur noch aus Spezialeffekten bestehen.

Wie man Aquarell malt

Ich möchte an dieser Stelle noch einige Punkte loswerden, wie man meiner Meinung nach Aquarell malen sollte. Aquarell ist eine Technik, die von transparenten, lebendigen Farbaufträgen lebt. Diese erreichen wir durch nicht zu trockene Farbaufträge und mutige Pinselstriche, die nur an den Rändern leicht modifiziert werden sollten. Also nicht zu viel in der aufgetragenen Farbe herummalen, dies zerstört den schönen Farbauftrag. Man sollte auch nicht tupfen, sondern richtige Pinselstriche ausführen, die unterschiedlich sein sollten, da das Bild sonst einfältig wirkt.

Das Licht ist sehr wichtig im Aquarell, und damit ein Bild leuchten kann, braucht es frische, lebendige und transparente Dunkelheiten. Weiß muss ausgespart werden, da die Aquarellfarbe Weiß eigentlich nicht verwendet werden sollte. Titanweiß deckend aus der Tube einzusetzen, ist bei Kleinigkeiten akzeptabel, großflächig sieht es nicht gut aus, weil das Aquarell die Transparenz und die Leichtigkeit verliert. Man sollte Farbe fließen, sich ausbreiten und sich mit anderen Farben verbinden lassen, all das bringt Spannung in das Bild. Akzeptieren Sie dabei Fehler und nutzen Sie gelungene Zufälle!

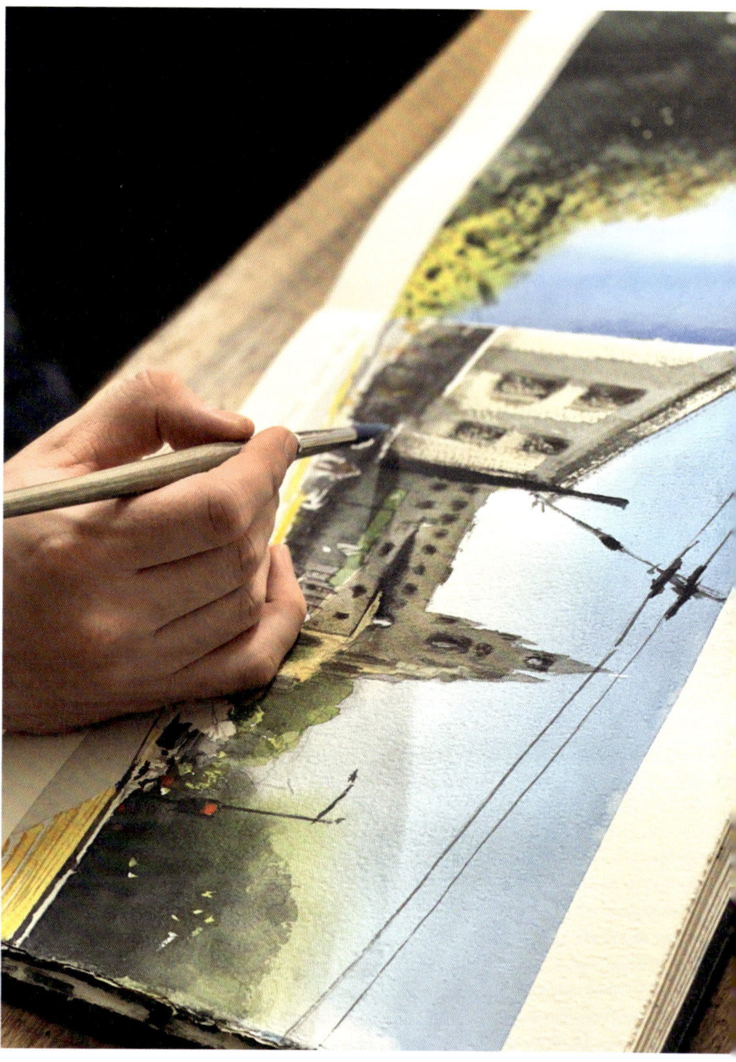

Lavierung

Beim Lavieren handelt es sich um eine für die Aquarellmalerei wesentliche Nasstechnik, bei der man Farbaufträge nass-in-nass durch Verwaschen aufträgt. Durch die Lavierung lassen sich kontrolliert gleichmäßige, transparente Farbaufträge mit weichen Übergängen erzielen. Hierfür verwendet man einen Verwaschpinsel, der viel Wasser halten kann. Der Pinsel muss so beschaffen sein, dass er die ganze Breite der zu malenden Fläche schafft, ohne dass ihm die Farbe ausgeht. Ich verwende dafür meist den Escoda-Aquario-Pinsel.

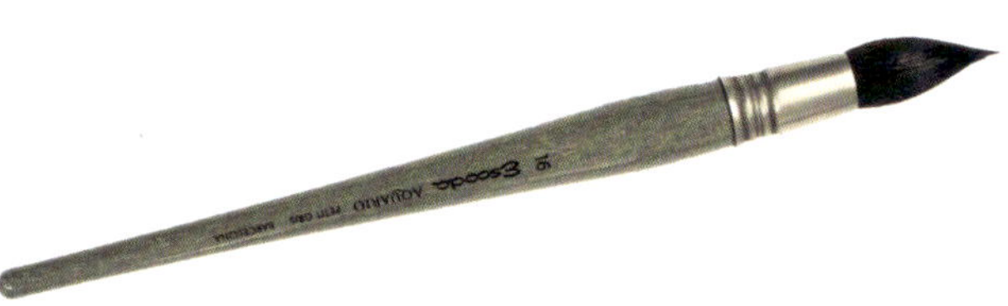

Man benötigt eine schnelle Malweise, damit die Farbe nicht zwischentrocknet und keine unerwünschten Streifen entstehen. Daher ist eine kontrollierte Vorgehensweise, wie nachfolgend erklärt, nötig.

1. Zunächst sollte man viel flüssige Farbe vorbereiten, um während des Farbauftrags keine Zeit durch das Mischen zu verlieren.

Tipp

Das ähnliche Wort Lasieren beschreibt das Malen in dünnen Farbschichten, die man immer wieder trocknen lässt.

2. Ich beginne mit einem nassen ersten Pinselstrich links oben und ziehe diesen nach rechts. Durch die Neigung des Papiers bildet sich eine Farbansammlung an der Unterkante der Farbspur, die mir minimal Zeit verschafft, da sie nicht gleich antrocknet.

Tipp

Das Papier sollte eine leichte Neigung haben (ca. 15 Grad reichen). Dafür lege ich mein Item-Profil-Stufenelement oben unter das Malbrett. Alternativ können Sie das Kreppklebeband unterlegen.

3. Ich nehme für die zweite Farbspur wieder neue Farbe aus der vorbereiteten Farbmischung auf und ziehe sie unterhalb der ersten Spur wieder von links nach rechts. Dabei gehe ich etwas in die obere Farbspur und nehme die Farbansammlung mit in die nächste Spur, sodass es keine Unterbrechungen im Farbauftrag gibt.

Tipp

Wenn das Papier sehr trocken ist, muss man die erste Spur von links nach rechts zwei- oder dreimal nachziehen, bei den nachfolgenden Spuren ist meist genügend Flüssigkeit vorhanden. Generell wird der Verlauf einheitlicher, wenn der Feuchtegrad der Farbmischung stets relativ gleich ist.

4. So fahre ich weiter fort, bis die Fläche gefüllt ist. Beim letzten Strich können Sie die überschüssige Farbansammlung mit einem trockenen Pinsel (durch Berühren) absaugen. Wichtig ist, dass bei jeder Farbspur erneut Farbe aufgenommen wird und der Pinsel in Richtung der Farbspur gehalten wird, damit die Farbe gut herauslaufen kann.

Tipp

In die bereits gemalten Farbspuren darf man nicht mehr hineingehen, dies würde die Gleichmäßigkeit des Farbauftrags zerstören!

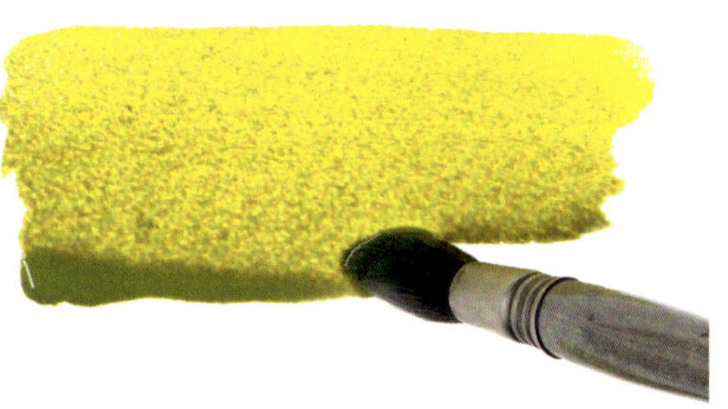

Abgestufte & mehrfarbige Lavierung

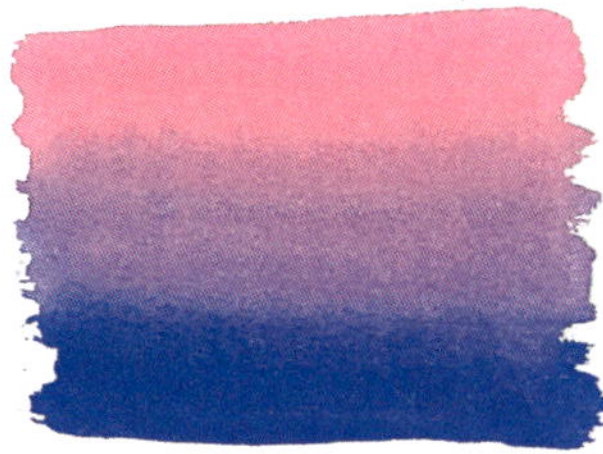

Bei einer abgestuften Lavierung erzeugt man einen weichen Übergang, bei der die Farbintensität langsam nachlässt. Damit lässt sich etwa ein Himmel darstellen, der nach unten hin heller wird. Ich verwende beim Himmel im oberen Bereich mehr Blau und verdünne die Mischung mit immer mehr Wasser. Jede Farbspur sollte leicht heller werden und unmerklich in die nächste übergehen. Also verdünnen Sie die Farbmischung sanft und schrittweise.

Man kann eine solche Lavierung auch mit verschiedenen Farben erzeugen. So erhält man eine mehrfarbige Lavierung, z.B. von Rot zu Blau. Auch hier kann man Zwischenschritte einbauen und muss nicht direkt eine Spur rot und die nächste Spur blau malen. Je nachdem wie das Ergebnis aussehen soll.

ÜBUNG

Üben Sie die unterschiedlichen Lavierungen und versuchen sie, diese möglichst streifenfrei zu malen. Halten Sie dafür viel Farbe bereit und gehen Sie wie beschrieben vor. Dann verändern Sie die Farben und das Mischverhältnis, also mal wässriger, mal trockener.

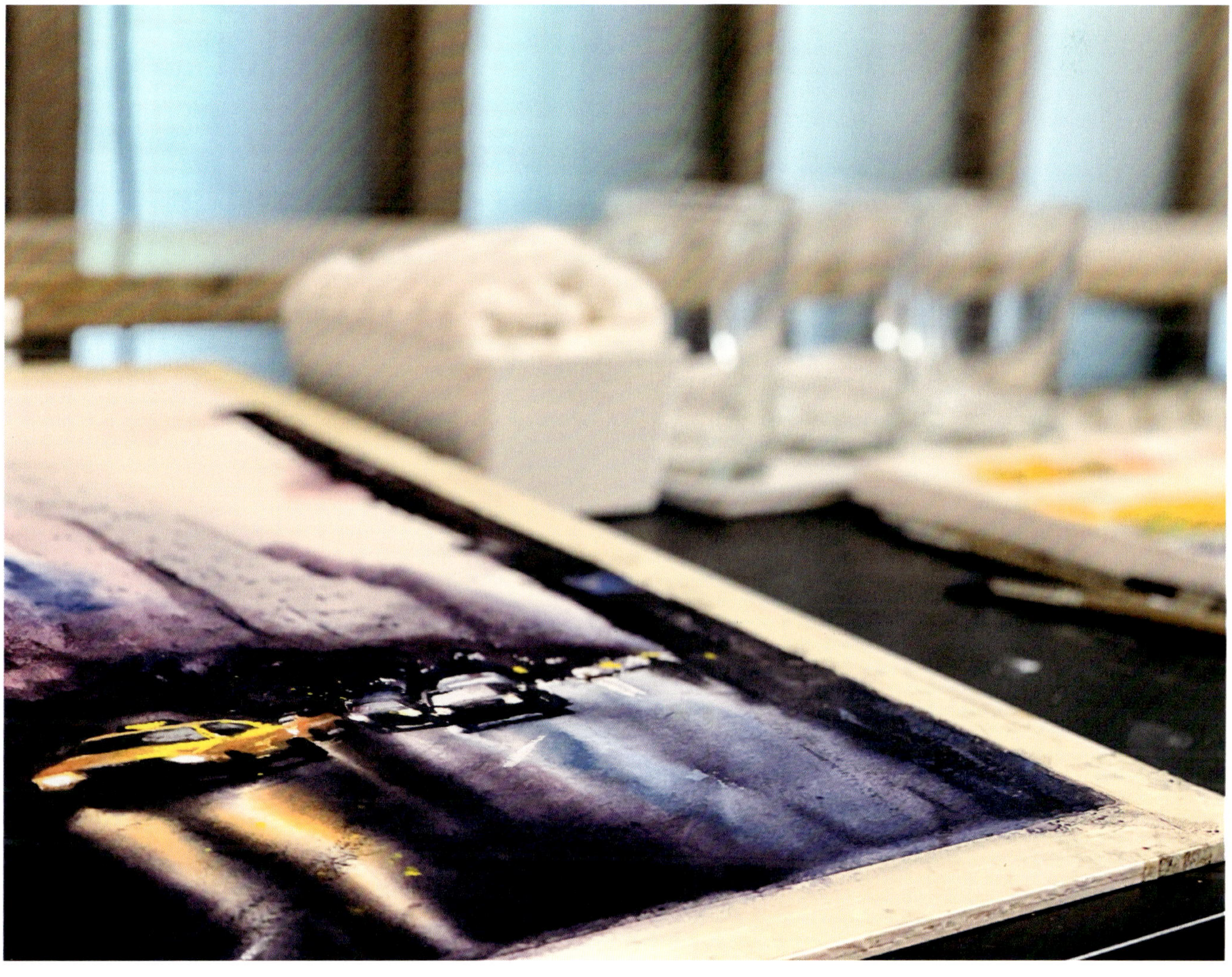

Spritzen & Sprühen

Spritzeffekte lockern das Bild auf und bringen Leichtigkeit und Zufälle hinein. Man kann sie für Texturen wie Sand, Steine und Gemäuer verwenden oder auch für interessante lockere Hintergründe. Stellen, die sauber bleiben sollen, können durch Abdecken mit einem Papier, einem Stück Küchenrolle oder mit der Hand geschützt werden. Es gibt verschiedene Techniken, wie man Spritzer erzeugt. Ich halte meist den Pinsel zwischen Daumen und Mittelfinger und tippe mit dem Zeigefinger darauf, sodass sich Tropfen lösen. Die Mischung im Pinsel muss dafür nass genug sein.

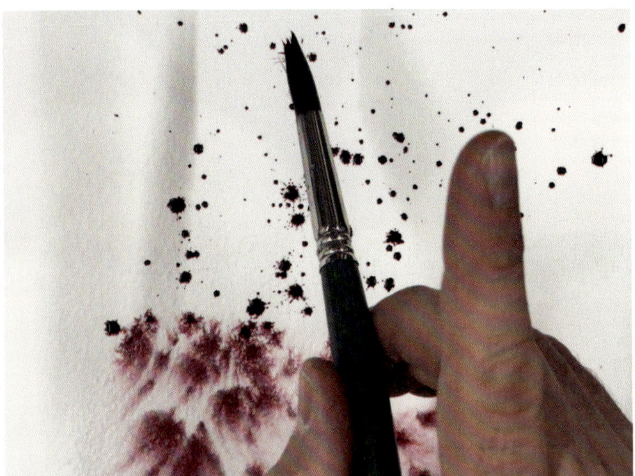

Tipp

Wasser mit der Sprühflasche auf das nebelfeuchte Papier zu spritzen, bewirkt Ausblüheffekte, welche das Motiv auflockern. Ich verwende hierfür meine Effekt-Sprühflasche mit der gröberen Zerstäubung.

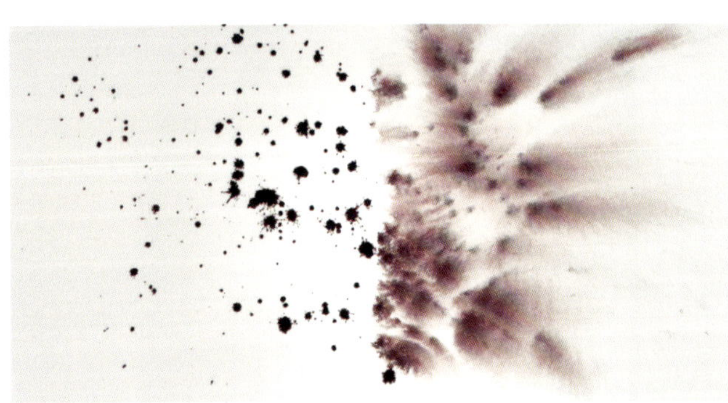

In der Abbildung sehen Sie im linken Bereich Spritzer auf trockenem Papier, rechts auf nassem Papier.

Maskiermittel

Maskiermittel wird verwendet, um meist kleine Bereiche des Papiers zu schützen und das Weiß zu erhalten. Es trocknet nach einigen Minuten, wenn es dünn aufgetragen wird. Ich trage es meist mit einem kleinen, günstigen Rundpinsel auf und versuche, wurmartige Gebilde zu vermeiden. Stattdessen bevorzuge ich Trockenpinselstriche, denn diese sehen meist natürlicher aus. Den Pinsel sollte man nach dem Maskieren sofort mit Wasser auswaschen, damit dieser nicht verklebt. Von anderen Vorgehensweisen, wie der Verwendung von etwas Seife im Pinsel, damit dieser nicht verklebt, halte ich nichts. Seife möchte ich nicht auf meinem Papier haben.

Man sollte stets warten, bis das Maskiermittel komplett getrocknet ist, bevor man darübermalt, ansonsten verteilt man es überall auf dem Papier und im Farbkasten. Man sollte es gut überlegt einsetzen, wenn es zu viel und undurchdacht eingesetzt wird, wirkt der Effekt meist plump und unfein. Größere Bereiche maskiere ich meist mit Klebeband und korrigiere eventuell unsaubere Ränder mit dem Maskiermittel.

Tipp

Nicht jedes Aquarellpapier ist für Maskiermittel geeignet, manche Papiere gehen beim Wegrubbeln kaputt. Generell muss das Papier komplett trocken sein, bevor man das Maskiermittel entfernt.

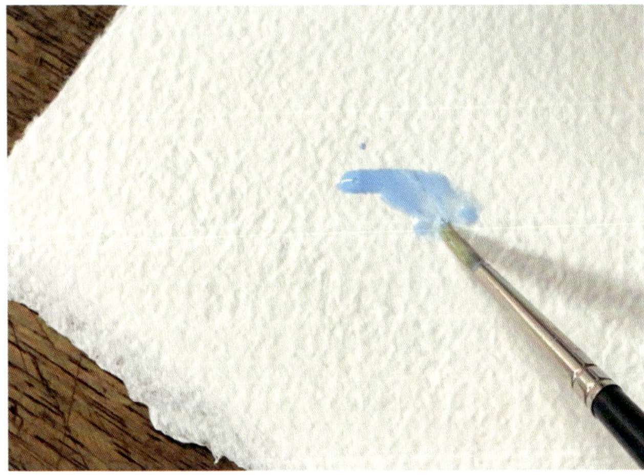

Farbe abheben und auswaschen

Man kann Farbe wieder abheben, indem man entweder dafür den Pinsel verwendet und öfter hin und her wischt oder man die Stelle nass macht und mit einem Tuch die Farbe wegwischt. Dies funktioniert bei Papieren besser, die die Farbe eher an der Oberfläche halten. Auch ist es davon abhängig, ob eine Farbe stark färbend ist oder nicht. Auf diese Art und Weise kann man auch Fehler etwas ausbessern und korrigieren. Farben komplett auszuwaschen funktioniert meistens nicht, und zu oft sollte man auch nicht hin und her wischen, da sonst das Papier zerstört wird.

Feine Linien

Feine Linien kann man mit einem Linierpinsel erzeugen oder auch mit einer Kante eines Stücks Papier. Dieses taucht man in eine Farbmischung ein und verwendet es wie ein Stempelkissen, um damit feine Linien zu erzeugen.

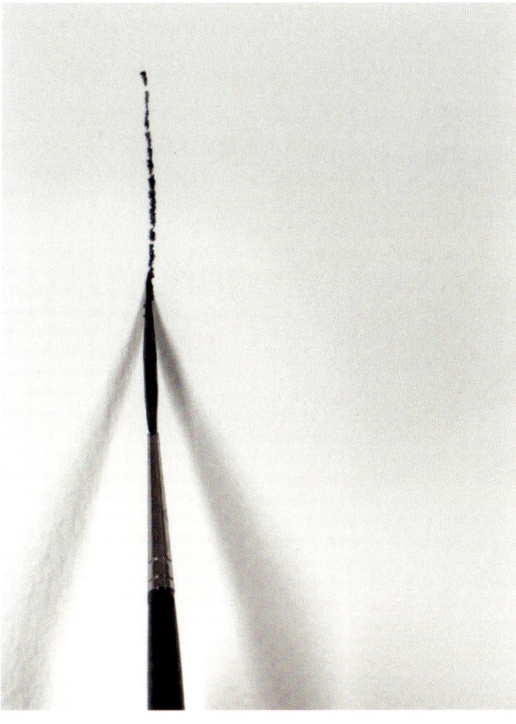

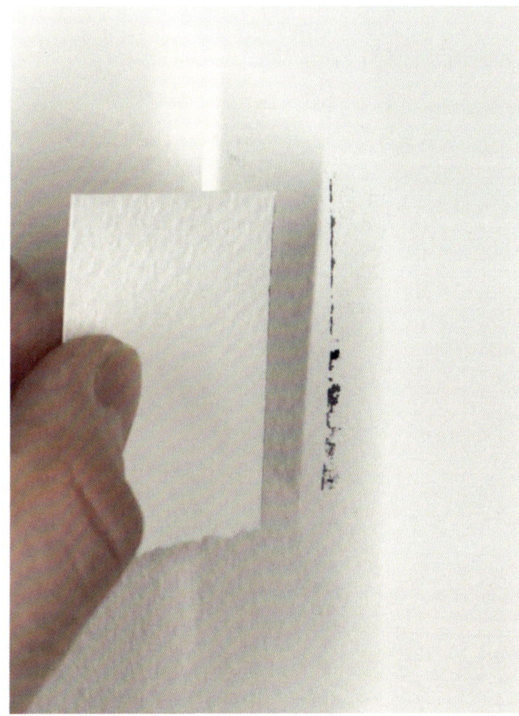

Wie wird man besser?

An dieser Stelle möchte ich gerne darauf eingehen, wie Sie mit diesem Buch arbeiten sollten und generell, wie Sie besser werden. Lesen Sie den Theorieteil immer mal wieder, Sie werden neue Dinge finden und besser verstehen.

Ein Teil des eigenen Lernprozesses ist das Studium der Werke von alten und neuen Meistern. Dies ist ein völlig normales und legitimes Vorgehen. Jedoch sollte man die Vorbilder immer wieder mal wechseln, um nicht nur ein Abklatsch eines anderen Künstlers zu werden. Des Weiteren ist es wichtig, auch immer wieder längere Zeiten für sich selbst zu malen, ohne auf andere Stile und Techniken zu schauen. Wenn man irgendwann ein breites Wissen hat, sollte man sich komplett auf die eigenen Werke konzentrieren und so einen eigenen Stil entwickeln. Dann kann man eigene Konzepte und Ideen entwerfen und die Umsetzung und die Verwendung von Techniken und Effekten planen. Die Natur kann hier eine Inspiration sein. Sie hält etliche Farben, Formen und Muster für Künstler*innen bereit. Entscheidend ist, über einen längeren Zeitraum konstruktiv und hart an einer Sache zu arbeiten, dann wird man erfolgreich sein. Dranbleiben und über Jahre üben ist ein wichtiger Teil des Erfolgs. Man sollte versuchen, sich von nicht gelungenen Bildern nicht unterkriegen zu lassen und sie als Teil des Prozesses zu sehen und stets weitermalen.

Beim Zeichnen muss man regelmäßig, wenn möglich jeden Tag üben, um besser zu werden. Folgende Übungen verbessern die zeichnerischen Fähigkeiten. Sie beziehen sich zwar hauptsächlich auf Gesichter und Figuren, doch aus eigener Erfahrung kann ich sagen, dass dies auch für Landschaften sehr viel bringt.

Hier eine Zusammenfassung von Übungen, um die zeichnerischen und malerischen Fähigkeiten zu verbessern:

- **Bargue Kopien:** Exakte Kopien von Charles Bargues Plates erstellen, Basis war der Zeichenkurs, der in den 1860er- und 1870er-Jahren in Paris veröffentlicht wurde. Vorlagen findet man im Buch *Charles Bargue and Jean-Leon Gerome: Drawing Course* von Gerald M. Ackerman und Graydon Parrish.
- **Kompositionsstudien:** Notan mit 2 Tonwerten (Weiß und Schwarz) oder mit 4 Tonwerten erstellen.
- **Anatomie üben:** Nach Büchern von George B. Bridgman oder John H. Vanderpoel.
- **Mit Kohle und weißem Kohlestift auf getöntem Papier zeichnen:** Gute Übung, um das Wissen über Tonwerte zu vertiefen. Folgendes Material verwende ich: Generals Charcoal Pencils – Series 557, Generals Charcoal Pencils – White Series 558 und Strathmore Toned Gray Sketch Paper.
- Abwechselnd from life mit lebendem Motiv zeichnen oder malen und von Fotovorlagen.
- Kurze und lange Model-Posen from life.
- Statuen abzeichnen.
- **Meisterkopien:** Genaue Kopien der Werke von alten und neuen Meistern, um die Techniken zu erlernen.
- **Copy-project-Methode:** Zuerst eine Meisterkopie machen und dann ein ähnliches Projekt (Referenzfoto) suchen, das enstprechend wie die Meisterkopie umgesetzt werden kann.

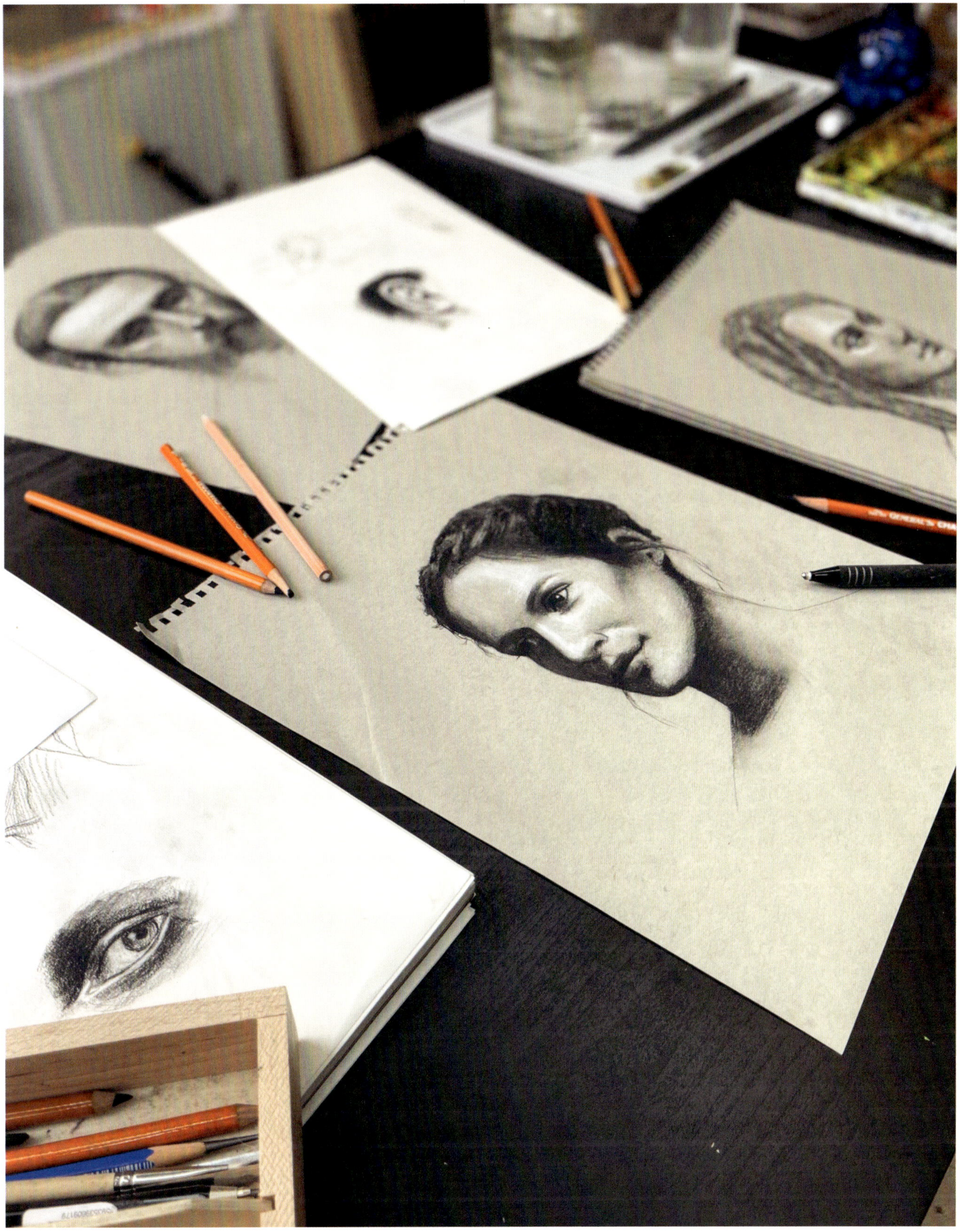

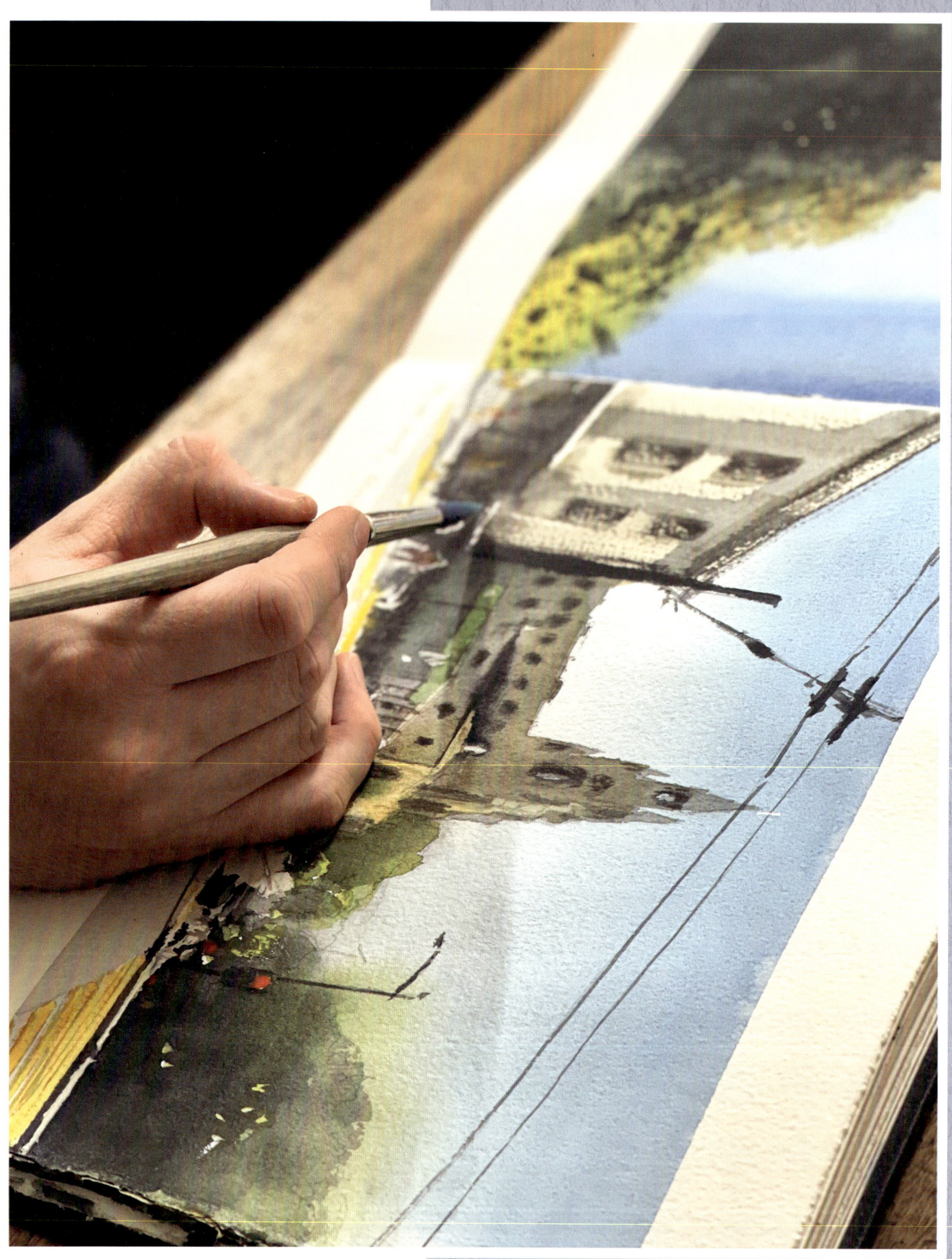

Stadtansichten
Schritt für Schritt

Stadtmotive wirken auf den ersten Blick ziemlich kompliziert, weil einige schwierige Aspekte vorhanden sind. Es gibt oft viele Details mit komplexen Geometrien und architektonischen Feinheiten. All diese Themen müssen vereinfacht und auf die wesentlichen Elemente heruntergebrochen werden. Wir müssen das Motiv in erster Linie malbar machen, aber die Botschaft trotzdem rüberbringen. Hilfreich sind Lichtbedingungen, die größere Schattenbereiche verursachen, da wir in diesen meist viele Details vernachlässigen können. Die Schritt-für-Schritt-Anleitungen werden Ihnen einen Eindruck geben, wie ich Stadtlandschaften umsetze, wo ich Details vereinfache oder reduziere und welche für das fertige Bild wichtig sind.

Alle folgenden Motive sind mit einem Schwierigkeitsgrad ausgezeichnet:

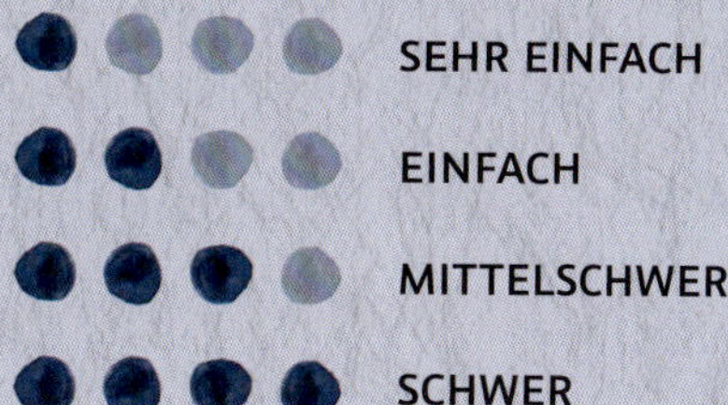

Spaziergang in Sevilla

Beim Spaziergang durch Sevilla finden Sie wunderschöne historische Gebäude und Sehenswürdigkeiten. Die Hauptstadt Andalusiens ist nicht nur die Wiege des Flamencos, sondern bietet auch angenehm milde Temperaturen und unzählige Sonnenstunden. Ich hatte Sevilla zur Zeit der Feria de Abril besucht, dem großen Frühlingsfest, bei dem die ganze Stadt in Festzelten und in folkloristischer Flamenco-Kleidung zusammen feiert.

Farben

- Gelbocker
- Magnesiumbraun
- Siena gebrannt
- Kadmiumrot
- Permanent Alizarinkarmesin
- Französisch Ultramarin
- Kobaltblau
- Winsorblau (Rotton)
- Permanent Saftgrün
- Grüngold
- Marsschwarz
- Titanweiß

Pinsel

- Escoda Aquario, Nr. 16
- Escoda Perla, Nr. 8, Nr. 12
- Da Vinci Maestro 35, Nr. 8

Papier

Arches Aquarellpapier, Grain Torchon, 300 g/m²

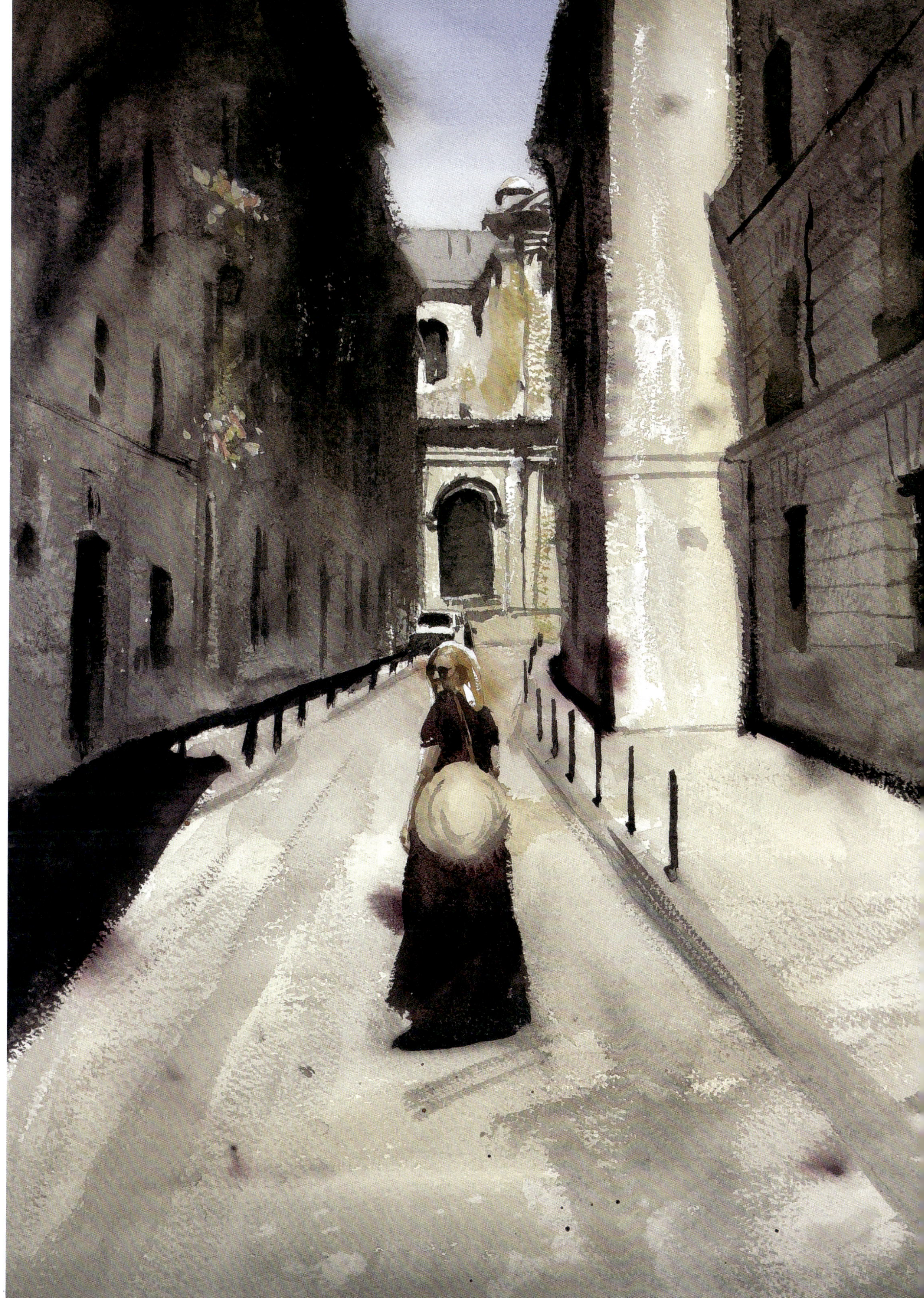

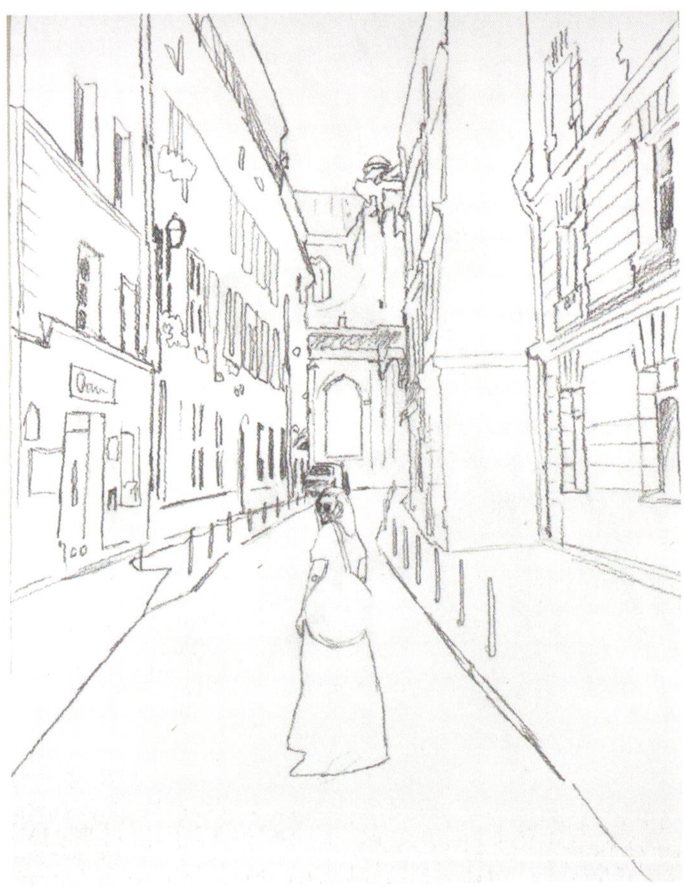

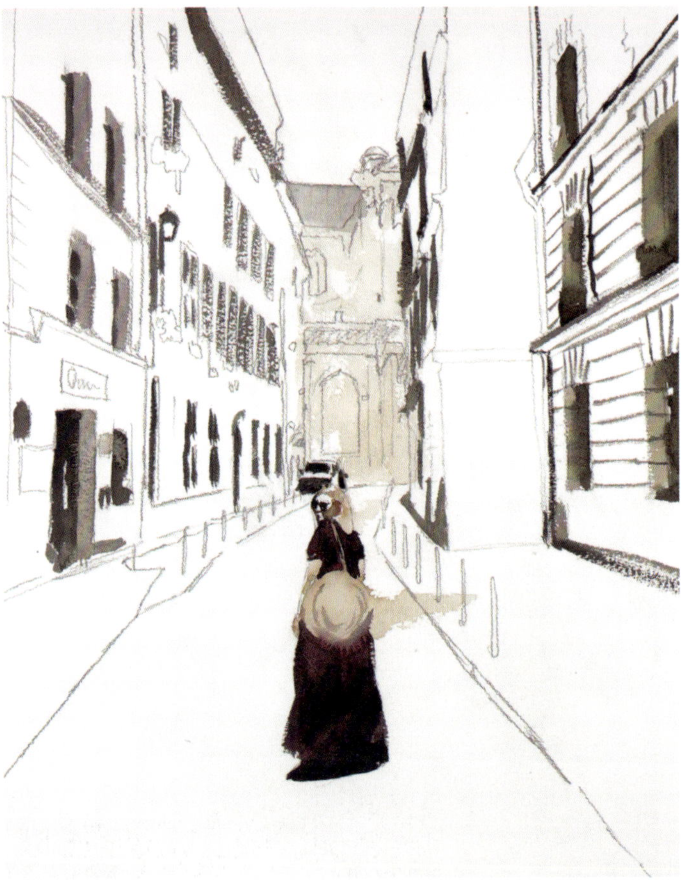

1 Zeichnen Sie das Motiv und deuten Sie die Fenster grob an. Auf der rechten Seite können Sie diese etwas detaillierter skizzieren. Hier handelt es sich um eine Einpunktperspektive, die ich jedoch nicht mit Fluchtlinien konstruiere. Ich betrachte lediglich die Winkel der Linien genauer und zeichne sie dementsprechend.

2 Starten Sie mit den dunklen Bereichen der Figur und malen Sie die Details bei den Häusern. Verwenden Sie für die Fenster einen mittelgrauen Farbauftrag.

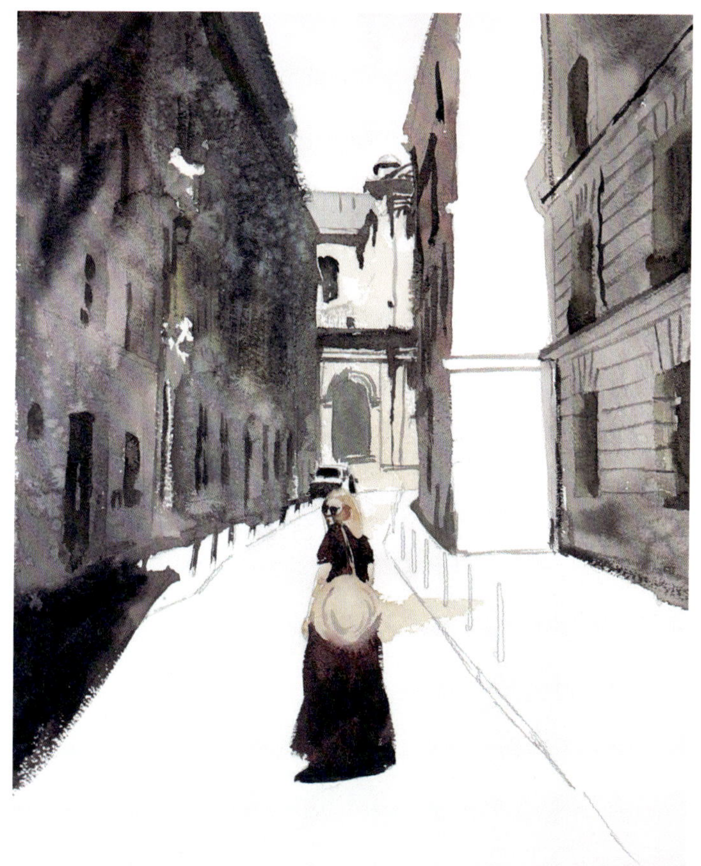

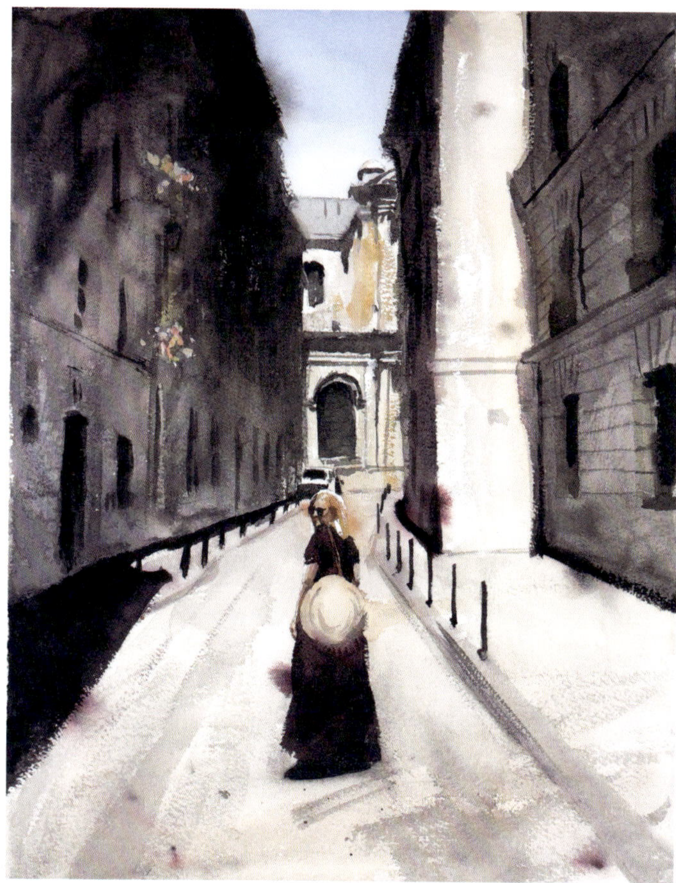

3 Legen Sie eine schattige Lasur über das linke und das rechte Haus. Nehmen Sie dafür Farben wie Permanent Alizarinkarmesin, Französisch Ultramarin und Marsschwarz. Für Ausblüheffekte im Farbauftrag spritzen Sie mit der groben Sprühflasche Wassertropfen in die nebelfeuchte Farbe. Malen Sie nun die Figur fertig.

4 Ergänzen Sie einige Details im Hintergrund und fügen Sie einen grauen Gelbockerton bei der Straße ein, der nach unten hin dunkler wird. Nutzen Sie Trockenpinselstriche im Bereich der Hausfassade im Licht rechts und lassen Sie einige Stellen weiß stehen.

Winterstraße

In Schweden herrscht oft ein rauer Winter. Die entstehenden Spiegelungen auf den Straßen bieten interessante Effekte für Aquarellisten. Das Medium Aquarell ist super geeignet für derartige Nass-in-Nass-Farbaufträge.

Farben

- **Kadmiumzitronengelb**
- **Gelbocker**
- **Magnesiumbraun**
- **Siena gebrannt**
- **Permanent Alizarinkarmesin**
- **Französisch Ultramarin**
- **Kobaltblau**
- **Winsorblau (Rotton)**
- **Elfenbeinschwarz**
- **Payne's Grau**
- **Marsschwarz**
- **Titanweiß**

Pinsel

- **Escoda Aquario, Nr. 16**
- **Escoda Perla, Nr. 8, Nr. 12**
- **Da Vinci Maestro 35, Nr. 8**
- **Da Vinci Maestro 1203K, Nr. 1**

Papier

Arches Aquarellpapier, Grain Torchon, 300 g/m²

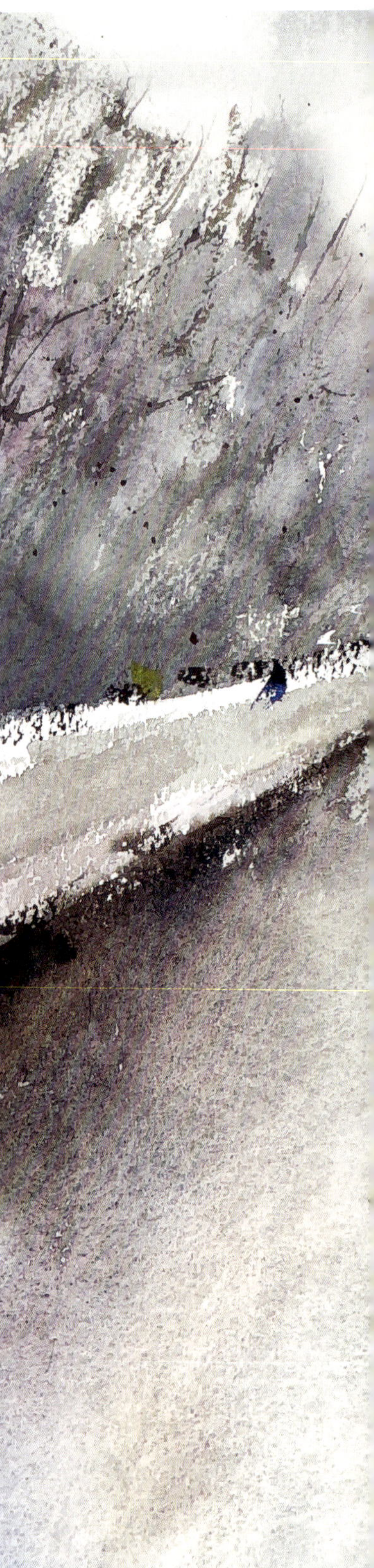

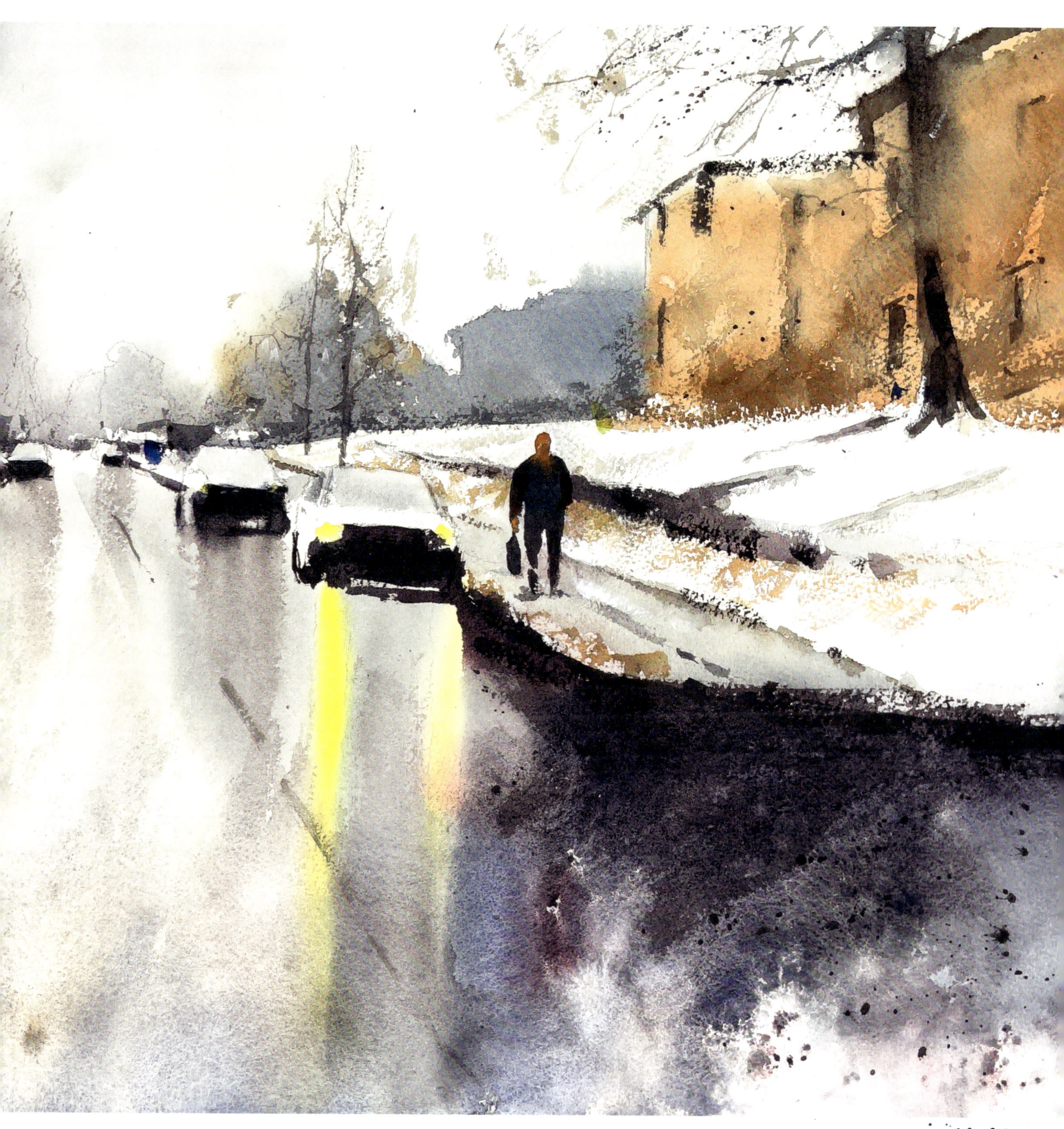

1 Beginnen Sie mit der Vorzeichnung. Deuten Sie auch die Spiegelungen der Autolichter auf der Straße leicht an.

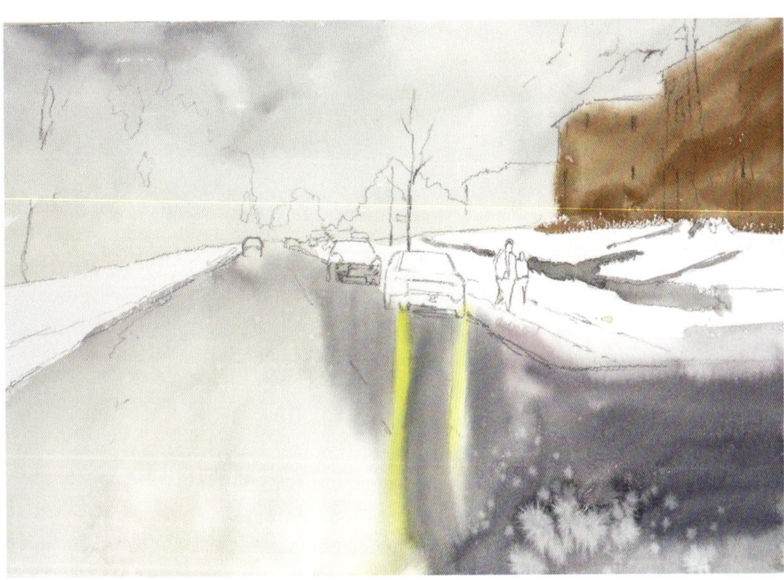

2 Malen Sie eine mehrfarbige Lavierung über das gesamte Blatt. Fangen Sie oben mit Französisch Ultramarin und Gelbocker an und arbeiten Sie sich nass-in-nass nach unten. Rechts die Häuser werden mit Siena gebrannt gemalt und die Straße unten mit Payne's Grau. Für die Lichterspiegelungen verwenden Sie Kadmiumzitronengelb trocken-in-nass. Sparen Sie die Stellen aus, an denen Schnee liegt. Wenn der Farbauftrag im unteren Bereich nebelfeucht geworden ist, sprühen Sie etwas Wasser mit der groben Sprühflasche hinein und erzeugen Sie so ein paar Ausblühungen.

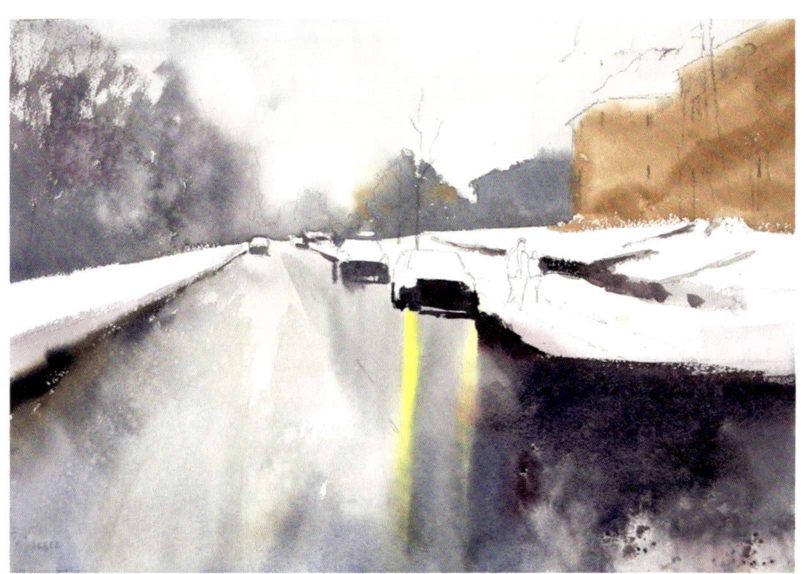

3 Vertiefen Sie die Tonwerte und malen Sie die Bäume und Sträucher im Hintergrund mit einer Mischung aus Permanent Alizarinkarmesin und Französisch Ultramarin. Die Häuser hinten rechts deuten Sie mit der gleichen Mischung und Kobaltblau an. Für die Straße verwenden Sie dieselben Farben und mischen etwas Schwarz hinzu.

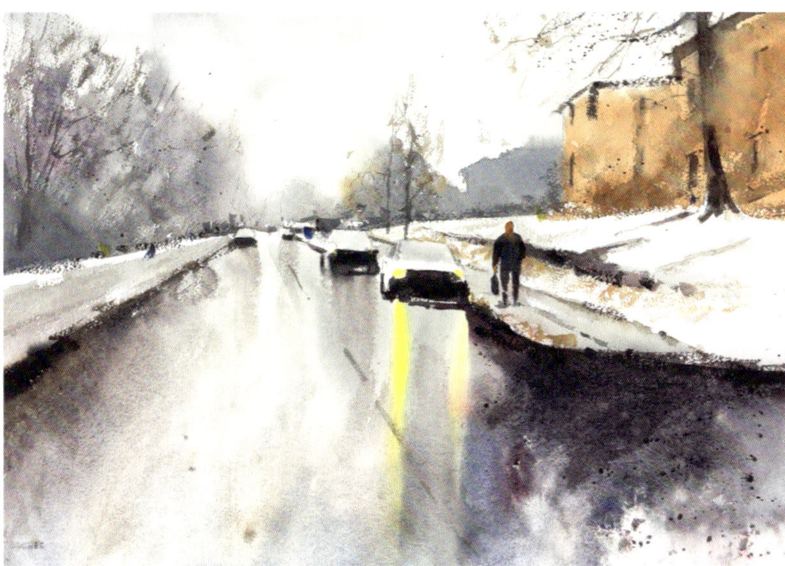

4 Ergänzen Sie Details wie die Bäume und Äste. Diese male ich mit dem Linierpinsel und einer lockeren Hand. Verwenden Sie Trockenpinseleffekte und fügen Sie einige Spritzer ein. Die beiden gezeichneten Figuren habe ich durch eine Figur mit einer Tasche ersetzt.

Trastevere

Trastevere war einst ein Arbeiterviertel und gilt heute als eines der beliebtesten Viertel in Rom. Dieses Motiv habe ich auf einer Studienreise entdeckt, wobei mich die auffälligen Schattenformen inspiriert haben. Ich möchte auch gar nicht zu viele Details ins Bild aufnehmen, es geht hauptsächlich um die Komposition der großen Formen bei diesem Bild.

Farben

- **Gelbocker**
- **Magnesiumbraun**
- **Siena gebrannt**
- **Lasurorange (Schmincke)**
- **Permanent Alizarinkarmesin**
- **Französisch Ultramarin**
- **Kobaltblau**
- **Winsorblau (Rotton)**
- **Elfenbeinschwarz**
- **Payne's Grau**
- **Marsschwarz**
- **Titanweiß**

Pinsel

- **Escoda Aquario, Nr. 16**
- **Escoda Perla, Nr. 12**
- **Da Vinci Maestro 35, Nr. 8**

Papier

Arches Aquarellpapier, Grain Torchon, 300 g/m²

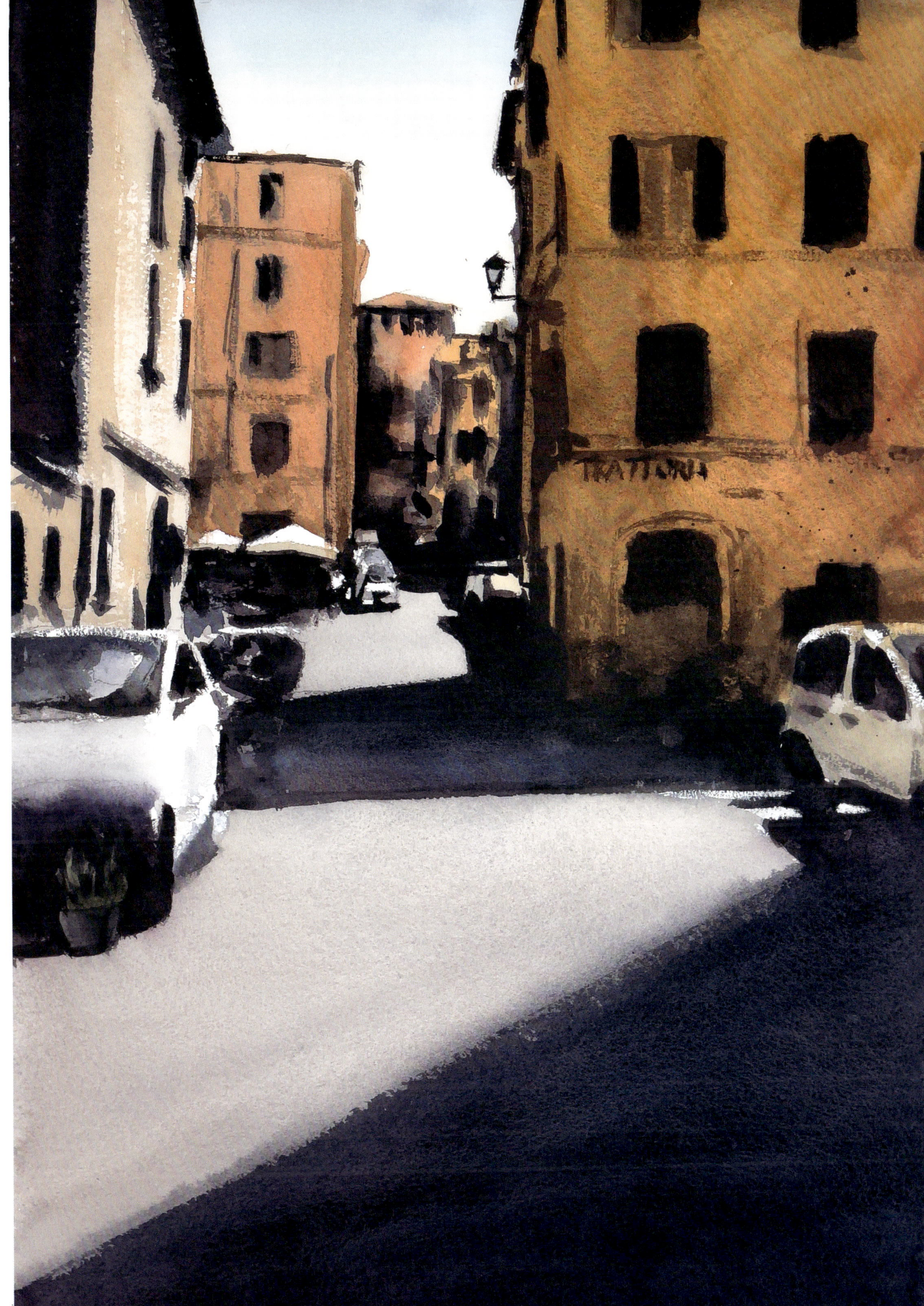
TRATTORIA

Los geht's

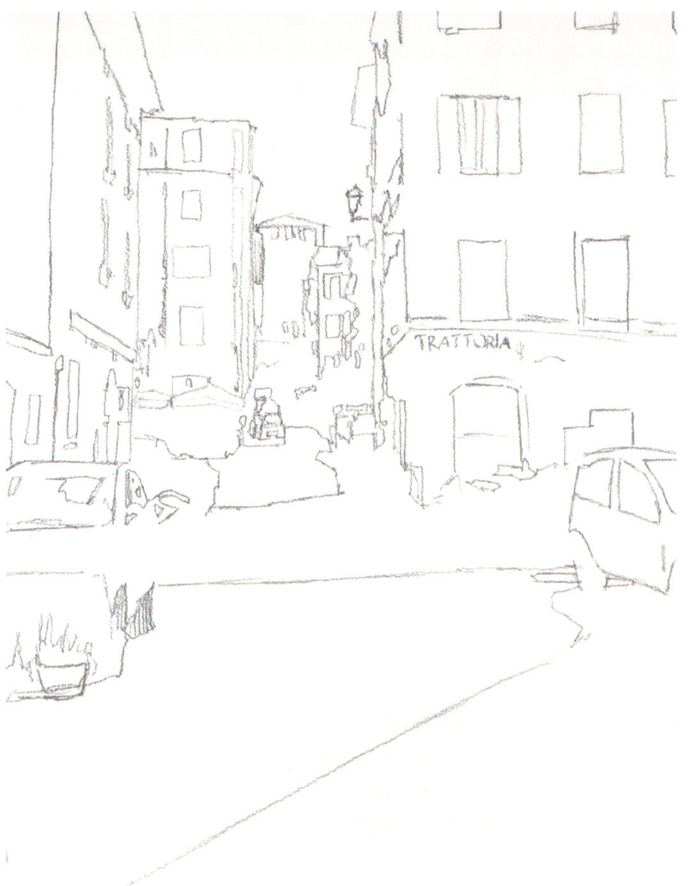

1 Skizzieren Sie die Häuser und vereinfachen Sie die Fenster, indem Sie einfache Rechtecke malen. Zeichnen Sie auch die Schattenformen, zu viele Details lasse ich jedoch in diesem Bild weg.

2 Starten Sie mit den Schatten. Verwenden Sie für diese Winsorblau (Rotton), Permanent Alizarinkarmesin und Elfenbeinschwarz. Die Mischung sollte mitteldunkel sein. Ich male in diesem frühen Stadium bereits die Dunkelheiten, weil ich die Fenster noch überlasieren möchte, damit sie sich dadurch leicht anlösen und etwas subtiler sind. Dieses Vorgehen wähle ich gerne, wenn ich Details im Schatten malen möchte.

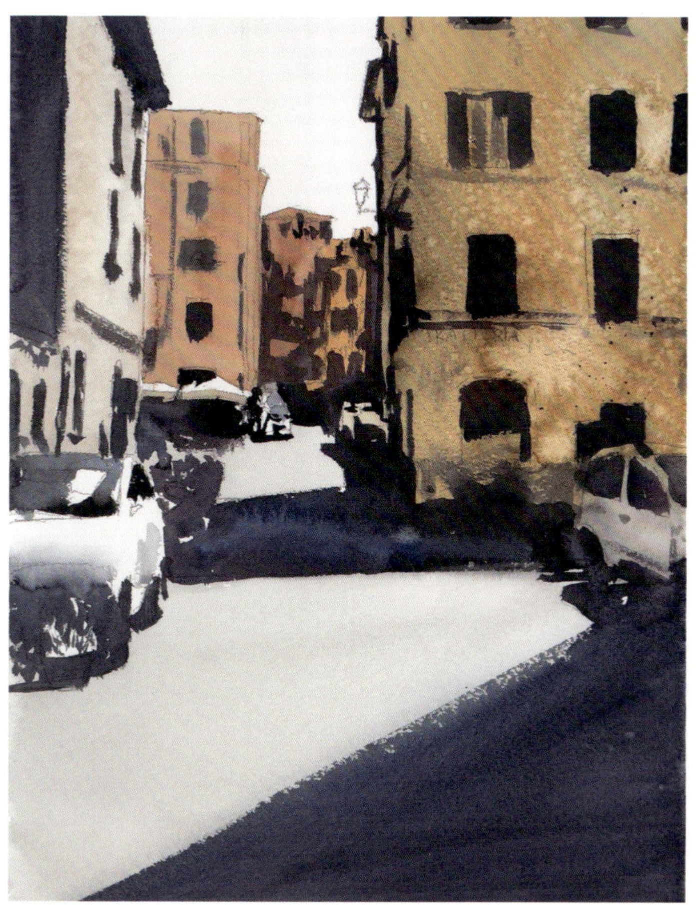

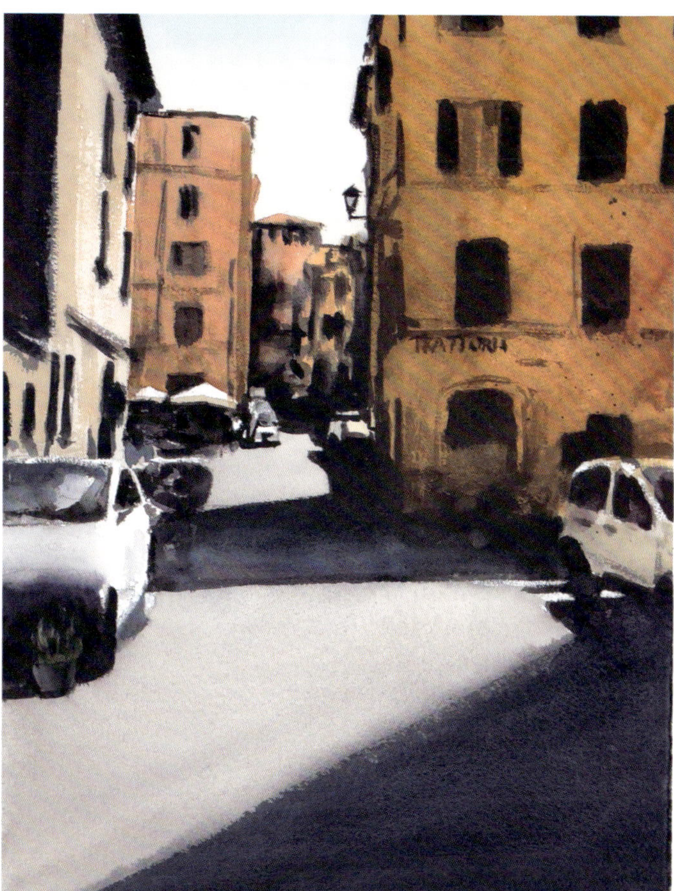

3 Wenn alles getrocknet ist, malen Sie die Farben der Häuser mit Siena gebrannt, Gelbocker und Magnesiumbraun. Wenn der Farbauftrag nach etwas Wartezeit nebelfeucht ist, sprühen Sie einige Wassertropfen mit der groben Sprühflasche hinein und erzeugen so Ausblüheffekte, die die verwitterte Fassade darstellen sollen. Spritzen Sie etwas dunkle Farbe, nachdem der Farbauftrag getrocknet ist, um ein paar Sprenkel zu erzeugen. Legen Sie ein sehr helles Grau über die hellen Straßenbereiche.

4 Verstärken Sie die Tonwerte durch eine weitere Lasur über die Häuser und malen Sie einen weiteren dunklen Farbauftrag über die zuvor gemalten Schatten auf der Straße und am linken Haus. Kümmern Sie sich nun um die letzten Details.

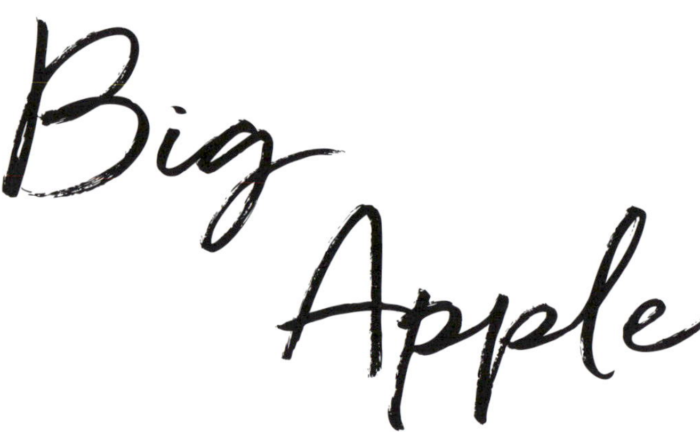

Big Apple

Im Big Apple, wie New York auch genannt wird, gibt es nicht nur Häuserschluchten, sondern auch viele grüne Ecken. Bei diesem Motiv hat mich das abstrakt wirkende leuchtende Grün der Wiese angesprochen und im Kontrast dazu die im Hintergrund emporragenden verschwommenen Wolkenkratzer um den Central Park herum.

Farben

- **Kadmiumgelb**
- **Gelbocker**
- **Französisch Ultramarin**
- **Permanent Saftgrün**
- **Grüngold**
- **Seegrün (Daniel Smith)**
- **Elfenbeinschwarz**
- **Marsschwarz**

Pinsel

- **Escoda Aquario, Nr. 16**
- **Escoda Perla, Nr. 12**
- **Da Vinci Maestro 35, Nr. 8**

Papier

Arches Aquarellpapier, Grain Torchon, 300 g/m²

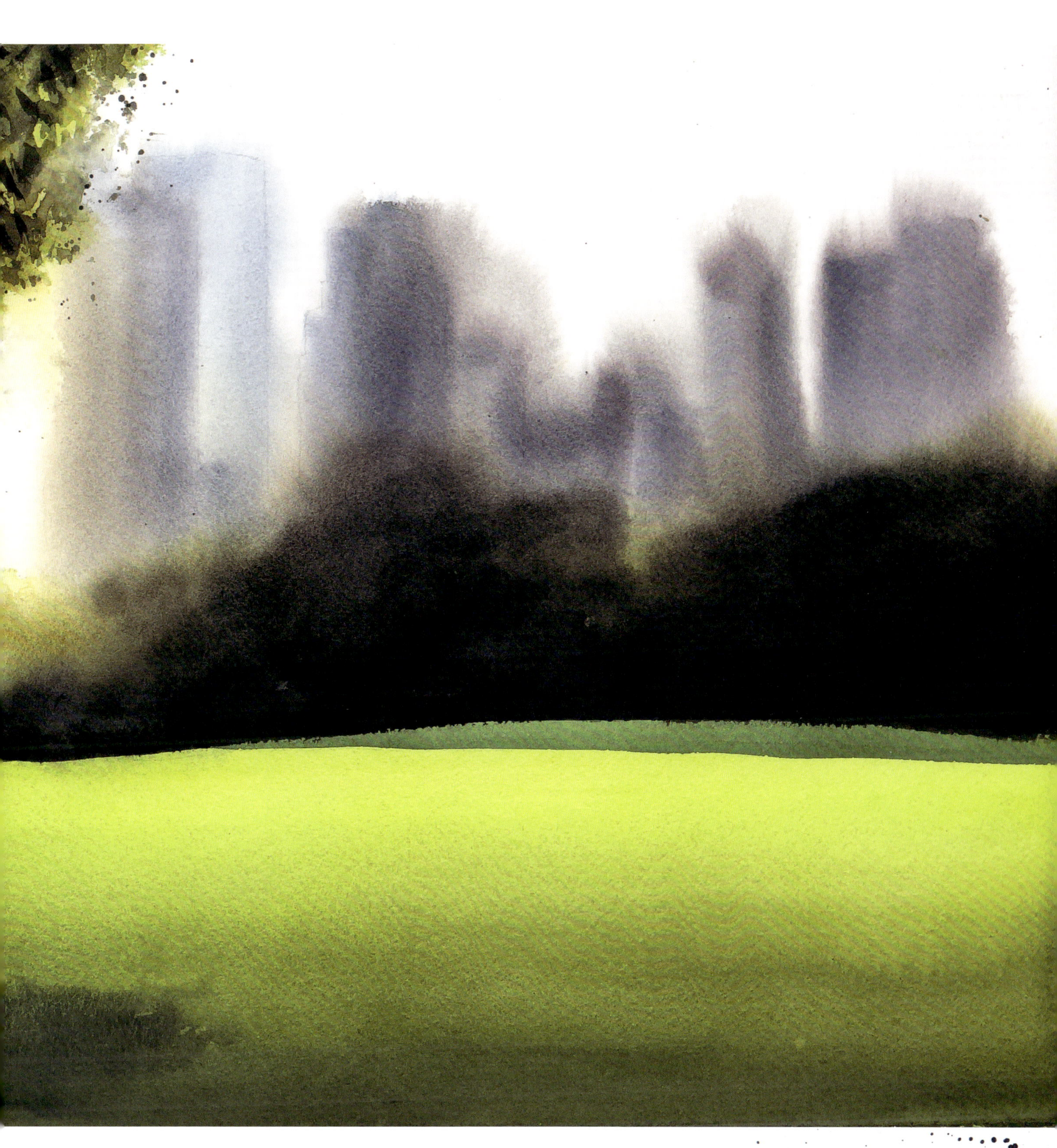

1 Bei diesem Bild ist die Zeichnung recht simpel. Ein paar Linien hier und da reichen zur Orientierung aus. Machen Sie die Bleistiftstriche im Hintergrund nicht zu stark, da die Wolkenkratzer nass-in-nass gemalt werden und keine Bleistiftstriche sichtbar sein sollen.

2 Maskieren Sie einige Blätter, die später in lebendigem Grün leuchten sollen.

3 Nässen Sie den Hintergrund, warten Sie, bis das Papier nur noch feucht ist, und tragen Sie eine trockene Mischung aus Französisch Ultramarin und beliebigen Schwarztönen auf. Lassen Sie die Mischung aus dem Pinsel vor dem Berühren des Papiers in ein Tuch laufen. Ziehen Sie mit dem Escoda Aquario eine saubere Spur Wasser auf Höhe der Büsche, und starten Sie dann eine Lavierung aus Grüngold, die Sie Spur für Spur nach unten ziehen. Bei den letzten Spuren fügen Sie etwas Seegrün hinzu.

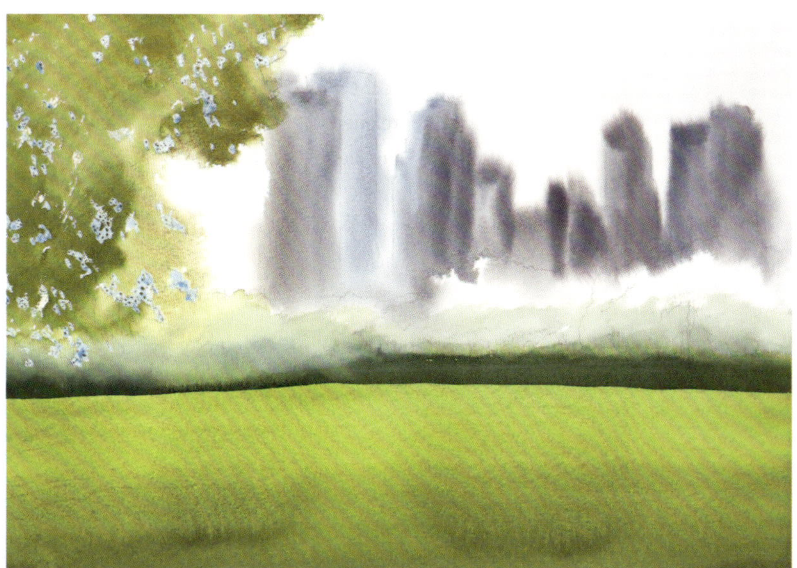

4 Nach dem Trocknen untermalen Sie den Baum links mit einer Grüngold-Mischung und gehen direkt in die Büsche über. Im unteren Bereich der Büsche setzen Sie Seegrün mit Marsschwarz trocken ein.

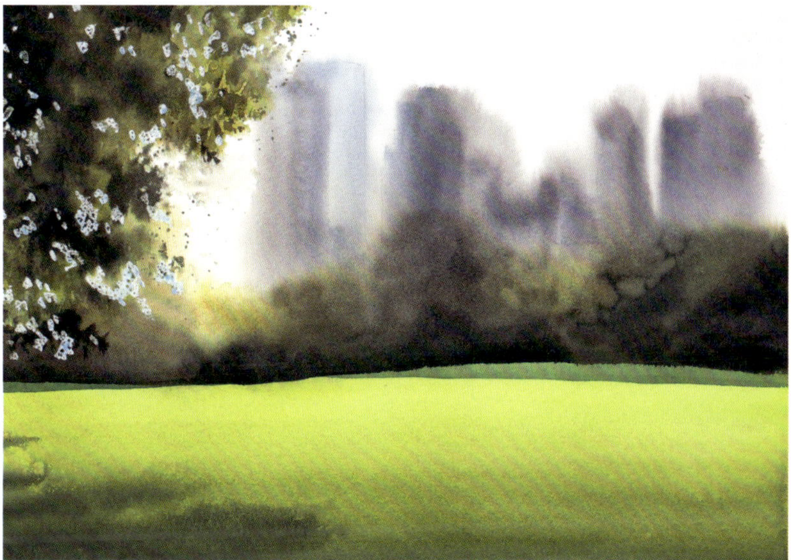

5 Spritzen Sie mit der groben Sprühflasche etwas Wasser unregelmäßig auf den linken unteren Bildbereich und malen Sie mit einer trockenen Mischung die Schatten. Verstärken Sie bei den Büschen und beim Baum links die Tonwerte.

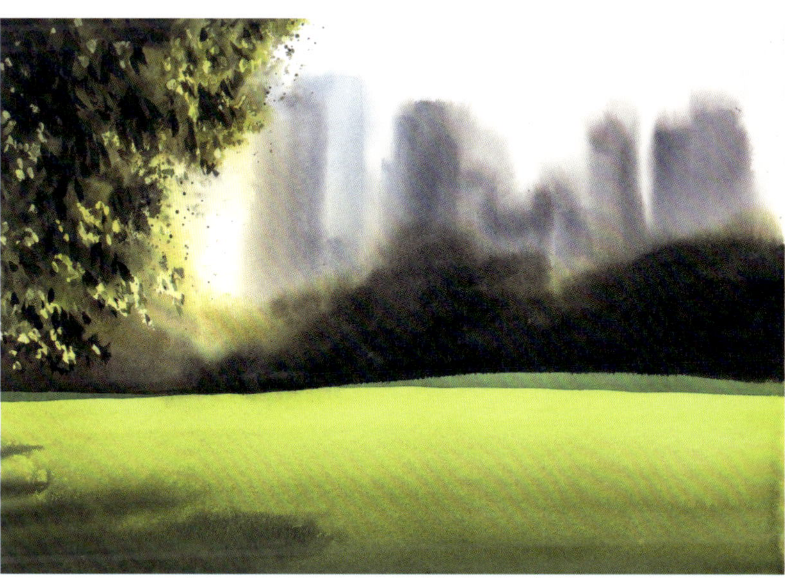

6 Entfernen Sie das Maskiermittel, und malen Sie vorsichtig, ohne viel Reiben, die Blätter mit Grüngold. Starten Sie bei der Wiese oben nochmals eine Lavierung, und kreieren Sie einen Verlauf, der nach unten hin etwas dunkler wird. So kann der Betrachter in das Bild eintreten.

Blätter-rascheln

Die Stimmung im Herbst ist im Central Park in New York außergewöhnlich. Die Bow Bridge mit ihrer wunderschönen Form hatte mich sofort in ihren Bann gezogen. Sie ist mit ihren 27 m die längste Brücke im Central Park. Das stimmungsvolle Licht kreiert eine wundervolle Atmosphäre aus nebligem Hintergrund und warmen Herbsttönen.

Farben

- **Gelbocker**
- **Magnesiumbraun**
- **Siena gebrannt**
- **Kadmiumrot**
- **Permanent Alizarinkarmesin**
- **Permanent Saftgrün**
- **Grüngold**
- **Elfenbeinschwarz**
- **Marsschwarz**

Pinsel

- **Escoda Aquario, Nr. 16**
- **Escoda Perla, Nr. 8, Nr. 12**
- **Da Vinci Maestro 35, Nr. 8**
- **Da Vinci Maestro 1203K, Nr. 1**

Papier

Arches Aquarellpapier, Grain Torchon, 300 g/m²

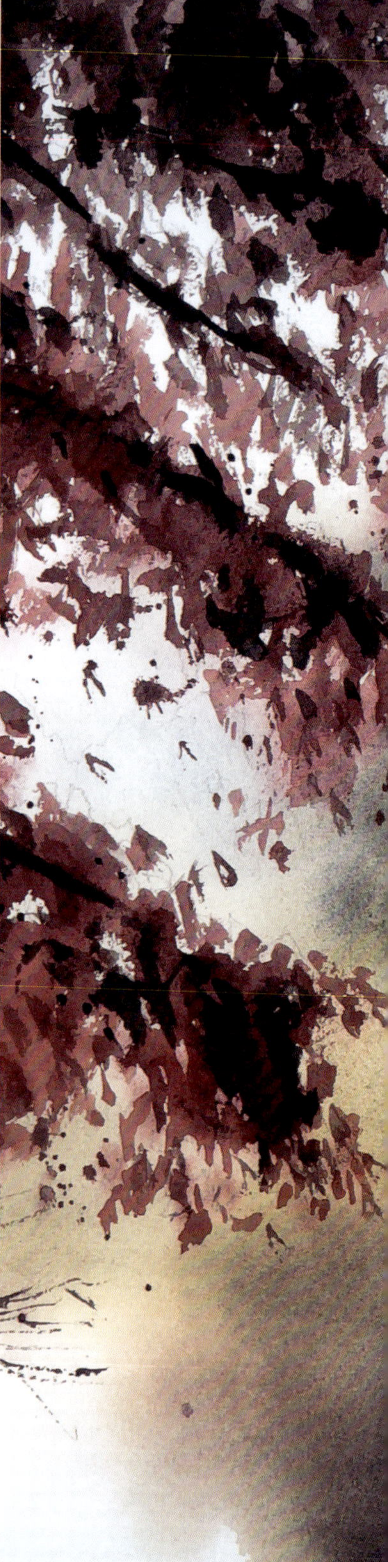

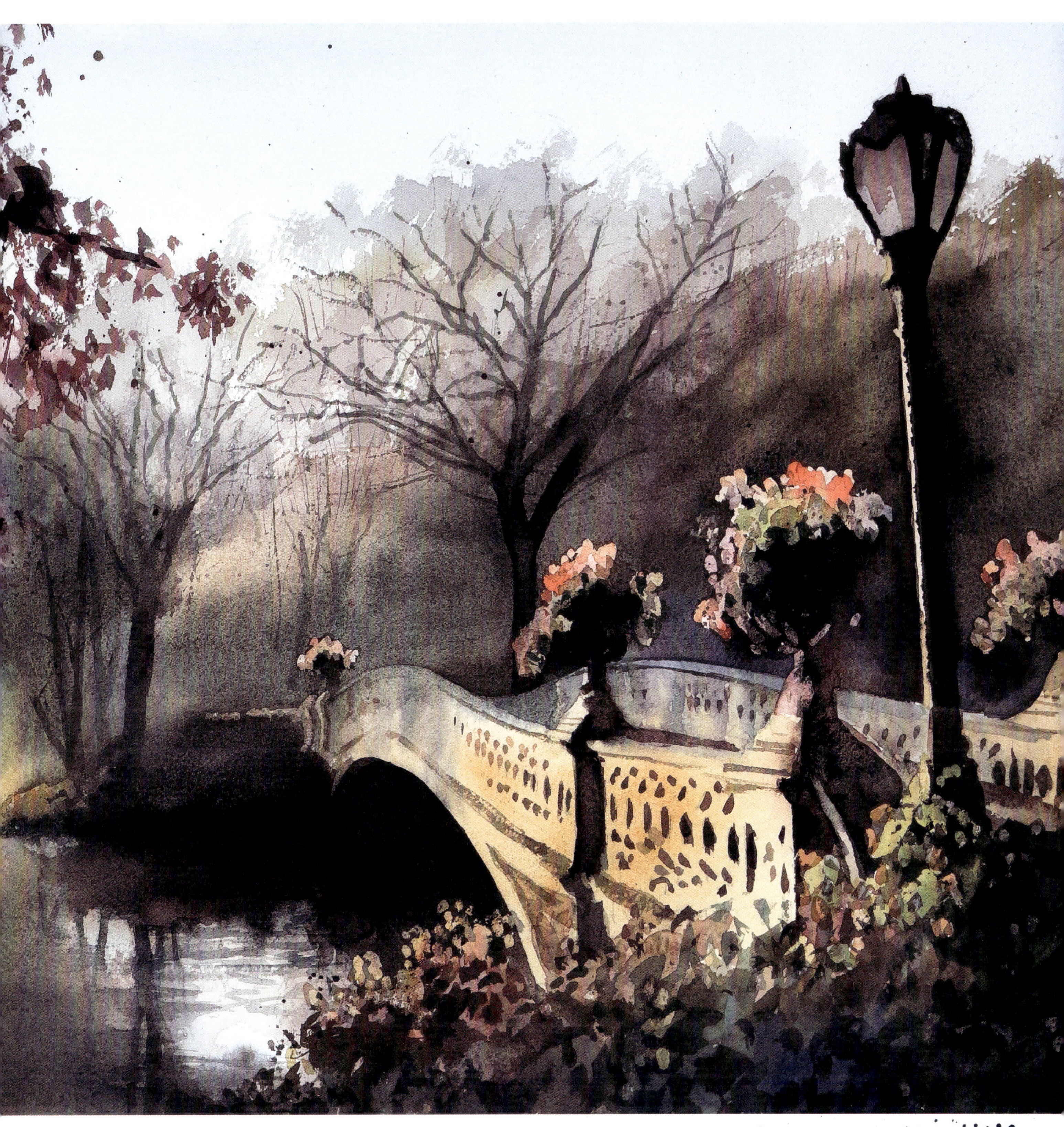

Los geht's

1 Die Vorzeichnung ist relativ umfangreich, dies ist aber nötig, um während des Malens nicht mit den Details kämpfen zu müssen. Auch viele Äste sollten Sie skizzieren, da sie meist unförmig aussehen, wenn sie ohne Vorzeichnung mit Aquarellfarben gemalt werden.

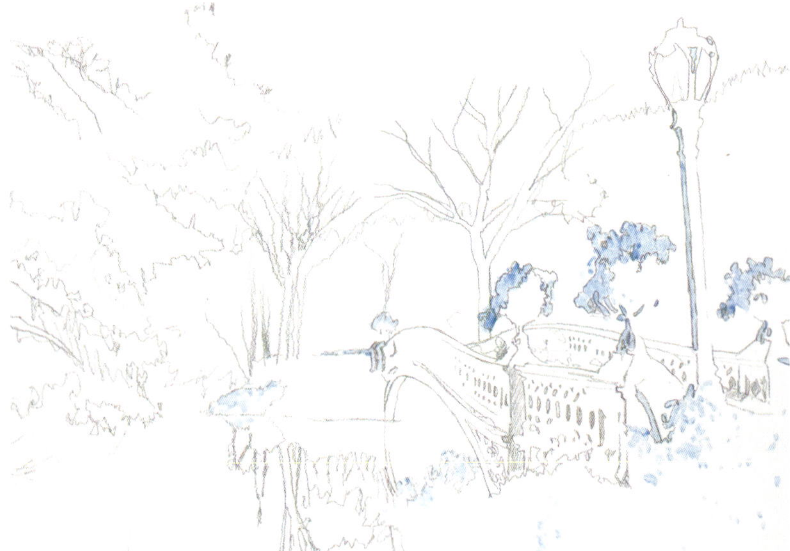

2 Maskieren Sie die Blüten und Blätter im Licht, um diese nachher nicht versehentlich zu übermalen. Auch die Lichtseite der Straßenlaterne sollte maskiert werden.

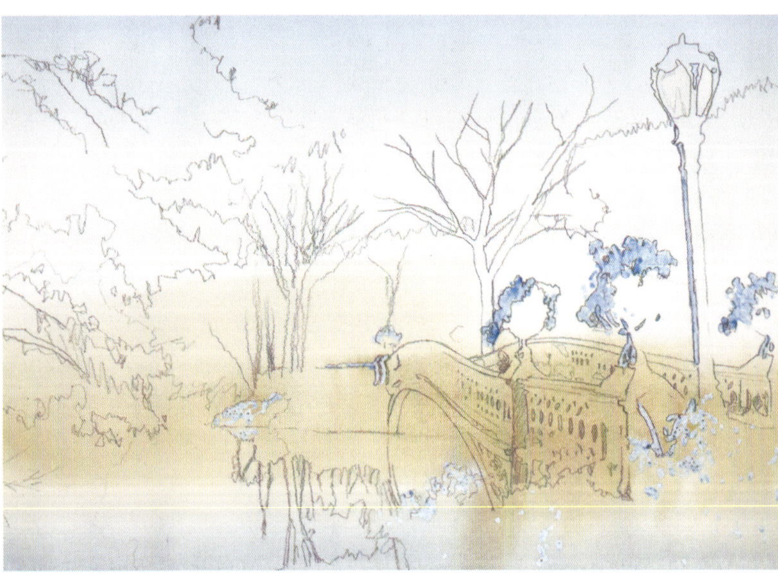

3 Kreieren Sie eine abgestufte mehrfarbige Lavierung mit dem Escoda Aquario, indem Sie ganz oben mit Kobaltblau starten und es mit jeder Spur verdünnen. Im mittleren Bereich legen Sie eine kräftige Mischung Gelbocker an, um weiter unten wieder zu Kobaltblau zu wechseln. Wenn Sie das Gelbocker zu schwach malen, werden Sie es später kaum sehen, wenn die dunklen Tonwerte platziert sind.

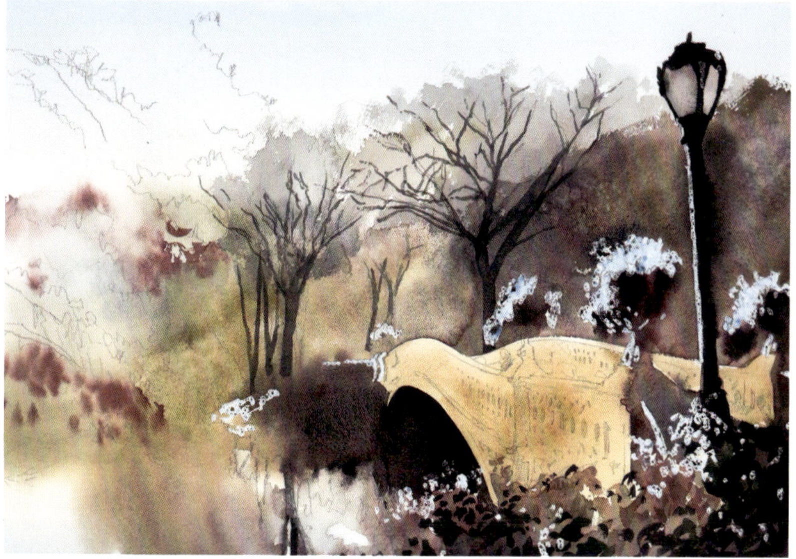

4 Malen Sie die Bäume im Hintergrund und verwenden Sie dafür herbstliche Farbtöne wie Siena gebrannt und Gelbocker. Füllen Sie teilweise die verästelten Bäume im Hintergrund mit Farbe, deuten Sie die dunklen Blätter im Vordergrund an und malen Sie die Schatten der Brücke. Im linken unteren Teil malen Sie die Spiegelung der Bäume im Wasser mit Gelbocker und etwas Permanent Alizarinkarmesin. Für die dunklen Bereiche verwenden Sie Marsschwarz und Alizarinkarmesin in einer starken Mischung. Feuchten Sie das Papier zuvor mit der feinen Sprühflasche oder dem sauberen Pinsel an.

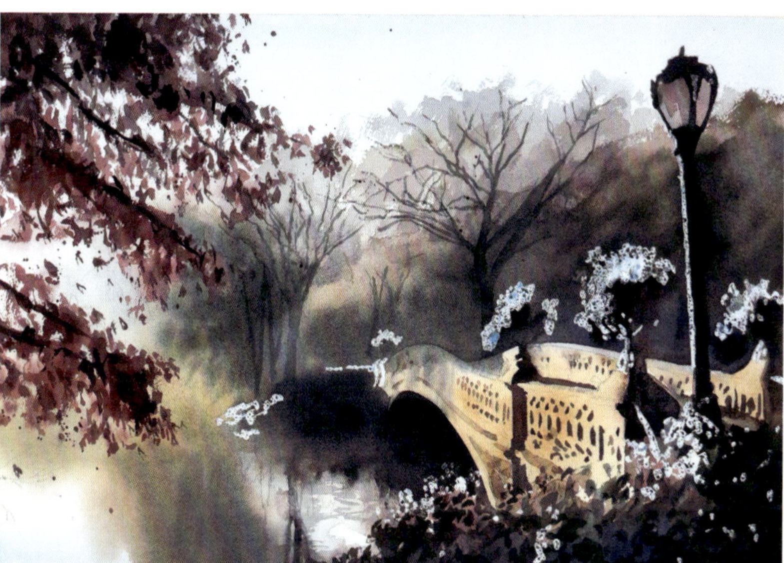

5 Malen Sie als Nächstes die Äste und Blätter links mit Permanent Alizarinkarmesin und einer lockeren Hand. Üben Sie am besten vorher die Pinselstriche auf einem Nebenblatt. Die Pinselstriche sollten die Form von Blättern haben. Lassen Sie immer wieder Luftlöcher. Malen Sie in diesem Schritt auch die Straßenlaterne.

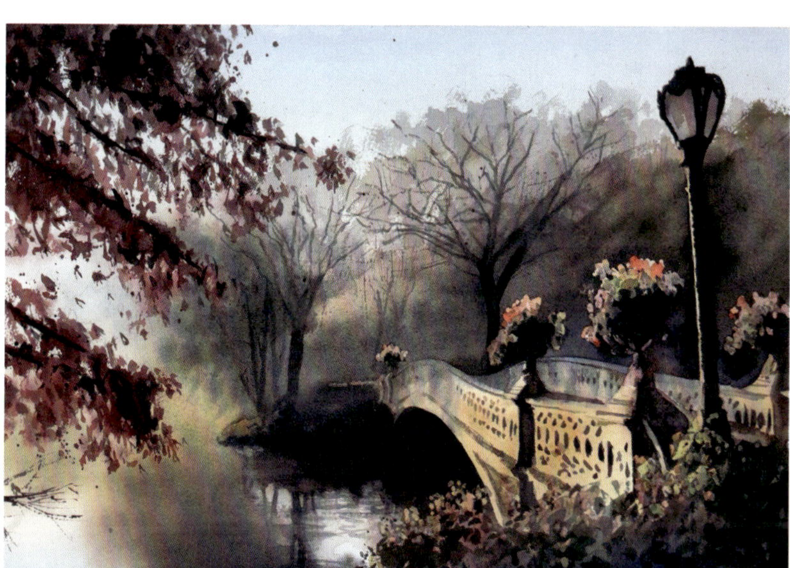

6 Entfernen Sie das Maskiermittel und ergänzen Sie die Details der Brücke, die Blumen und die Blätter. Verwenden Sie dafür Kadmiumrot und verschiedene Grüntöne. Prüfen Sie nochmals die Tonwerte und verstärken Sie die Spiegelung der Bäume auf dem Wasser.

Sightseeing

Viele Touristen besuchen jedes Jahr das Schloss Nymphenburg in München. Doch noch mehr als das Schloss faszinierte mich die Szene auf der Straße davor, wo viele Touristen mit ihren Kameras den ersten oder den letzten Blick auf das Schloss festhalten. Es war eine herbstliche sonnige Stimmung auf der Brücke über dem Schlosskanal und das gleißende Licht prägte die spätsommerliche Atmosphäre.

Farben

- **Gelbocker**
- **Magnesiumbraun**
- **Siena gebrannt**
- **Kadmiumrot**
- **Permanent Alizarinkarmesin**
- **Französisch Ultramarin**
- **Winsorblau (Rotton)**
- **Kobalthelltürkis**
- **Elfenbeinschwarz**
- **Marsschwarz**
- **Titanweiß**

Pinsel

- **Escoda Aquario, Nr. 16**
- **Escoda Perla, Nr. 12**
- **Da Vinci Maestro 35, Nr. 8**
- **Da Vinci Maestro 1203K, Nr. 1**

Papier

Arches Aquarellpapier, Grain Torchon, 300 g/m²

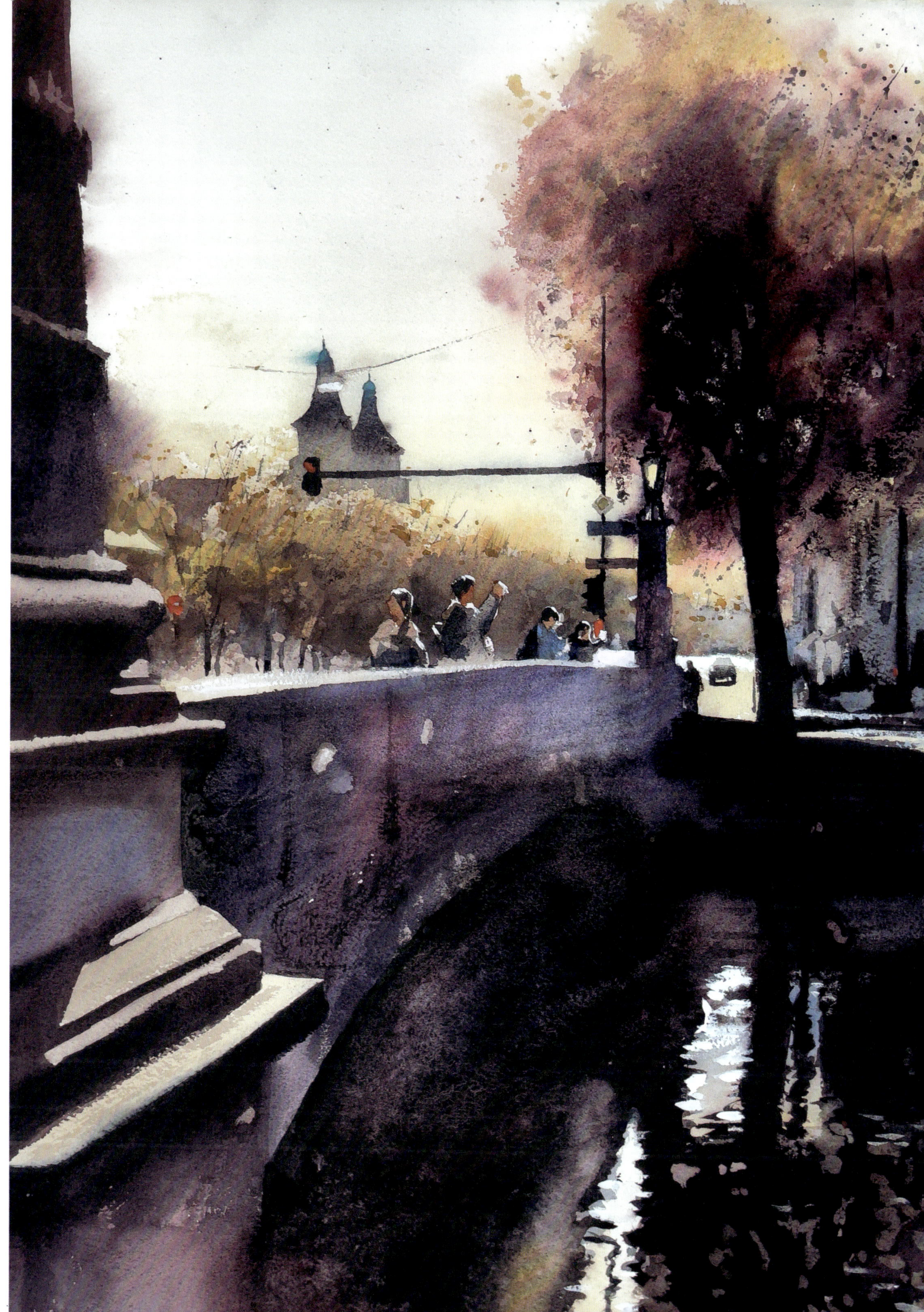

Los geht's

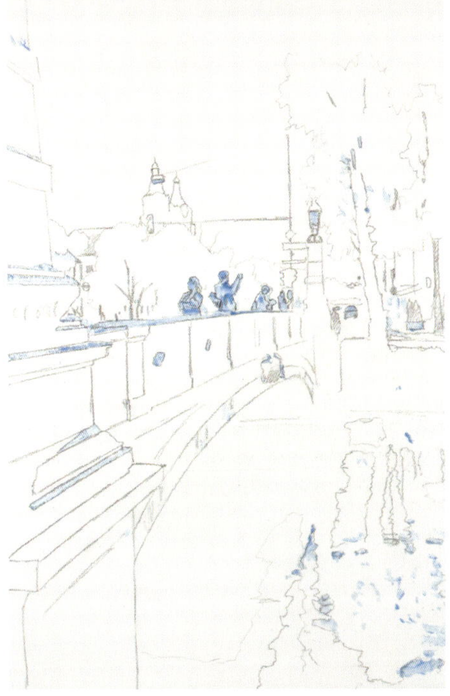

1 Skizzieren Sie die Szene und achten Sie vor allem bei den Touristen auf die Formen. Gehen Sie nicht in alle Details, dafür sind die Figuren zu klein gehalten.

2 Maskieren Sie die hellsten Stellen des Bildes und die Figuren komplett, da Sie sonst Gefahr laufen, die Zeichnung während des Malprozesses zu verlieren. Die Maskierungen innerhalb des Baumes rechts oben sollten sehr klein ausfallen und nur mit trockenpinselartigen Strichen ausgeführt werden. Oder Sie lassen diese einfach weg.

3 Legen Sie Untermalungen mit herbstlichen Tönen wie Siena gebrannt oder Gelbocker auf die Bäume. Feuchten Sie das Papier an den Rändern der Bäume an, um weiche Kanten zu erhalten. Malen Sie auch schon einige dunkle Formen wie den Pfosten links und die Brücke, die ohne sichtbare Kanten in den Baumstamm übergeht. Verwenden Sie dafür eine dunkle Mischung, z. B. aus Permanent Alizarinkarmesin.

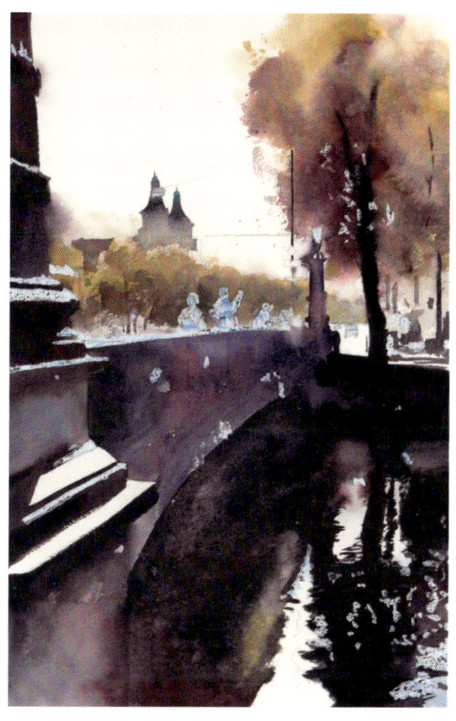

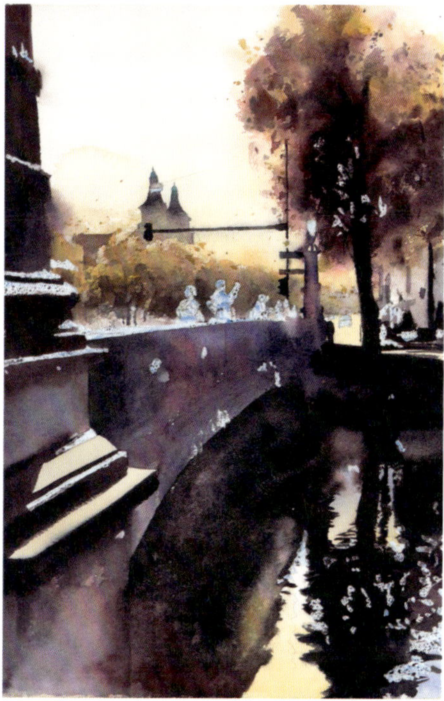

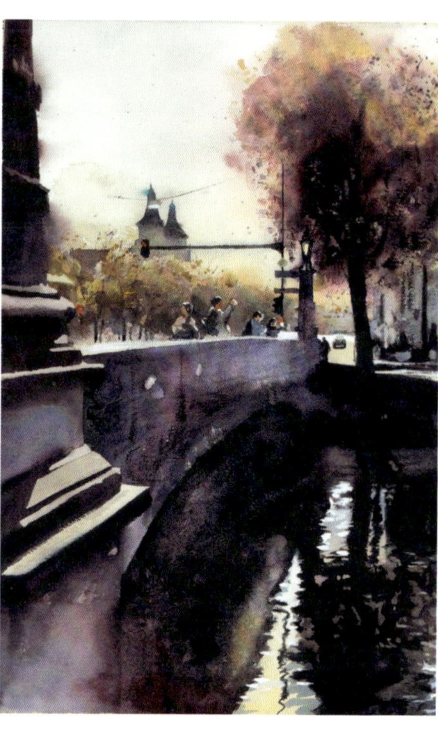

4 Verstärken Sie die Tonwerte im Bereich der Bäume mit Siena gebrannt und Permanent Alizarinkarmesin. Nutzen Sie bei den Bäumen auch Spritzeffekte. Verdunkeln Sie auch den Bereich unter der Brücke und malen Sie die Gebäude im Hintergrund.

5 Lavieren Sie vorsichtig Gelbocker über den Himmel und die Straße, die hellsten Teile des Pfostens sowie die Spiegelung im Wasser. Dies soll den warmen spätsommerlichen Eindruck verstärken.

6 Entfernen Sie das Maskiermittel und malen Sie die Menschen in mehreren Schritten. Beginnen Sie mit den dunkelsten Stellen, lassen Sie diese trocknen und ergänzen Sie die helleren Bereiche. Malen Sie die Gesichter hauptsächlich mit Siena gebrannt. Begutachten Sie die letzten Details im Bild und vervollständigen Sie es.

Monopteros

Der Englische Garten in München gehört zu den größten Parkanlagen der Welt. In ihm thront der Monopteros, ein Rundtempel, der damals zur Ehrung der würdigsten Herrscher Bayerns erbaut wurde und heute ein Aussichtspunkt ist. Im Englischen Garten ist ganz München auf den Beinen, wenn das Wetter gut ist. Zum Sonnen auf den großen Wiesen oder zum Abkühlen im Eisbach. Am Motiv faszinieren mich am meisten die Lichtverhältnisse und die abstrakten Schattenformen.

Farben

- **Gelbocker**
- **Siena gebrannt**
- **Permanent Alizarinkarmesin**
- **Französisch Ultramarin**
- **Kobaltblau**
- **Winsorblau (Rotton)**
- **Permanent Saftgrün**
- **Grüngold**
- **Seegrün (Daniel Smith)**
- **Marsschwarz**

Pinsel

- **Escoda Aquario, Nr. 16**
- **Escoda Perla, Nr. 8, Nr. 12**
- **Da Vinci Maestro 35, Nr. 8**
- **Da Vinci Maestro 1203K, Nr. 1**

Papier

Arches Aquarellpapier, Grain Torchon, 300 g/m²

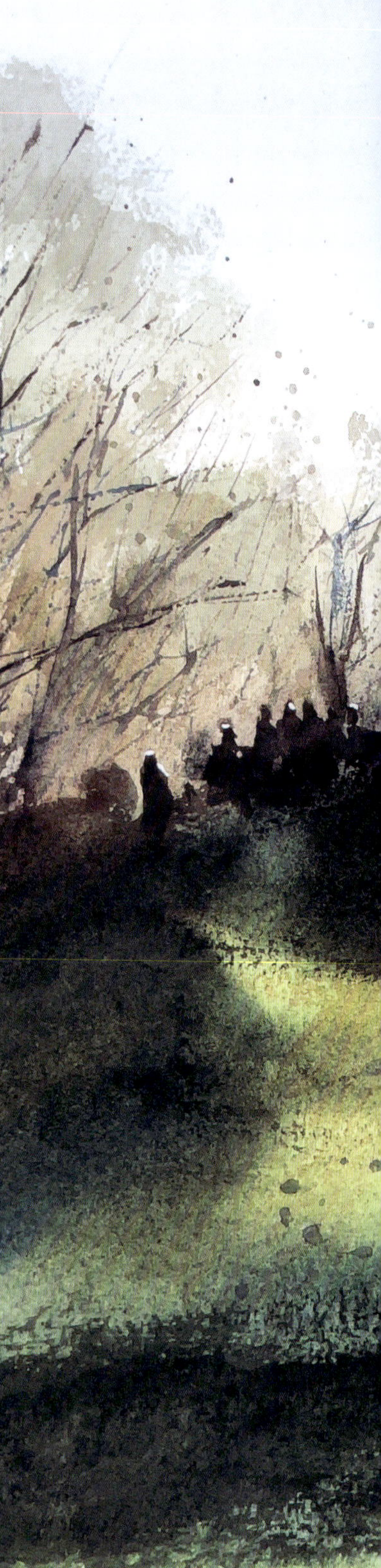

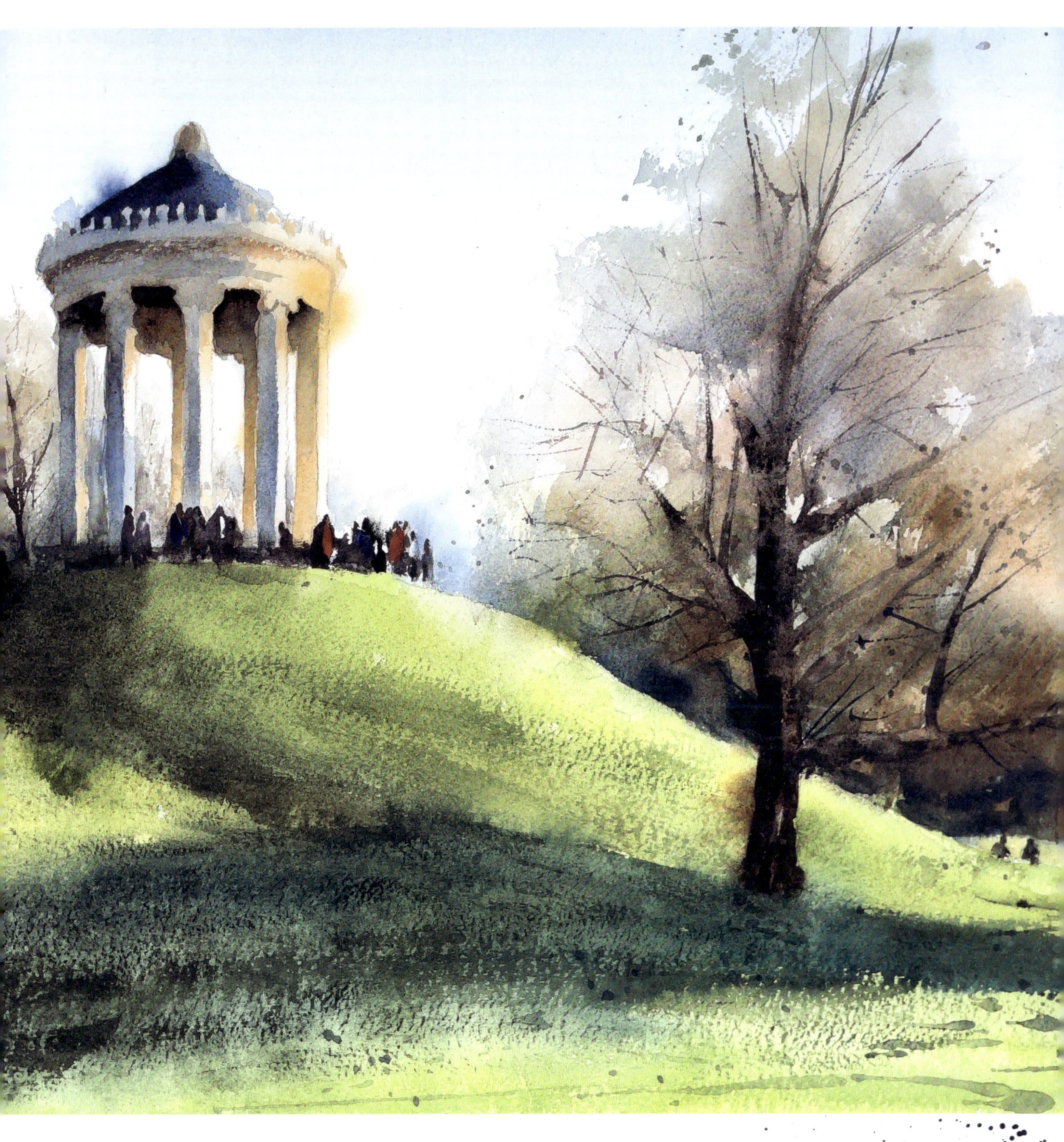

Los geht's

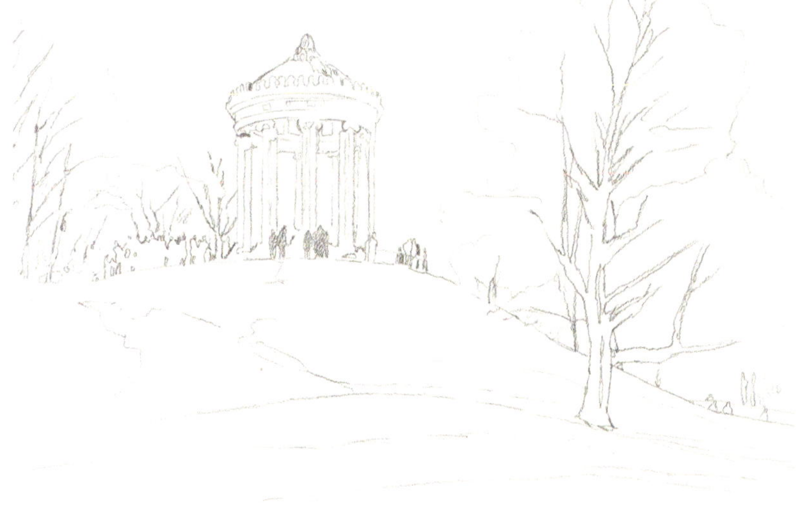

1 Zeichnen Sie den Monopteros und die Menschen relativ detailliert, die linke Figurengruppe können Sie durch eine größere Form mit einigen Köpfen andeuten und zusammenfassen. Die Schatten im unteren Bereich sind grob eingezeichnet, der Baum rechts wieder etwas detaillierter.

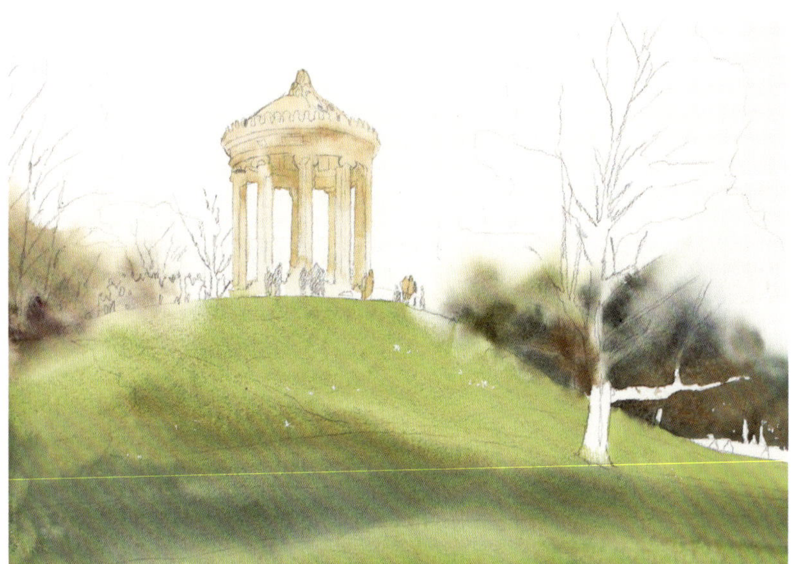

2 Beginnen Sie mit einem Farbauftrag Gelbocker beim Monopteros. Feuchten Sie den Bereich über den Büschen etwas an und setzen Sie nass-in-nass Siena gebrannt, Französisch Ultramarin und Grüntöne ein. Gehen Sie nahtlos in die Wiese über und starten Sie hier eine Lavierung. Ziehen Sie Spur für Spur das Grün nach unten und verwenden Sie im unteren Bereich auch rötliche Grüntöne mit einer Spur Siena gebrannt und bläuliche mit Französisch Ultramarin.

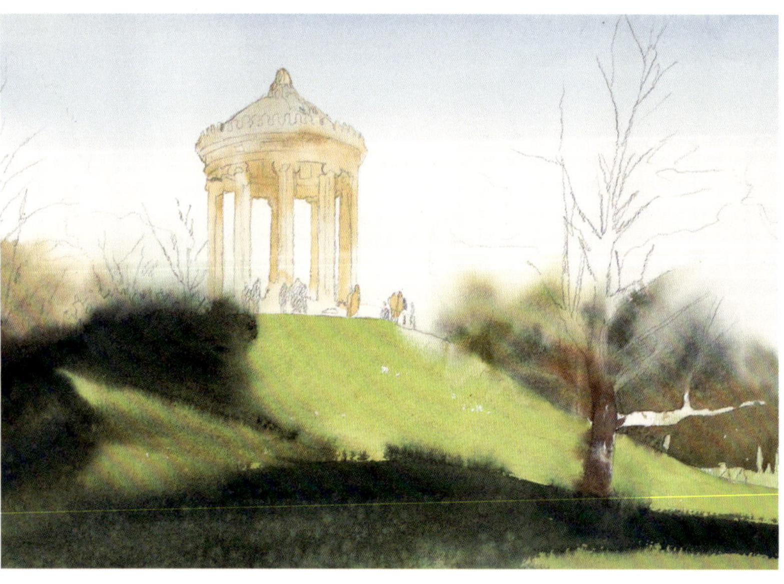

3 Nachdem der Farbauftrag getrocknet ist, malen Sie den Himmel als abgestufte Lavierung mit Kobaltblau und einer Spur Winsorblau (Rotton) bis zur Kante, wo die Wiese anfängt. Sparen Sie die Gelbocker-Bereiche auf dem Monopteros aus. Lassen Sie den Farbauftrag trocknen. Feuchten Sie dann den unteren Bereich der Wiese mit der feinen Sprühflasche an und fügen Sie mit kräftigem Marsschwarz und Seegrün die Schattenbereiche ein. Verwenden Sie dazu einen relativ trockenen Pinsel. Ich habe den Ast des rechten Baumes ausgespart, damit ich ihn bei den nächsten Schritten besser erkennen kann. Sonst wäre die Zeichnung umsonst gewesen.

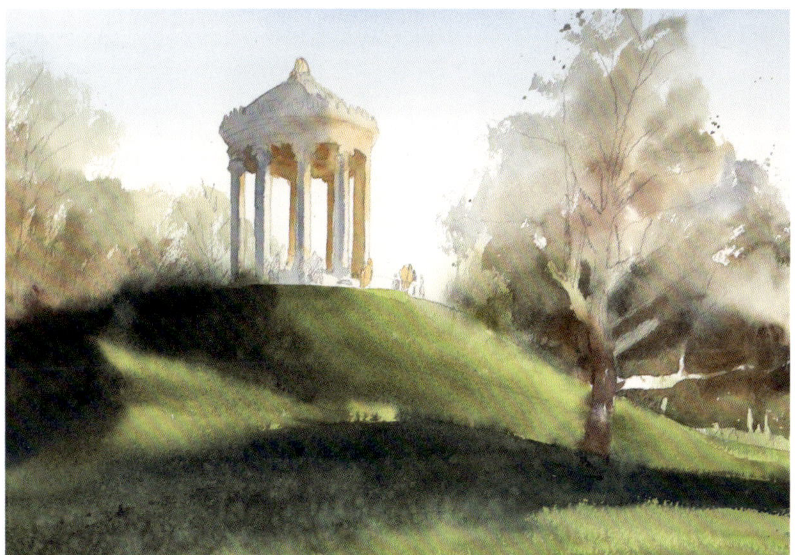

4 Malen Sie die lichten Schatten am Monopteros mit Kobaltblau und machen Sie weiter mit einer hellen Lasur und trockenpinselartigen Strichen im Bereich der Bäume. Verwenden Sie dafür graue Grüntöne, Siena gebrannt und Französisch Ultramarin.

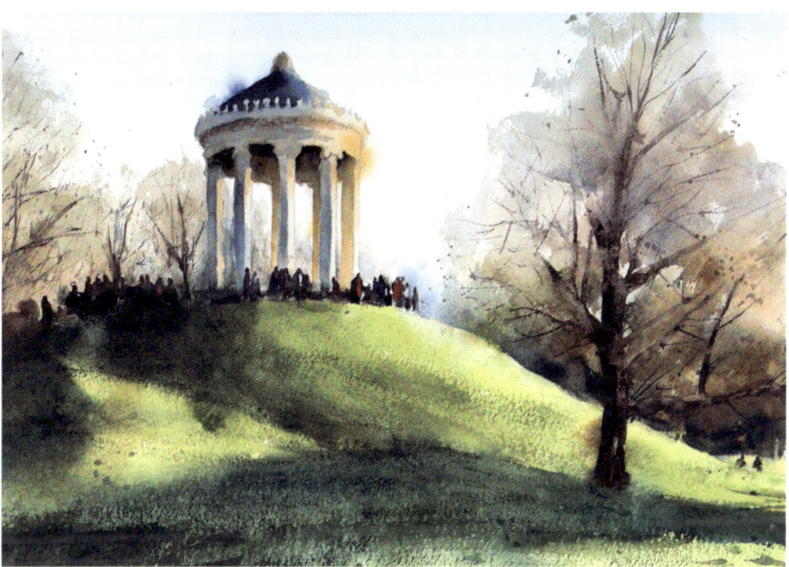

5 Fügen Sie Stämme und Äste mit einem dunklen Siena gebrannt ein und versuchen Sie, einzelne Menschen, aber auch Menschengruppen zu formen. Ergänzen Sie Spritzer und Trockenpinselstriche auf der Wiese, und lockern Sie das Bild mit Nasseffekten auf, indem Sie den linken Dachbereich des Monopteros und etwas daneben anfeuchten und einen Klecks Winsorblau (Rotton) trocken hineinsetzen.

Abendstunden

Die Sonne bricht durch die Häuser und wirkt wie eine Explosion. In den Abendstunden ist es wunderschön, an der Spree entlangzulaufen, im Hintergrund die Berliner Skyline. Interessant macht dieses Motiv auch der Kontrast zwischen den warmen Tönen, wo die Sonne auf die Häuser trifft, und dem kühleren, schattigen Bereich. Die Ausarbeitung des Sonnenuntergangs ist die eigentliche Herausforderung des Motivs.

Farben

- **Kadmiumgelb**
- **Kadmiumzitronengelb**
- **Gelbocker**
- **Magnesiumbraun**
- **Siena gebrannt**
- **Kadmiumrot**
- **Lasurorange (Schmincke)**
- **Permanent Alizarinkarmesin**
- **Elfenbeinschwarz**
- **Payne's Grau**
- **Marsschwarz**
- **Titanweiß**

Pinsel

- **Escoda Aquario, Nr. 16**
- **Escoda Perla, Nr. 8, Nr. 12**
- **Da Vinci Maestro 35, Nr. 8**

Papier

Arches Aquarellpapier, Grain Torchon, 300 g/m²

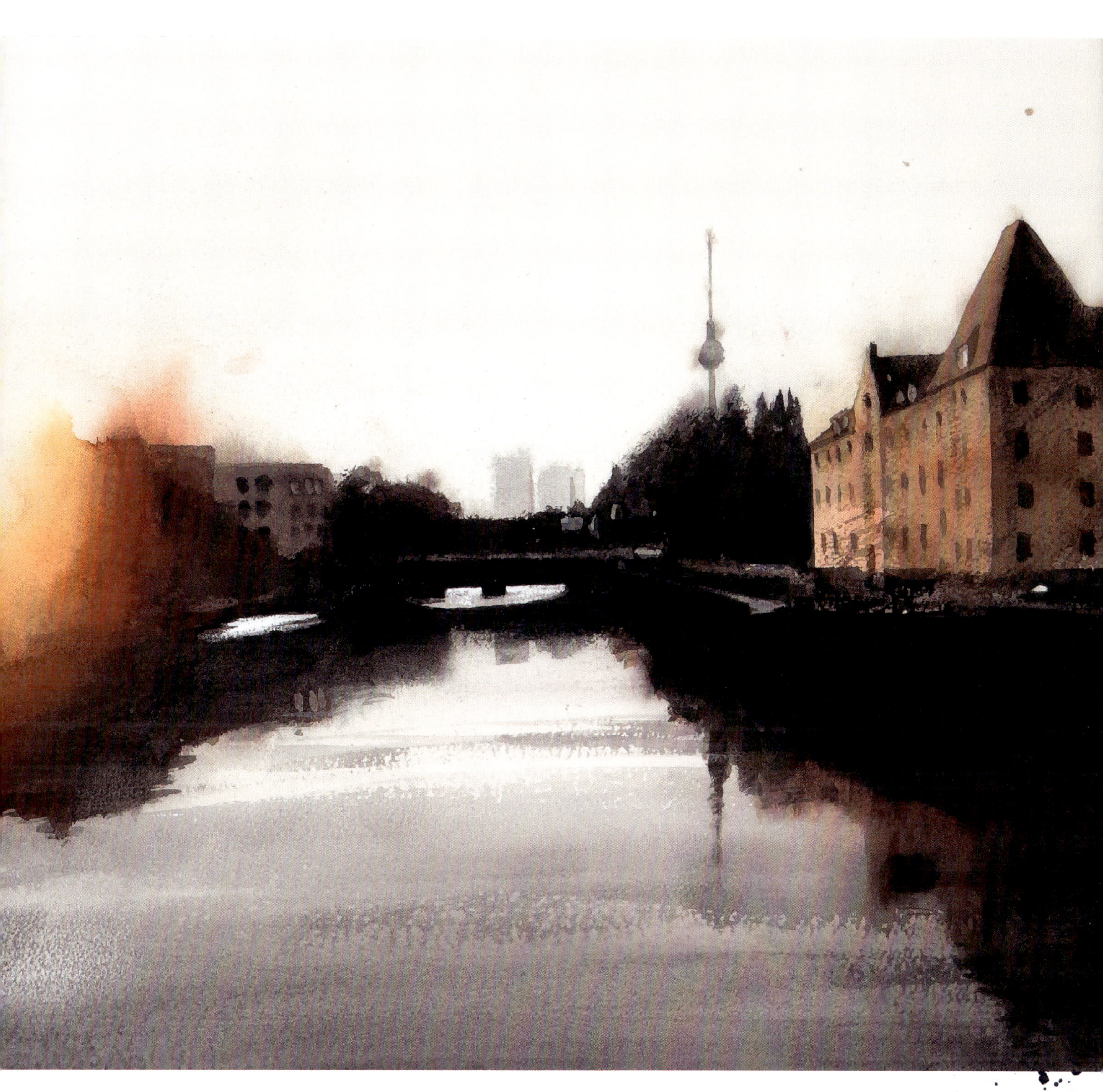

Los geht's

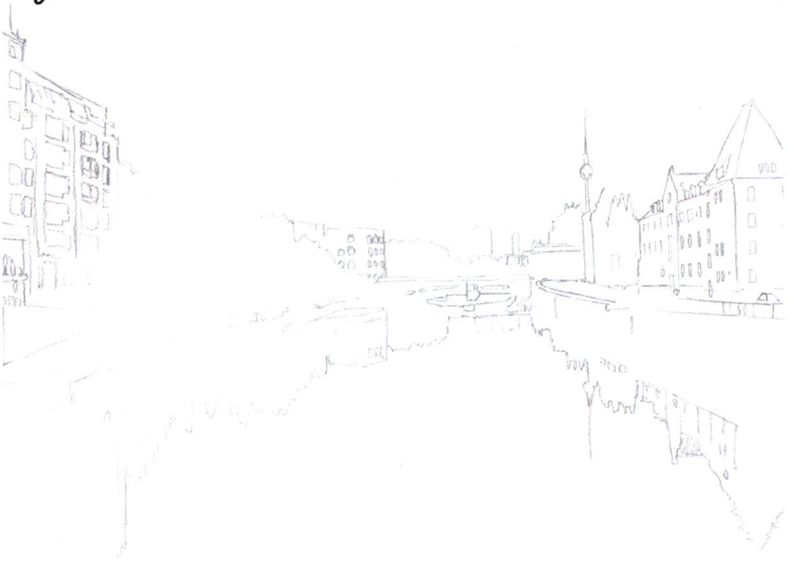

1 Zeichnen Sie die Details der Häuser und die korrekten Winkel der Architektur. Im Bereich des Sonnenuntergangs sollten Sie die Bleistiftstriche weglassen, denn man würde sie beim sehr hellen weichen Farbauftrag durchscheinen sehen. Deuten Sie nur grob an, wo sich der gesamte Sonnenuntergang befindet.

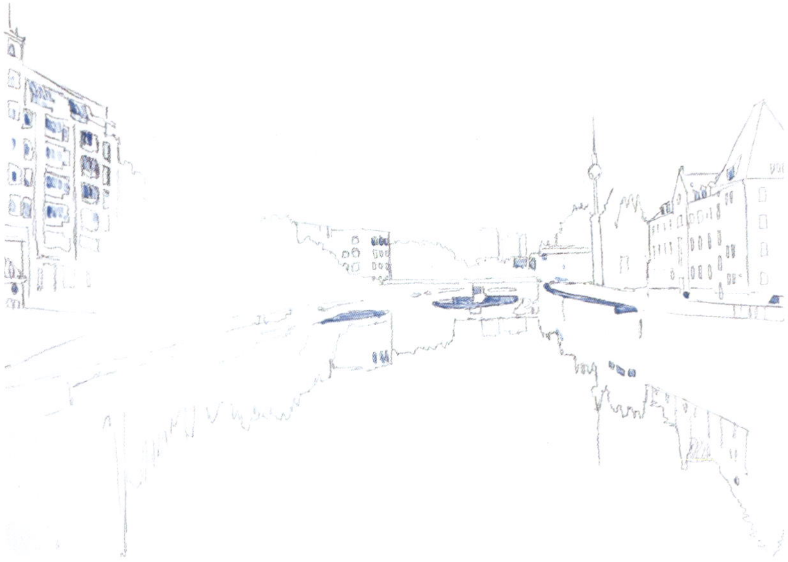

2 Maskieren Sie die Helligkeiten unter der Brücke und einige Fenster.

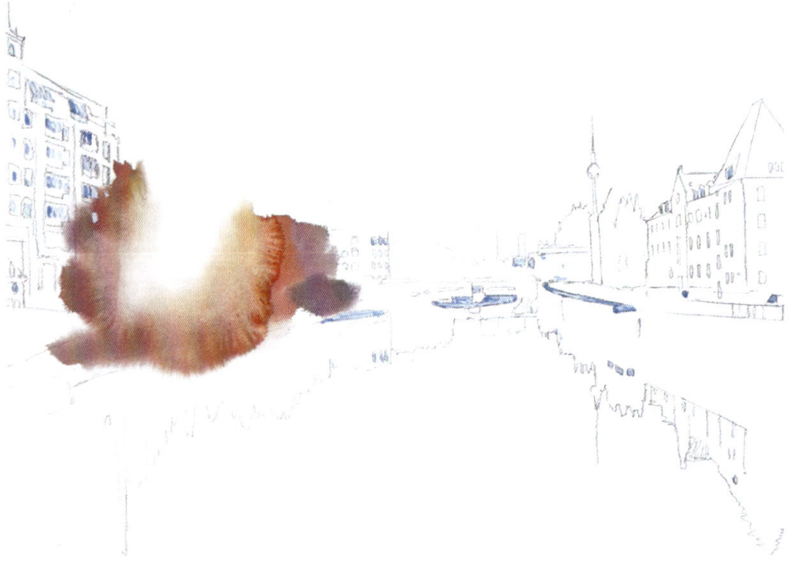

3 Starten Sie das Malen mit der Hauptattraktion, dem Sonnenuntergang. Denn wenn dieser misslingt, können Sie das Bild eigentlich beenden und einen neuen Versuch wagen. Dann haben Sie nicht unnötig Energie in die anderen Bildbereiche gesteckt. Feuchten Sie die Mitte des Sonnenuntergangs mit klarem Wasser an, und machen Sie eine u-förmige mehrfarbige Lavierung mit hellem Lasurorange, Gelbtönen und Kadmiumrot, das in ein Lila übergeht. Die Vorgehensweise finden Sie im Kapitel Aquarelltechniken auf S. 71 genauer erklärt.

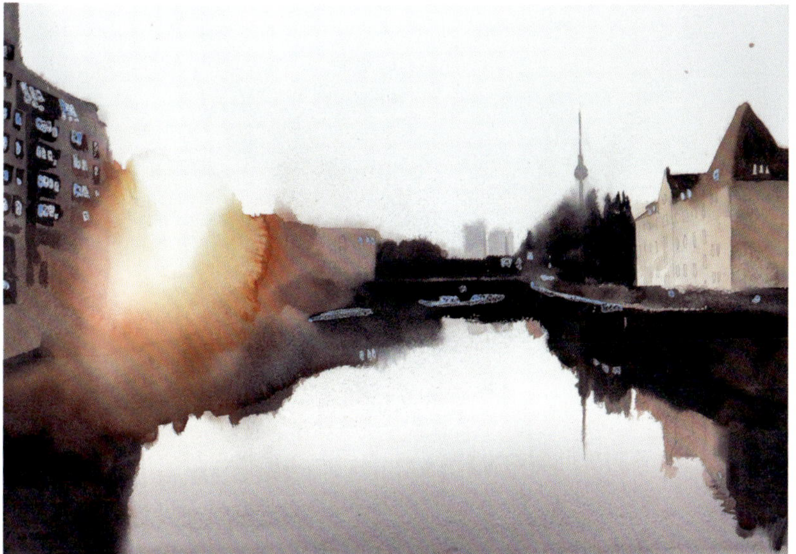

4 Malen Sie als Nächstes den Fluss mit einer abgestuften Lavierung. Starten Sie oben mit reinem Wasser und geben Sie immer mehr Payne's Grau hinzu. Malen Sie danach die hellen Töne am Haus rechts mit Siena gebrannt, Gelbocker und Magnesiumbraun, die Häuser links mit Schwarz und einer Spur Permanent Alizarinkarmesin. Feuchten Sie den Bereich außen um den Sonnenuntergang an, um die Häuser nass-in-nass an diesen anzuschließen. Hier soll keine harte Kante sichtbar sein. Nach dem Trocknen fügen Sie Dunkelheiten ein. Verwenden Sie Elfenbeinschwarz, Permanent Alizarinkarmesin und Siena gebrannt in einer kräftigen, pigmentreichen Mischung.

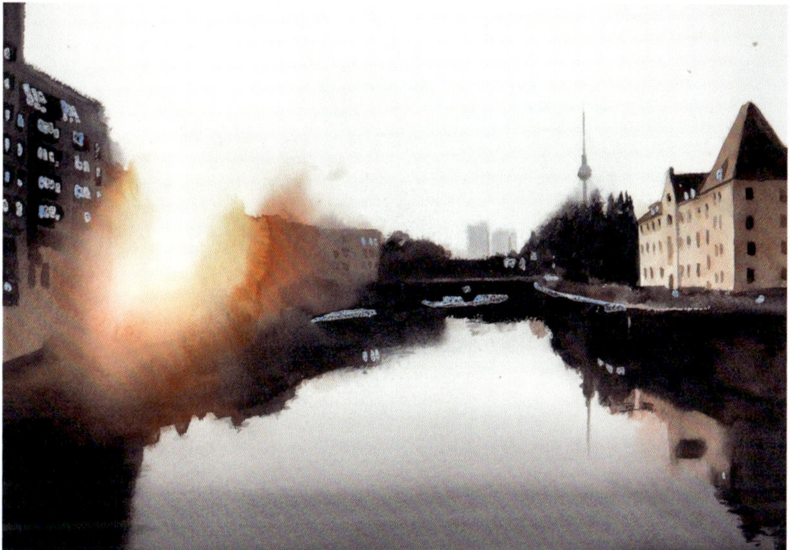

5 Verdunkeln Sie einige Bereiche und fügen Sie Fenster und andere Details mit Siena gebrannt und einem Schwarz hinzu.

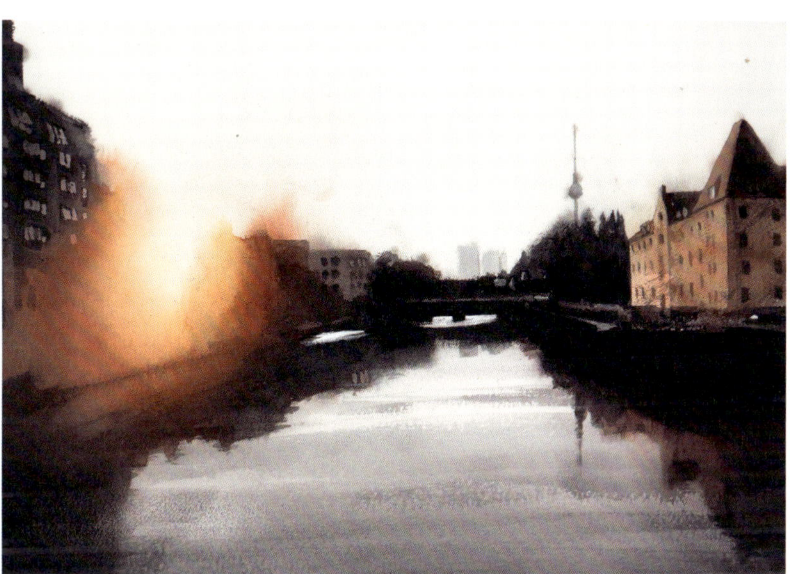

6 Entfernen Sie das Maskiermittel, und arbeiten Sie an den letzten Details wie die sehr leichten Lasuren beim Fluss, die das Gefühl von Wasser verstärken sollen.

Filbert Street

In der Filbert Street steht eine der schönsten Kirchen San Franciscos, die Saints Peter and Paul Church. Die erste Saints Peter and Paul Church, die 1884 erbaut wurde, wurde durch das große Erdbeben im Jahr 1906 zerstört. Der Bau des heutigen Gebäudes wurde 1924 abgeschlossen. Die schräge Form der Straße und des Autos erzeugen eine dynamische Komposition.

Farben

- **Kadmiumgelb**
- **Kadmiumzitronengelb**
- **Gelbocker**
- **Magnesiumbraun**
- **Siena gebrannt**
- **Kadmiumrot**
- **Permanent Alizarinkarmesin**
- **Französisch Ultramarin**
- **Kobaltblau**
- **Winsorblau (Rotton)**
- **Grüngold**
- **Seegrün (Daniel Smith)**
- **Elfenbeinschwarz**
- **Payne's Grau**
- **Marsschwarz**
- **Titanweiß**

Pinsel

- **Escoda Aquario, Nr. 16**
- **Escoda Perla, Nr. 8, Nr. 12**
- **Da Vinci Maestro 35, Nr. 8**
- **Da Vinci Maestro 1203K, Nr. 1**

Papier

Arches Aquarellpapier, Grain Torchon, 300 g/m²

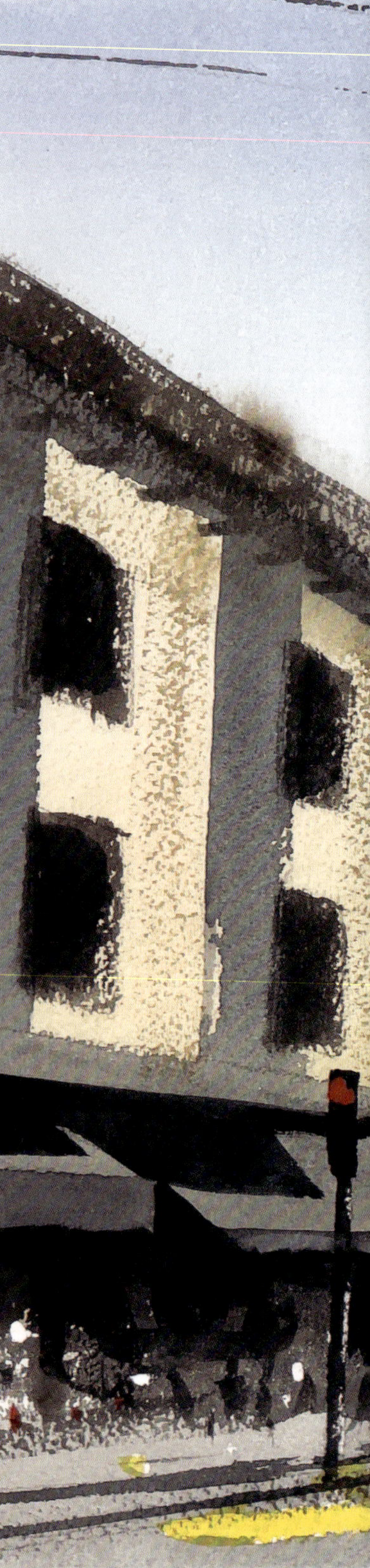

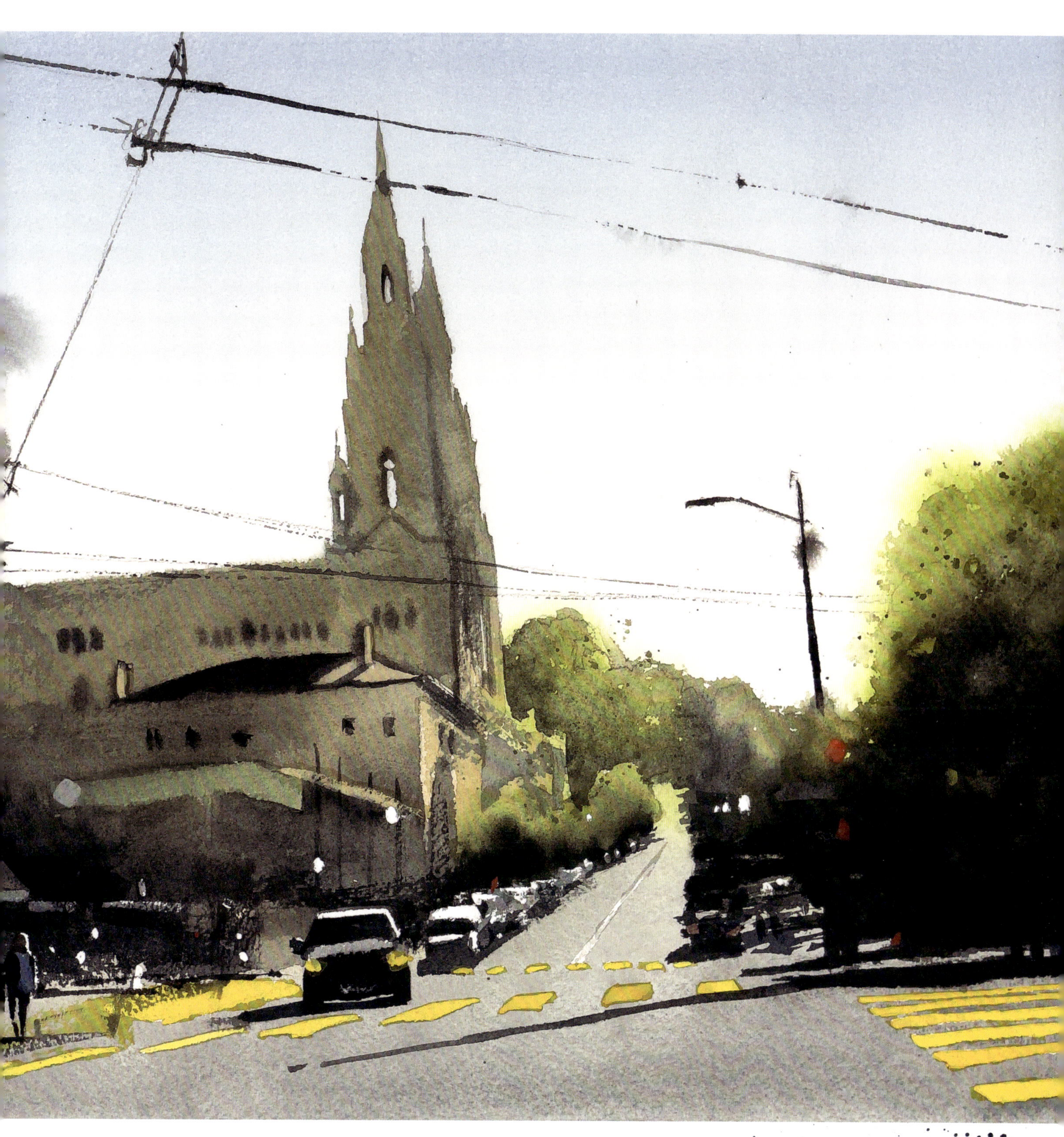

1 Skizzieren Sie die wichtigsten Formen des Bildes, und beachten Sie, dass Sie nicht jedes Auto einzeln zeichnen müssen, sondern nur eine Autogruppenform.

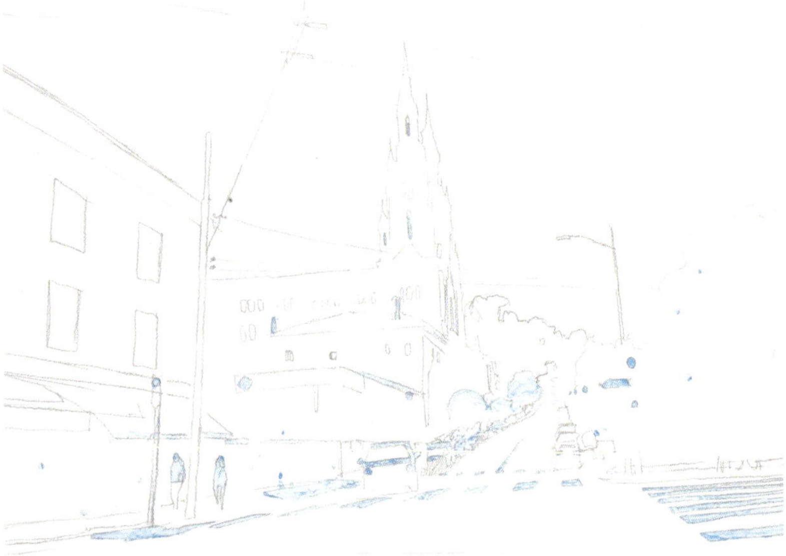

2 Maskieren Sie die Zebrastreifen und einige andere Details.

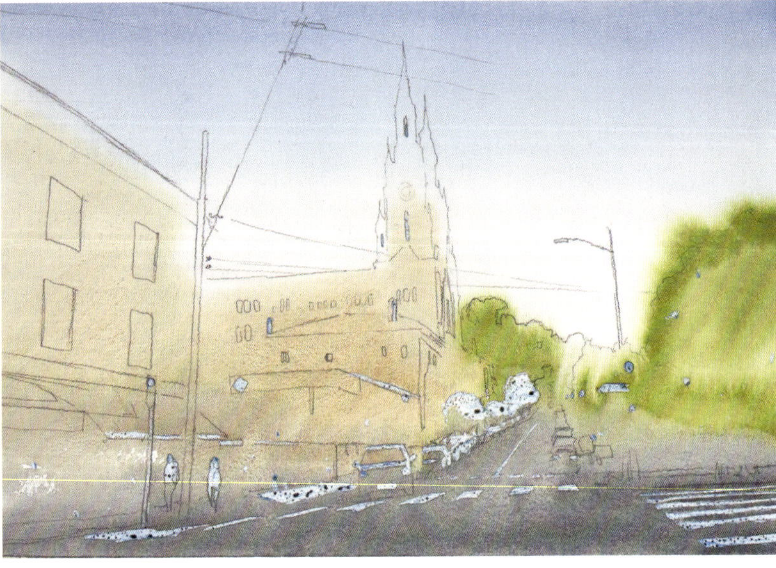

3 Untermalen Sie einen großflächigen Farbauftrag, indem Sie oben mit einer abgestuften Lavierung starten. Verwenden Sie für den Himmel Kobaltblau und Winsorblau (Rotton), ab der Mitte setzen Sie Gelbocker im linken Bereich des Bildes und Grüngold im rechten. Die Straße färben Sie mit Payne's Grau ein.

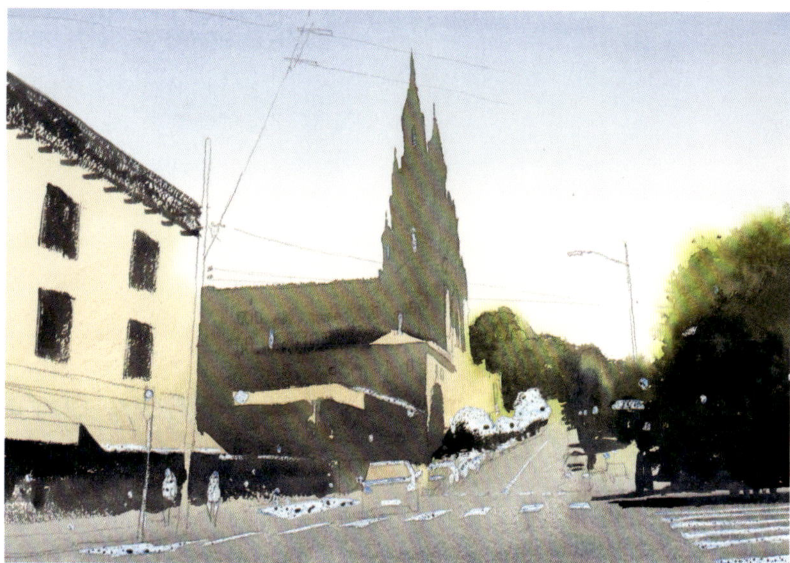

4 Malen Sie die Schattenfarbe der Kirche und verdunkeln Sie einige Bereiche im Bild. Verwenden Sie dafür Marsschwarz, Französisch Ultramarin und Gelbocker.

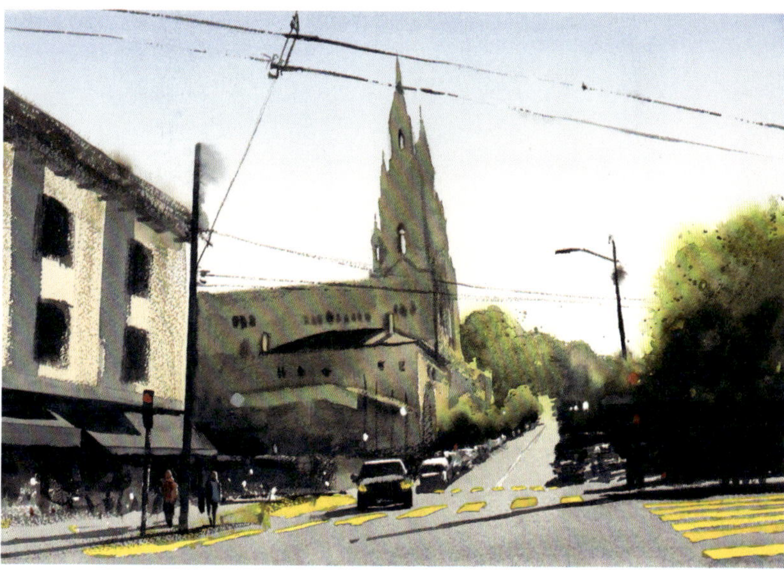

5 Entfernen Sie die Maskierflüssigkeit und malen Sie die Zebrastreifen mit Kadmiumgelb. Malen Sie die Menschen und Autos fertig und vertiefen Sie noch einmal einige Tonwerte. Mit Titanweiß hole ich zum Schluss einige kleine Details wie die Lampen zurück.

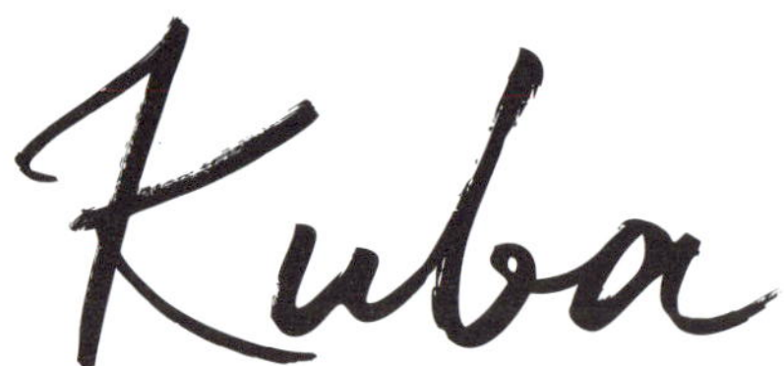

Kuba zieht mit seinem karibischen Flair die Besucher*innen in seinen Bann. Die alten Autos gehören zu Kuba wie die Zigarren und die bunten Fassaden der Häuser. Durch die dunklen kurzen Schatten lässt sich die Mittagszeit gut darstellen.

Farben

- Gelbocker
- Magnesiumbraun
- Siena gebrannt
- Kadmiumrot
- Permanent Alizarinkarmesin
- Kobaltblau
- Kobalthelltürkis
- Permanent Saftgrün
- Grüngold
- Elfenbeinschwarz
- Marsschwarz
- Titanweiß

Pinsel

- Escoda Aquario, Nr. 16
- Escoda Perla, Nr. 8, Nr. 12
- Da Vinci Maestro 35, Nr. 8

Papier

Arches Aquarellpapier, Grain Torchon, 300 g/m²

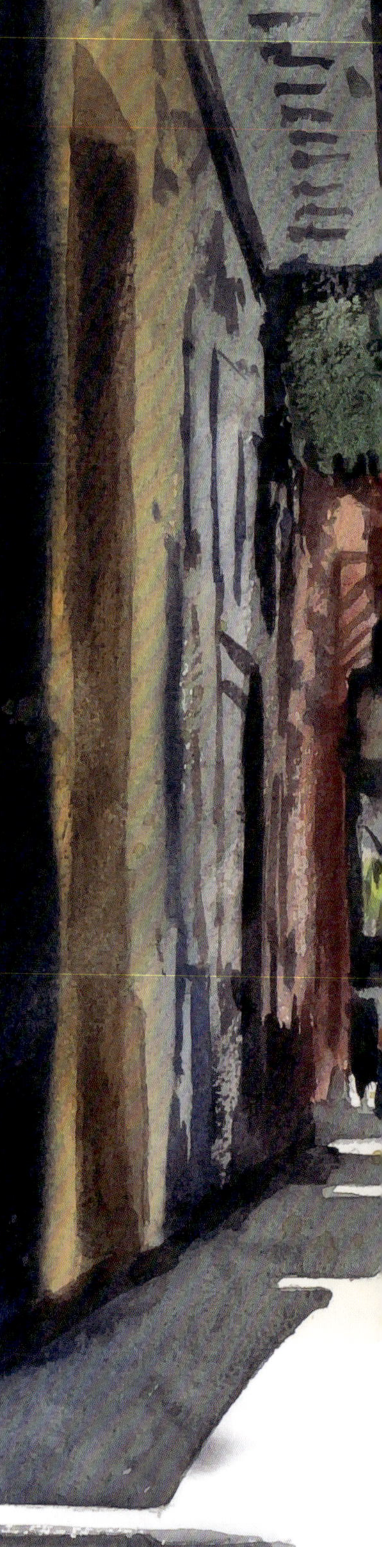

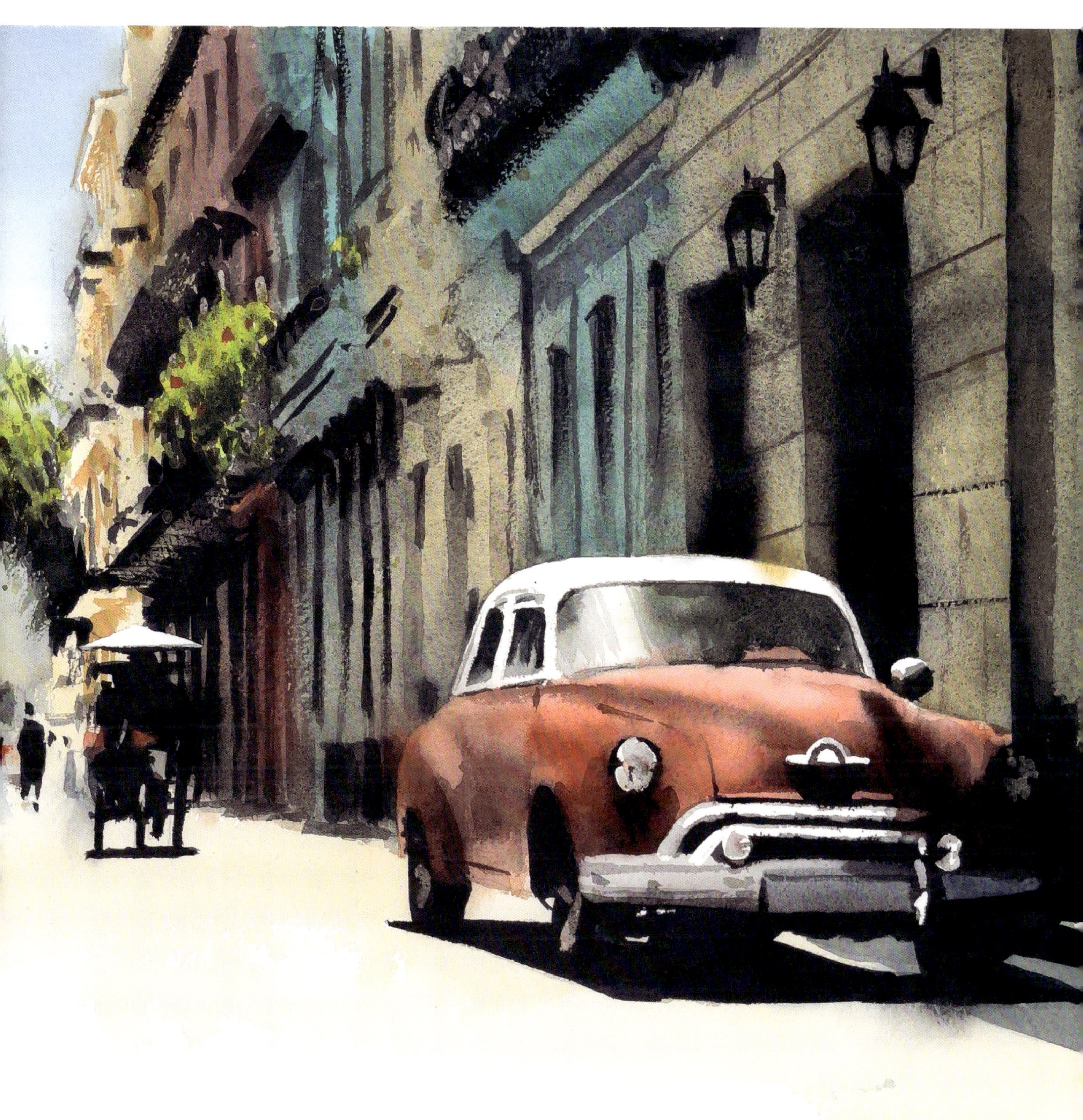

Los geht's

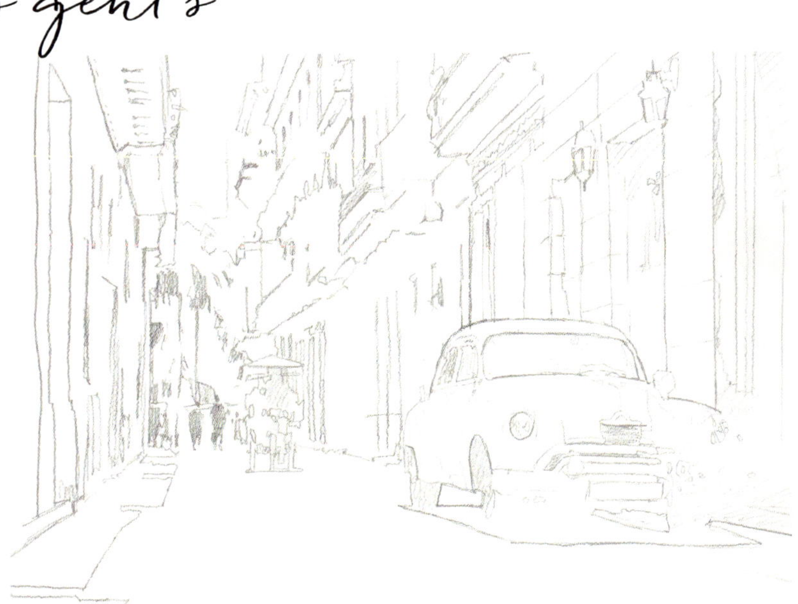

1 Beginnen Sie mit einer detaillierten Zeichnung und schraffieren Sie einige Dunkelheiten, um die Formen besser erkennen zu können. Verbinden Sie Schattenbereiche wie beim Auto unten rechts ohne sichtbare Kante.

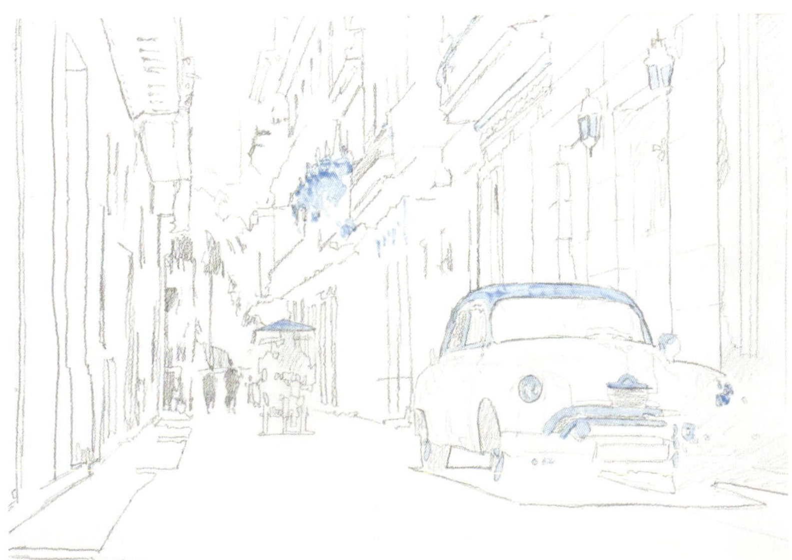

2 Maskieren Sie helle Flächen wie das Autodach, den Schirm und die Blumen.

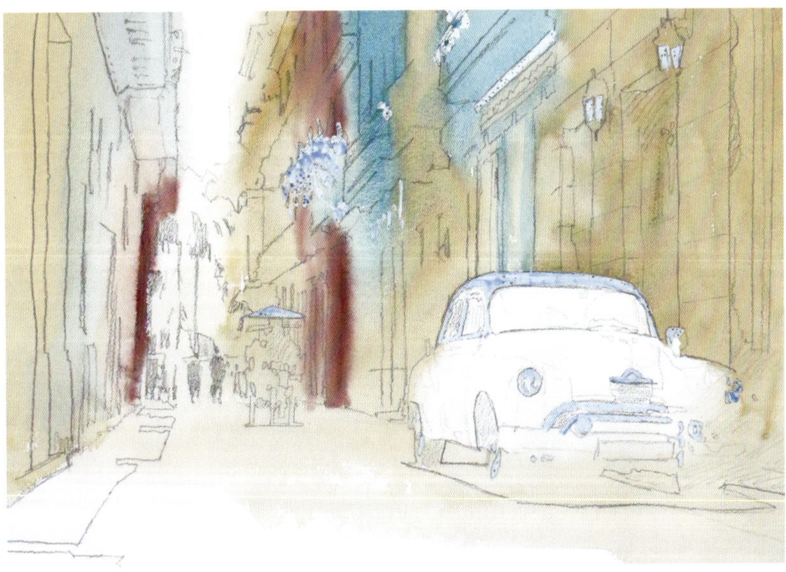

3 Feuchten Sie das Papier mit der feinen Sprühflasche etwas an und beginnen Sie mit einem großflächigen Farbauftrag nass-in-nass von Gelbocker mit einigen hineingesetzten Farben wie Permanent Alizarinkarmesin und Kobalthelltürkis.

Starten Sie beispielsweise auf der linken Seite mit Gelbocker, arbeiten Sie sich nach rechts hinüber und verwenden Sie die anderen Farben.

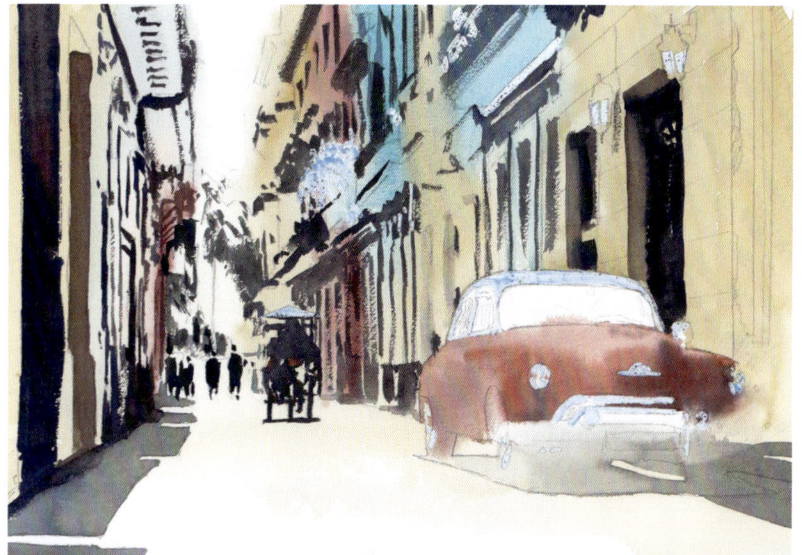

4 Setzen Sie nun bereits die dunklen Häuserdetails ein, denn zu diesem Zeitpunkt ist die Zeichnung noch erkennbar. Verwenden Sie dafür dunkle Farben wie eine Mischung aus Permanent Alizarinkarmesin, Winsorblau (Rotton), Französisch Ultramarin und die Schwarztöne. Malen Sie auch das Auto mit Kadmiumrot und für die Schattenbereiche gemischt mit etwas Permanent Alizarinkarmesin, Siena gebrannt und Schwarz.

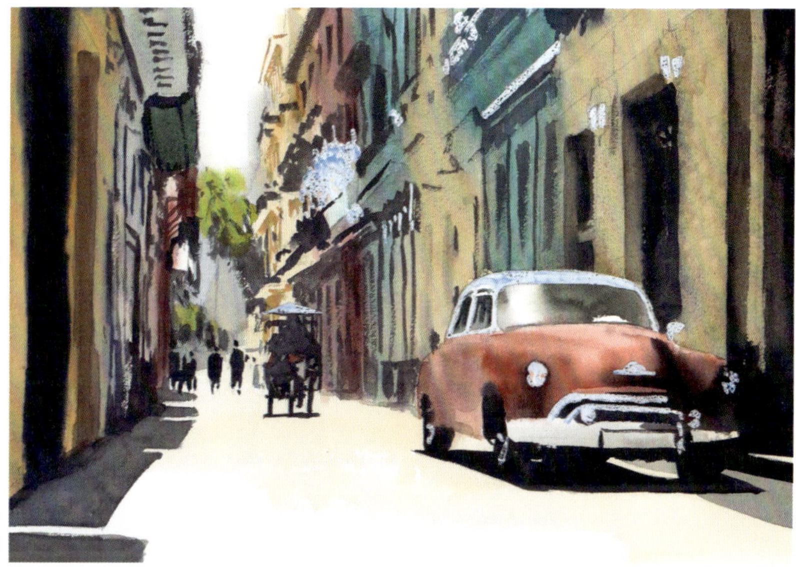

5 Wenn die dunklen Stellen getrocknet sind, überziehen Sie die Häuser mit verschiedenen Farben wie Gelbocker, Permanent Alizarinkarmesin und Kobalthelltürkis. Verwenden Sie eine mittlere nasse Mischung, sodass sich die dunklen Farben leicht anlösen. Reiben Sie nicht zu viel über die vorherigen Farbaufträge! Im Hintergrund können Sie nun die Palme malen.

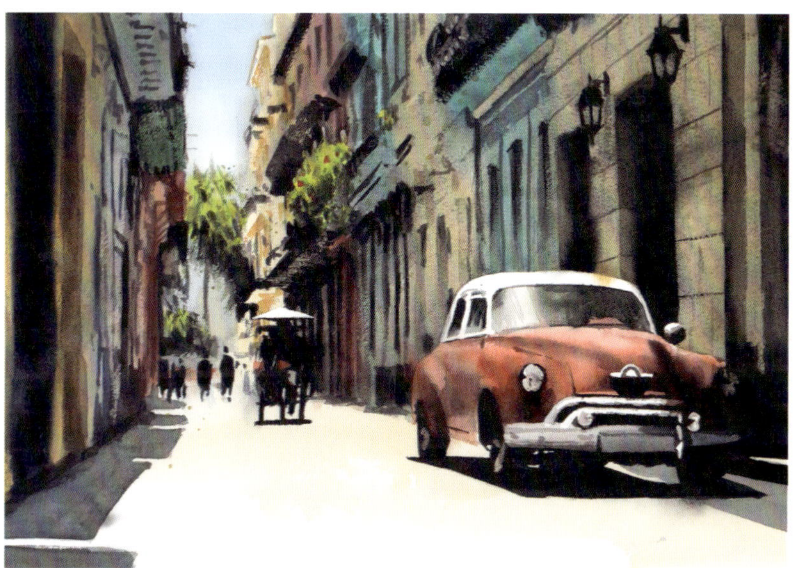

6 Entfernen Sie das Maskiermittel und ergänzen Sie die Details im Mittel- und Hintergrund. Malen Sie die Blumen auf dem Balkon und das Auto fertig. Korrigieren Sie hier und da noch Tonwerte, manche Stellen müssen etwas nachgedunkelt werden.

Stachus

Der Stachus, wie der Karlsplatz in München auch genannt wird, war einer der verkehrsreichsten Orte in Europa. Der Name stammt vom Gastwirt Eustachius Föderl, der dort seit 1755 ein Gasthaus namens Stachusgarten betrieb. Hier beginnt heute die große Einkaufsstraße und Fußgängerzone. Das gleißende Licht am Morgen brachte diese tolle Szene hervor. Die Silhouetten der Menschen, die auf die Trambahn warten, bilden einen starken Kontrast dazu.

Farben

- **Gelbocker**
- **Magnesiumbraun**
- **Siena gebrannt**
- **Französisch Ultramarin**
- **Kobaltblau**
- **Winsorblau (Rotton)**
- **Kobalthelltürkis**
- **Grüngold**
- **Seegrün (Daniel Smith)**
- **Elfenbeinschwarz**
- **Payne's Grau**
- **Marsschwarz**
- **Titanweiß**

Pinsel

- **Escoda Aquario, Nr. 16**
- **Escoda Perla, Nr. 12**
- **Da Vinci Maestro 35, Nr. 8**

Papier

Arches Aquarellpapier, Grain Torchon, 300 g/m²

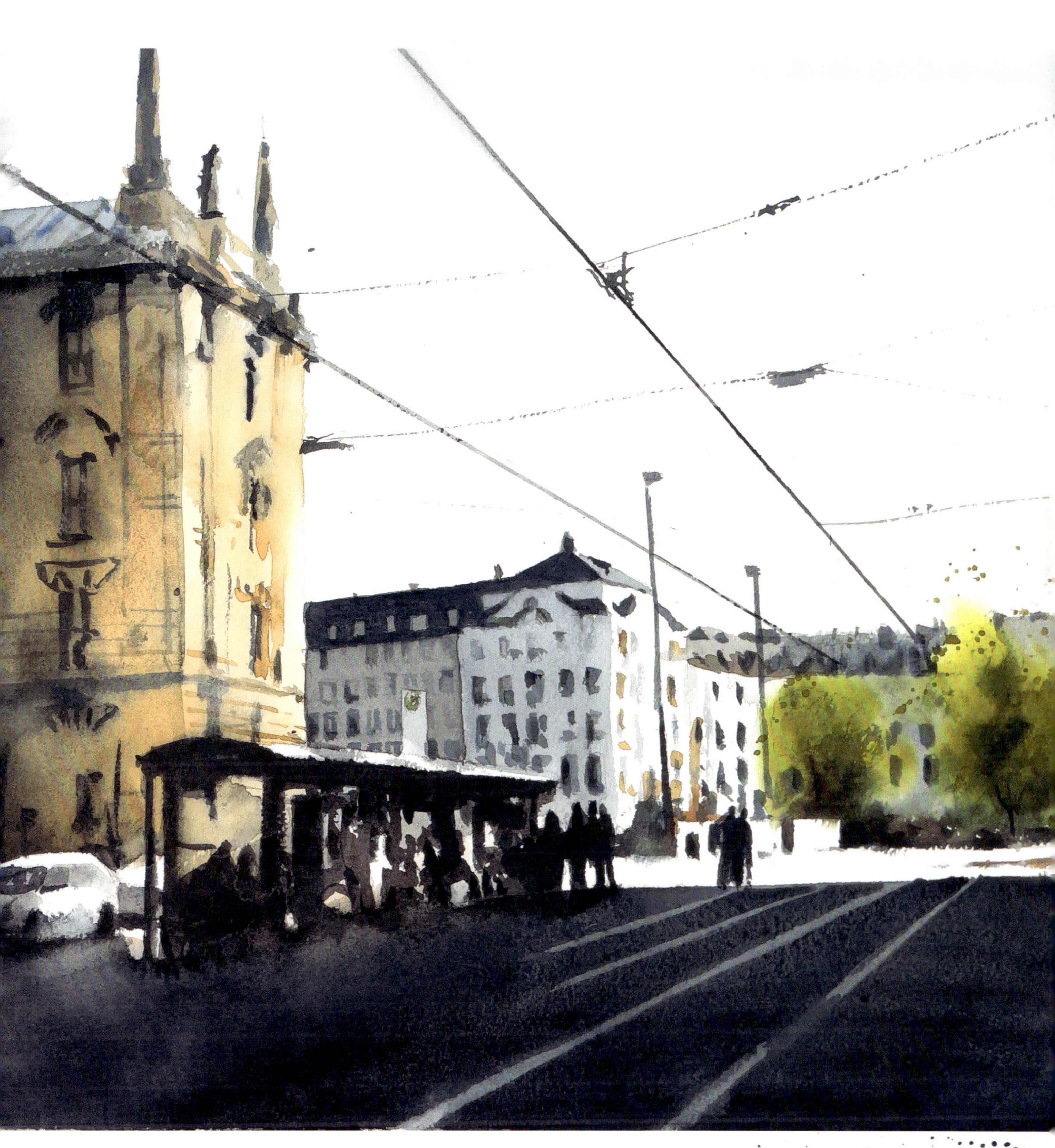

Los geht's

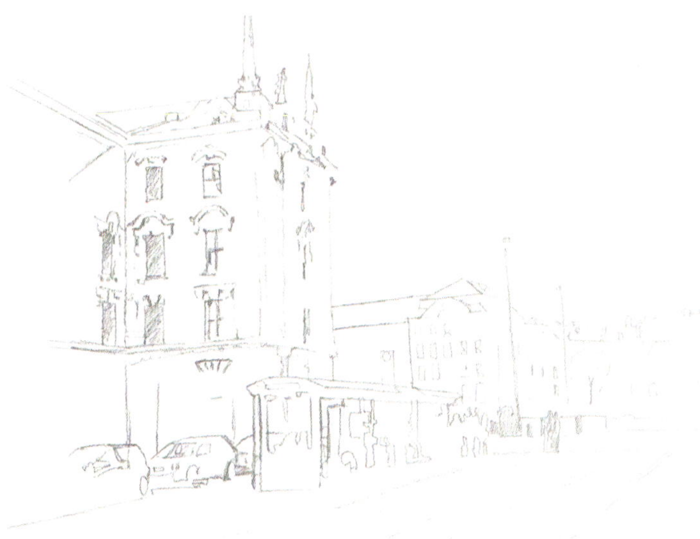

1 Achten Sie im Bereich der Trambahn-Haltestelle vor allem darauf, dass Sie abstrakte Formen zeichnen und keine Objekte. Schauen Sie sich die Silhouetten der Personen genau an. Ansonsten sind die Häuser einigermaßen ausgearbeitet, nicht alle Fenster habe ich vorskizziert.

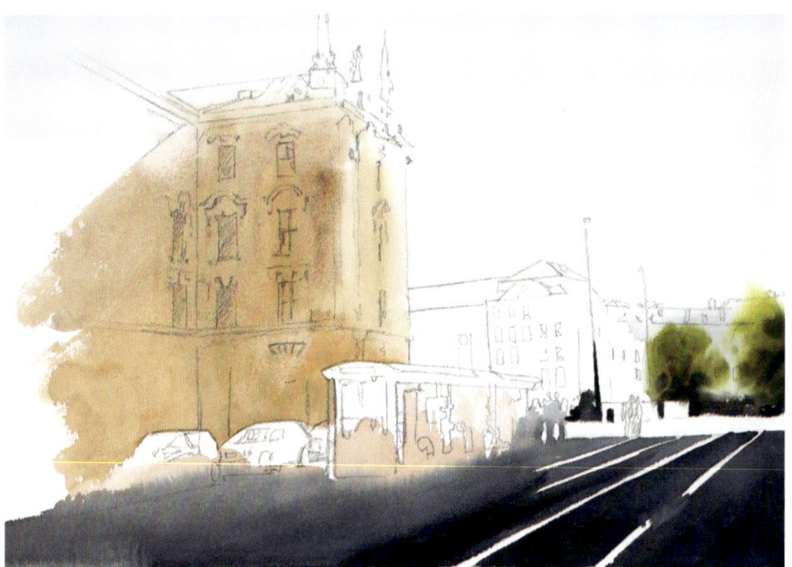

2 Legen Sie eine abgestufte Lavierung über den Himmel aus sehr lichtem Kobaltblau mit einer Spur Winsorblau (Rotton). Ziehen Sie sie bis zu den Häusern und gehen Sie direkt nass-in-nass weiter zum linken Haus. Verwenden Sie hier Gelbocker und Magnesiumbraun und wechseln Sie die Farbe weiter unten in Payne's Grau mit Winsorblau (Rotton). Sparen Sie die Gleise aus und malen Sie zuletzt die Bäume auf der rechten Seite trocken-in-nass mit Grüngold und anderen Grüntönen. Dieser Punkt kann in einem Durchgang gemalt werden, ohne Zwischentrocknen.

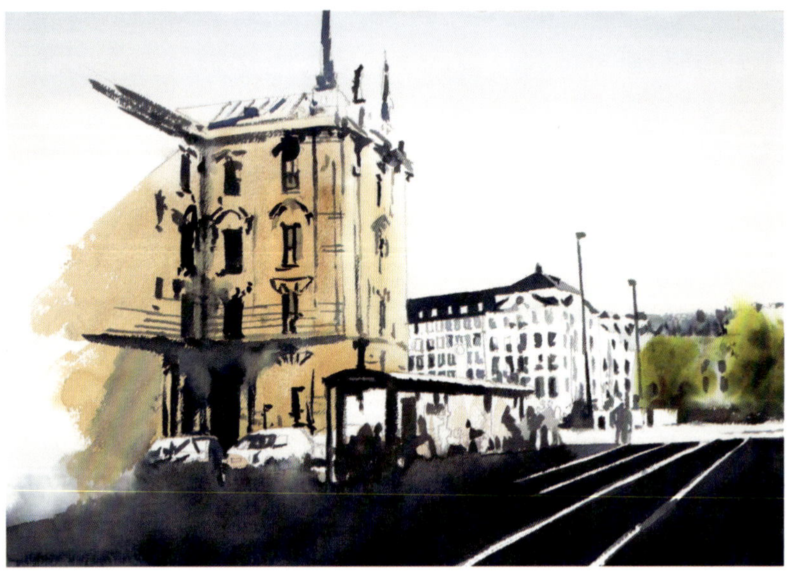

3 Nachdem der Farbauftrag getrocknet ist, beginnen Sie mit den dunklen Details an den Häusern wie Fenster und Dächer. Malen Sie auch die Haltestelle und die Silhouetten der Menschen und schließen Sie sie weich an den unteren Schatten-Farbauftrag an, indem Sie den Bereich anfeuchten oder die Kante mit Wasser auflösen.

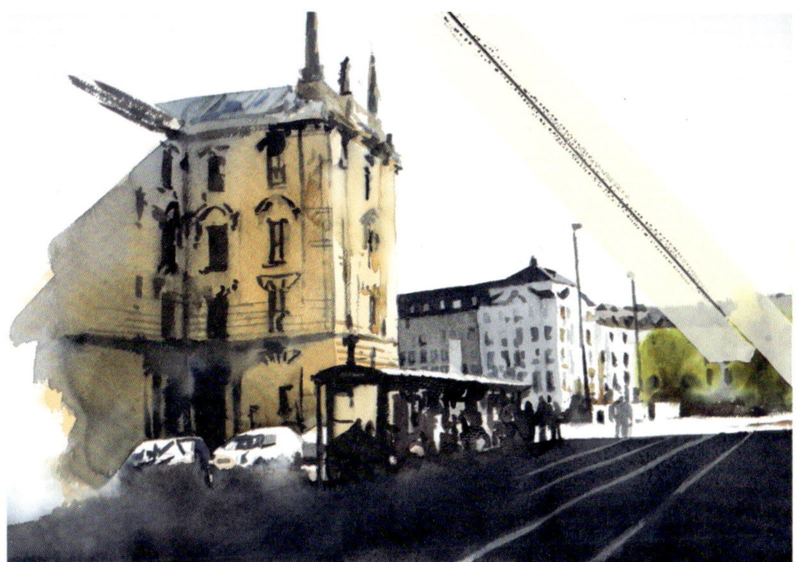

4 Malen Sie eine weitere Lasur über den Justizpalast links und auch über die Schattenseiten der Häuser im Hintergrund. Legen Sie einen mittleren graublauen Farbauftrag über die Trambahngleise, um sie weniger auffällig zu machen. Um die Oberleitungen zu malen, klebe ich zwei Kreppklebebänder mit einem leichten Spalt nebeneinander und kann so einen sehr definierten Strich malen. Passen Sie auf, dass Ihr Papier dies auch aushält! Bei meinem Arches-Papier ist das Bekleben mit Kreppklebeband kein Problem.

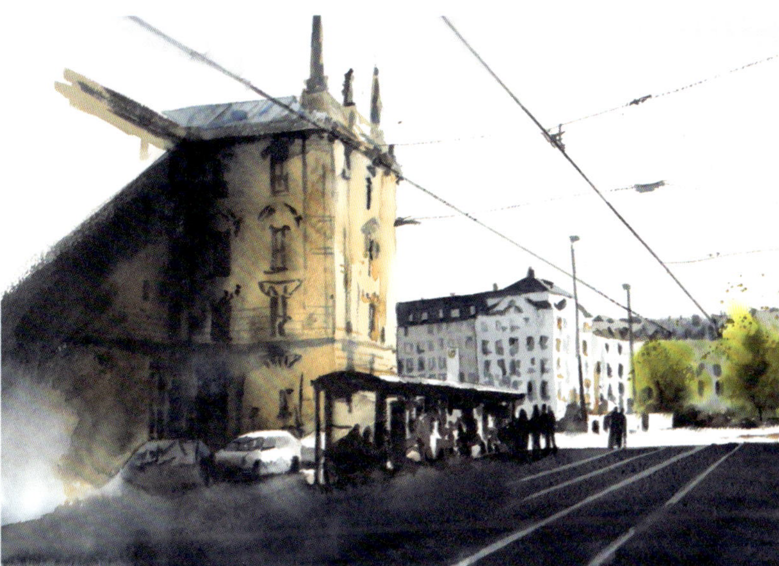

5 Malen Sie die Oberleitungen fertig, ergänzen Sie überall Details und korrigieren Sie Tonwerte.

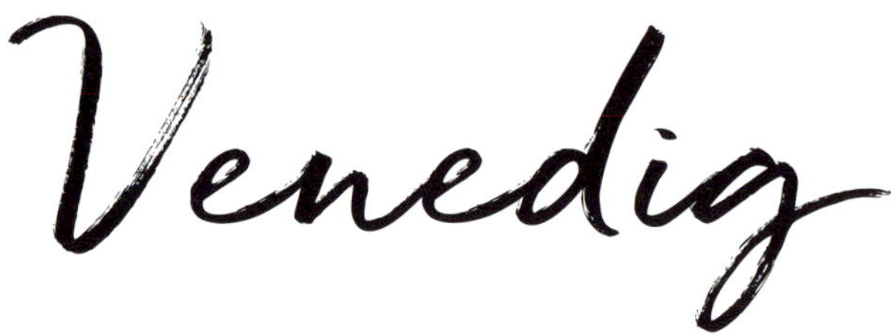

Venedig ist immer eine Reise wert. Die engen Gassen und die malerischen Kanäle sind faszinierend. Fernab des Massentourismus findet man auch noch ruhigere Stellen zum Malen. Die seelenruhige Spiegelung hatte mich sofort in ihren Bann gezogen.

Farben

- Gelbocker
- Magnesiumbraun
- Siena gebrannt
- Kadmiumrot
- Lasurorange (Schmincke)
- Permanent Alizarinkarmesin
- Französisch Ultramarin
- Kobaltblau
- Permanent Saftgrün
- Seegrün (Daniel Smith)
- Elfenbeinschwarz
- Marsschwarz
- Titanweiß

Pinsel

- Escoda Aquario, Nr. 16
- Escoda Perla, Nr. 8, Nr. 12
- Da Vinci Maestro 35, Nr. 8
- Da Vinci Maestro 1203K, Nr. 1

Papier

Arches Aquarellpapier, Grain Torchon, 300 g/m²

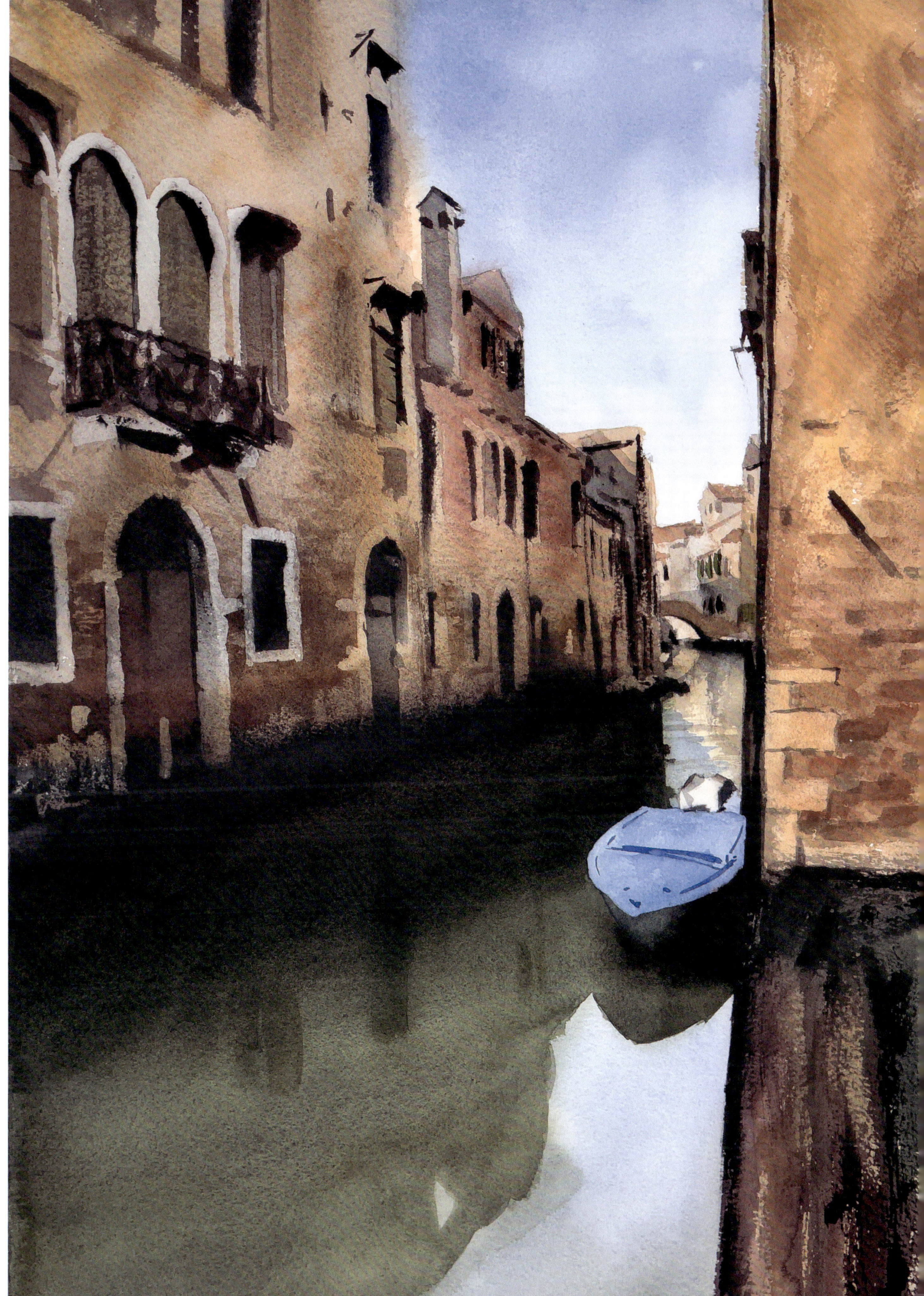

Los geht's

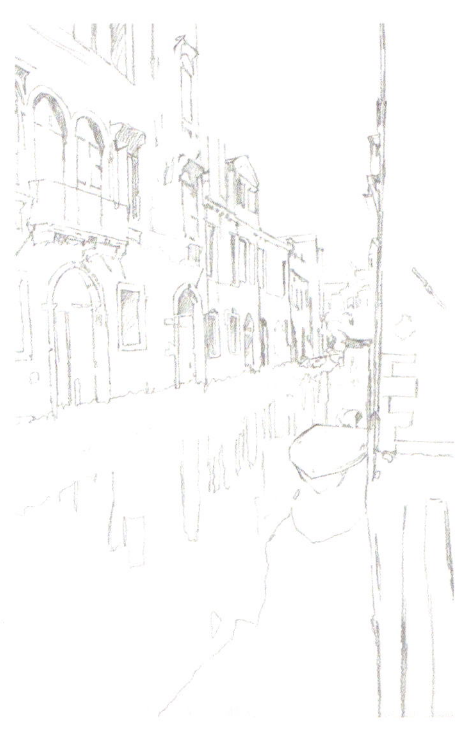

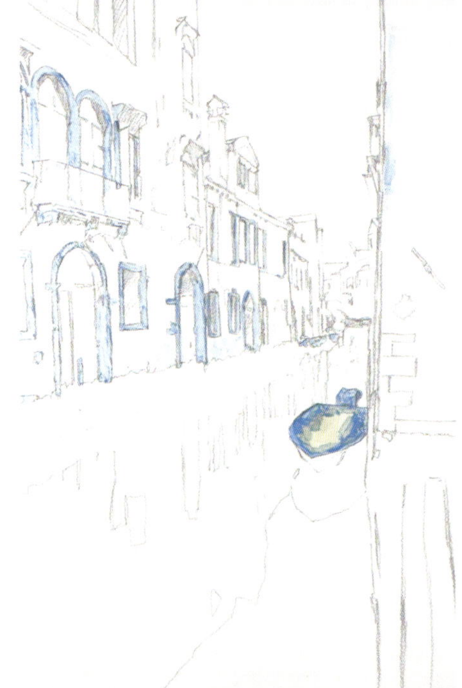

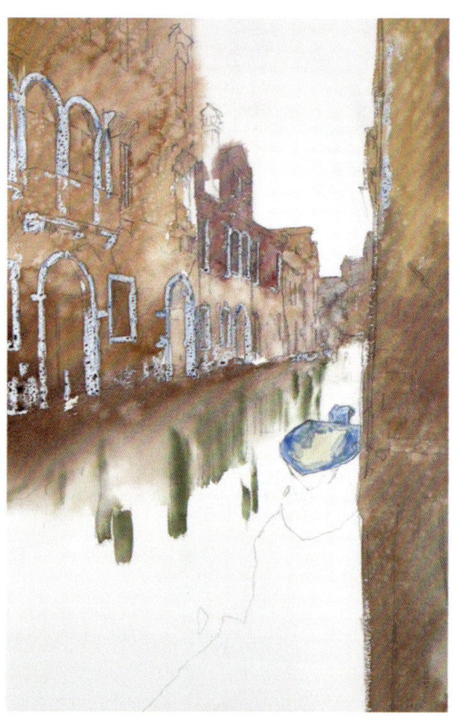

1 Achten Sie bei der Skizze auf die korrekten Winkel der Fenster und die abstrakten Formen des Bootes. Schraffieren Sie einige Dunkelheiten. Der Schatten des vorderen Bootes geht weich in das Boot über, daher skizziere ich die Kante nur ganz leicht.

2 Maskieren Sie einige Details an den Häusern und das Boot. In der Mitte des Bootes können Sie Tape verwenden, weil großflächige Maskiermittelaufträge meist zu stark am Papier haften und nicht optimal entfernbar sind.

3 Malen Sie einen größeren Farbauftrag über die Häuser. Benutzen Sie nass-in-nass Lasurorange, Kadmiumrot und Siena gebrannt und in den Spiegelungen Permanent Saftgrün. Wenn der Farbauftrag nebelfeucht ist, spritzen Sie mit der groben Sprühflasche Tropfen hinein und erzeugen damit harte Ausblühungen.

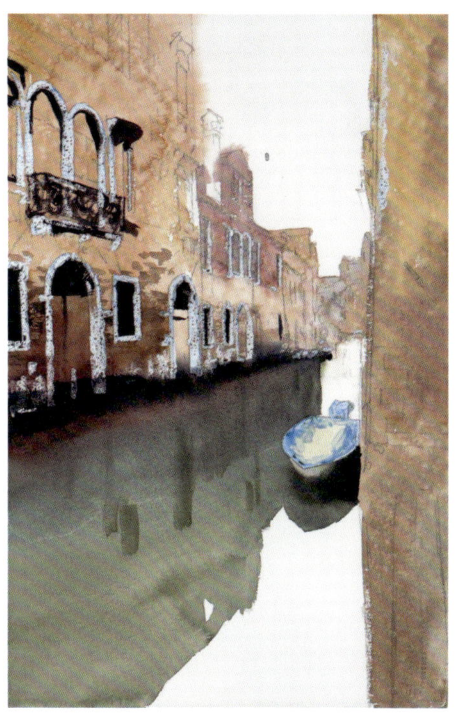

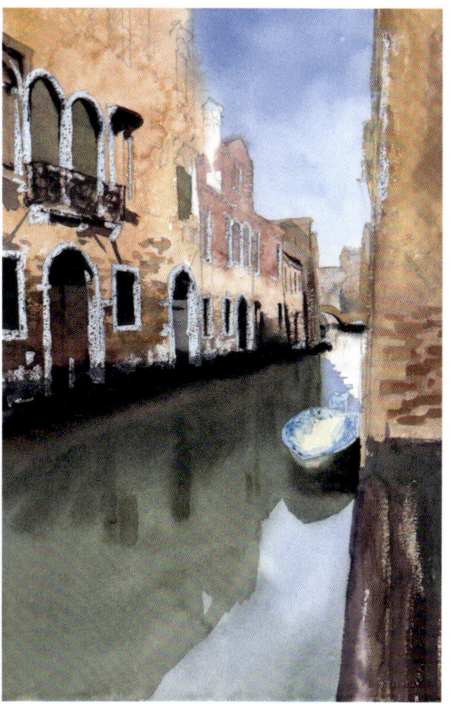

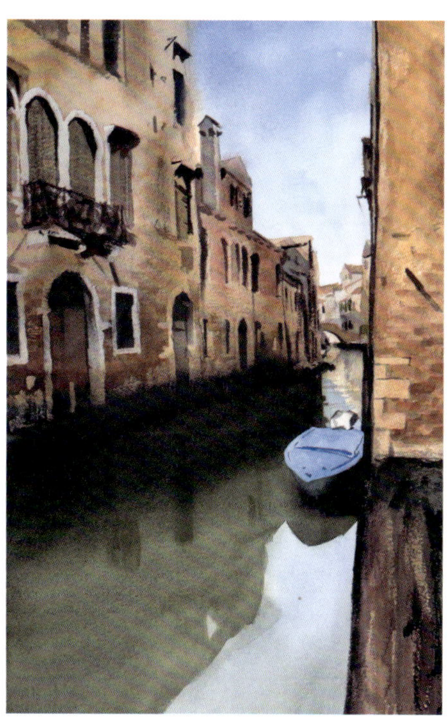

4 Malen Sie einige Dunkelheiten an den Häusern mit Permanent Alizarinkarmesin, Marsschwarz und Seegrün. Gehen Sie dann nass-in-nass in die Spiegelung über und verwenden Sie etwas Grüngold im Mix. Der Schatten unter dem Boot wird trocken-in-nass mit einer kräftigen Mischung eingesetzt.

5 Nach dem Trocknen vertiefen Sie die Dunkelheiten in der Spiegelung. Feuchten Sie die Fläche dafür mit klarem Wasser an und malen Sie sie trocken-in-nass mit Permanent Alizarinkarmesin und Elfenbeinschwarz. Unten rechts können Sie den gleichen Mix verwenden. Arbeiten Sie mit Trockenpinselstrichen und verwenden Sie eine kräftige Mischung der Farben.

6 Nachdem das Papier wiederum getrocknet ist, entfernen Sie die maskierten Stellen. Malen Sie einen großen grauen Farbauftrag über die Häuser. Ergänzen Sie die Trockenpinseltechnik an den Wänden, um ihnen noch mehr Textur zu geben. Malen Sie das Boot mit Kobaltblau und die letzten Details fertig.

Amsterdam

Amsterdam ist eine der schönsten Städte Europas und ein Ort voller Vielfalt. Die wunderschöne Architektur und die Grachten sind charakteristische Merkmale von Amsterdam. Diese Wasserstraßen sieht man dort überall und sie umschlingen die Innenstadt geradezu. Dort kann man wunderbar schlendern und Geschäfte und Restaurants entdecken. Das Motiv spiegelt wider, was Amsterdam ausmacht.

Farben

- **Kadmiumgelb**
- **Gelbocker**
- **Siena gebrannt**
- **Kadmiumrot**
- **Permanent Alizarinkarmesin**
- **Kobaltblau**
- **Permanent Saftgrün**
- **Grüngold**
- **Seegrün (Daniel Smith)**
- **Elfenbeinschwarz**
- **Marsschwarz**
- **Titanweiß**

Pinsel

- **Escoda Aquario, Nr. 16**
- **Escoda Perla, Nr. 8, Nr. 12**
- **Da Vinci Maestro 35, Nr. 8**
- **Da Vinci Maestro 1203K, Nr. 1**

Papier

Arches Aquarellpapier, Grain Torchon, 300 g/m²

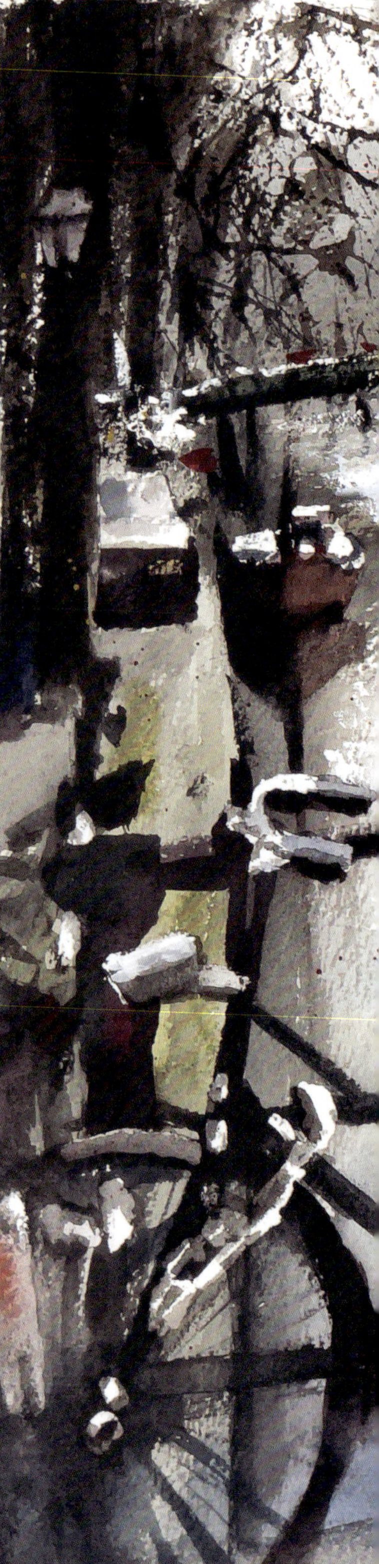

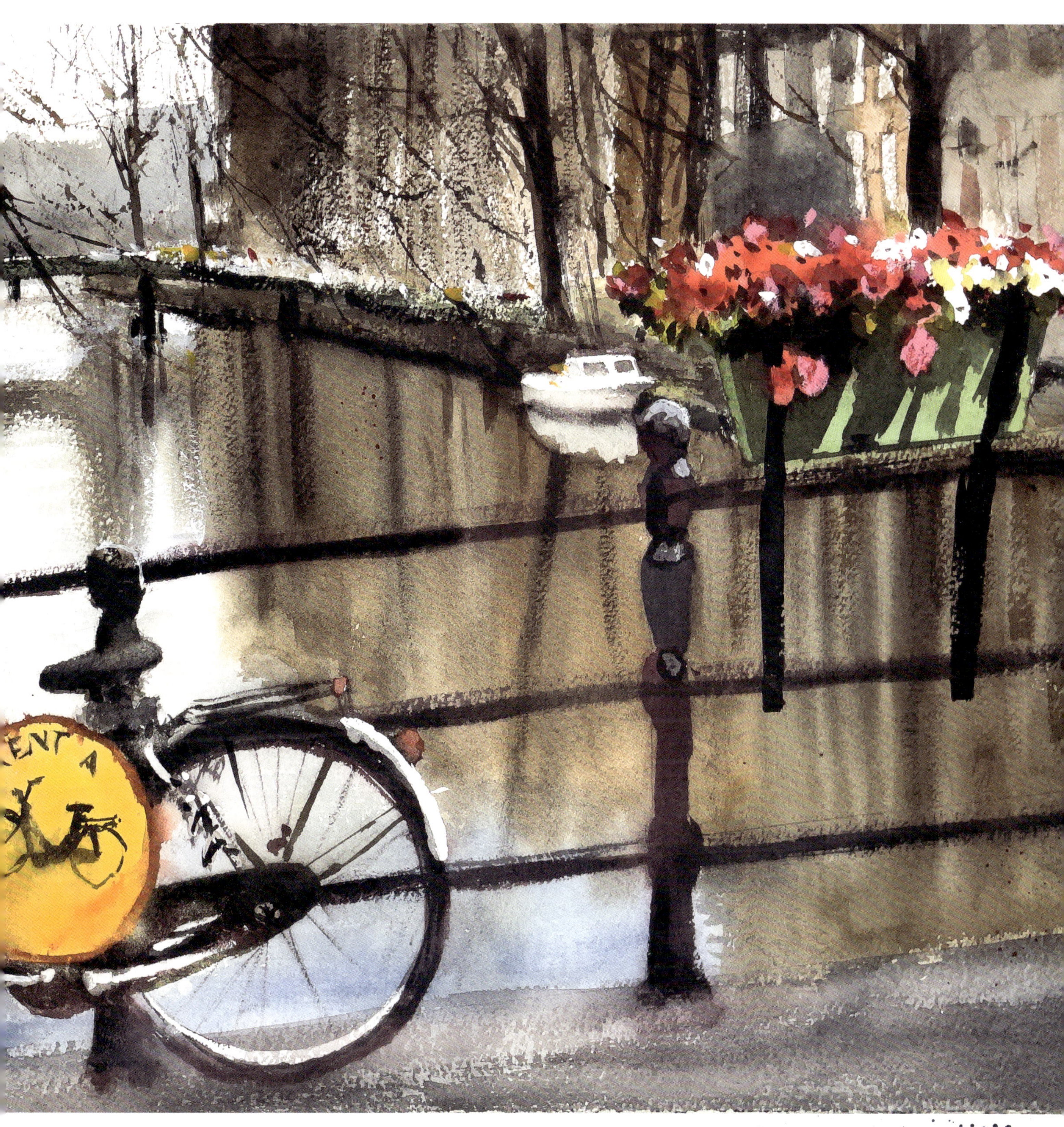

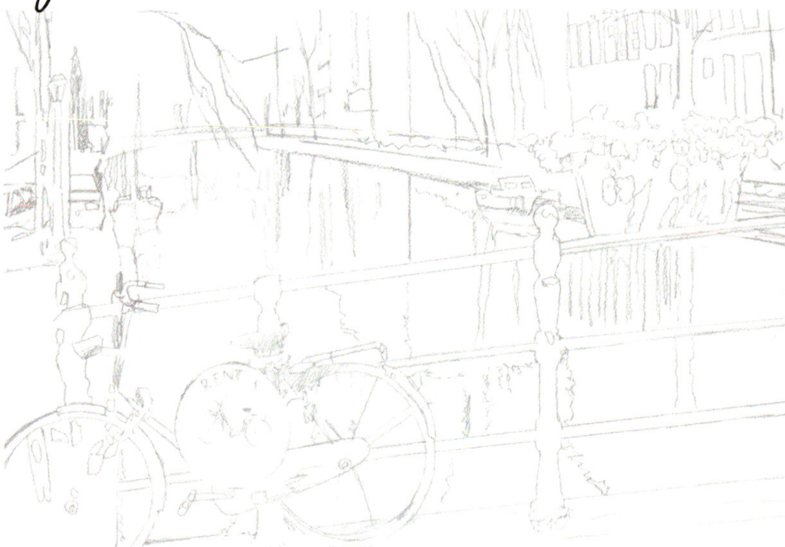

1 Zeichnen Sie das Fahrrad und die Blumen im Vordergrund detailliert. Der Hintergrund mit den Bäumen und dem Wasser darf weniger genau sein.

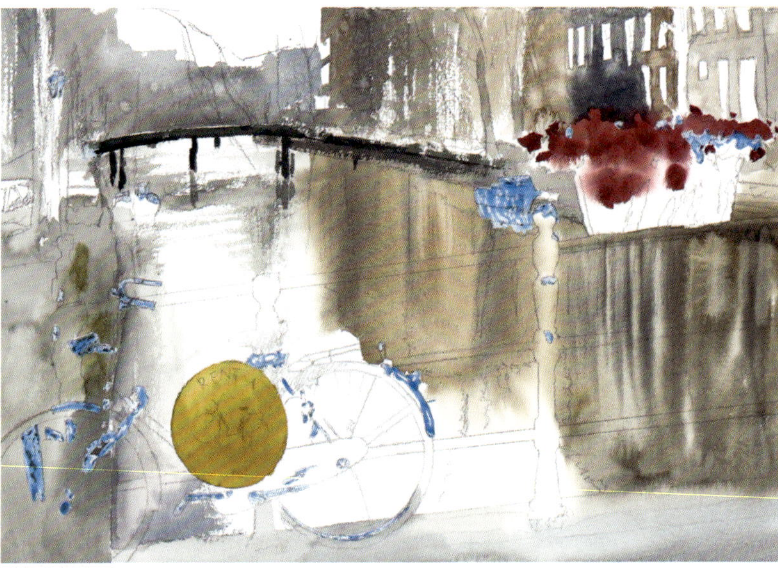

2 Maskieren Sie einige Details am Fahrrad, bei den Blumen und das Boot. Nach dem Trocknen des Maskiermittels malen Sie zunächst einen größeren Farbauftrag nass-in-nass. Verwenden Sie dafür Siena gebrannt, Marsschwarz oder ähnliche Farben. Die Blumen können Sie auch in diesem Schritt bereits trocken-in-nass malen. Feuchten Sie das Papier vorher an und benutzen Sie Permanent Alizarinkarmesin. Malen Sie das Schild im vorderen Bereich mit Kadmiumgelb.

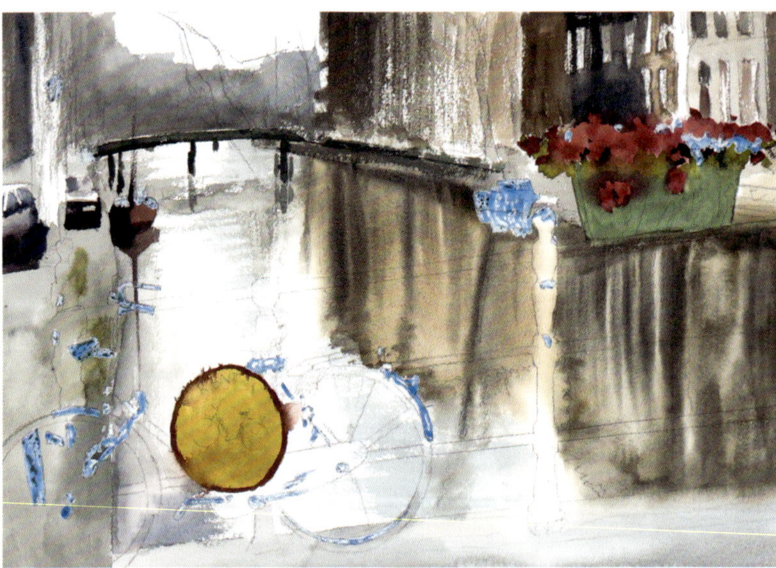

3 Feuchten Sie die Spiegelungen an und nutzen Sie Siena gebrannt und Marsschwarz, um die Tonwerte zu vertiefen. Für den Blumenkasten nehmen Sie Permanent Saftgrün. Malen Sie die Autos und das Boot auf der linken Seite.

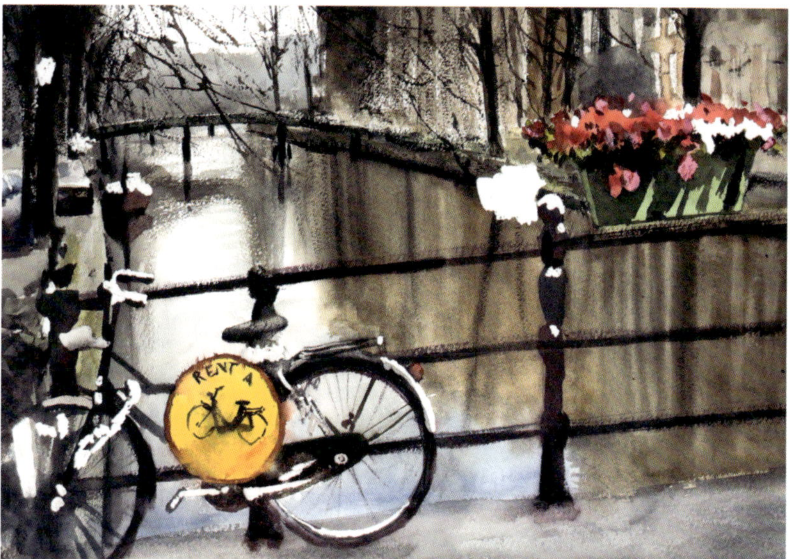

4 Malen Sie das Fahrrad, die Pfosten und die Schatten der Blumen mit Marsschwarz und Permanent Alizarinkarmesin. Für die Äste benutzen Sie den Da Vinci Maestro 1203K, Nr. 1. Malen Sie das Schild vorne fertig und lasieren Sie Kobaltblau über den unteren Teil des Wassers. Im mittleren Bereich benutzen Sie die Trockenpinseltechnik mit einer grauen Mischung, um das Wasser noch lebendiger zu machen. Verwenden Sie eine dunkle Mischung für den Bereich der Bäume oben. Lassen Sie das Bild trocknen und entfernen Sie dann vorsichtig das Maskiermittel.

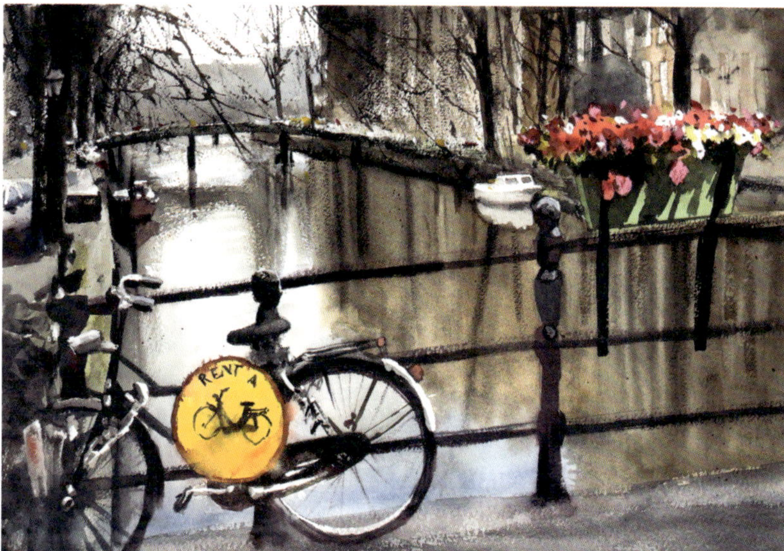

5 Ergänzen Sie Details im gesamten Bild. Malen Sie die Blumen fertig und bearbeiten Sie die weißen Stellen dort, wo das Maskiermittel war.

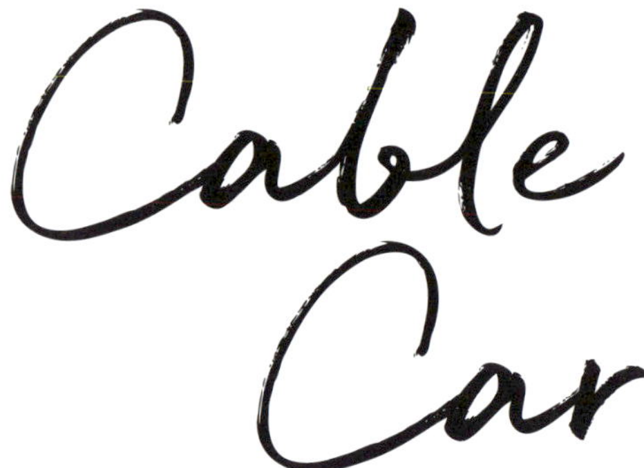

Cable Car

San Francisco ist eine aufregende Stadt mit vielen Sehenswürdigkeiten wie zum Beispiel den Cable Cars. Diese Kabelstraßenbahn hat Waggons, die durch Seile über die Hügel San Franciscos gezogen werden. Man hat an dieser Stelle einen direkten Blick auf die Gefängnisinsel Alcatraz. An diesem Motiv begeistert mich, dass es sehr viele Attraktionen enthält, die San Francisco ausmachen.

Farben

- Kadmiumgelb
- Gelbocker
- Magnesiumbraun
- Siena gebrannt
- Kadmiumrot
- Permanent Alizarinkarmesin
- Französisch Ultramarin
- Kobaltblau
- Winsorblau (Rotton)
- Permanent Saftgrün
- Grüngold
- Seegrün (Daniel Smith)
- Elfenbeinschwarz
- Marsschwarz
- Titanweiß

Pinsel

- Escoda Aquario, Nr. 16
- Escoda Perla, Nr. 8, Nr. 12
- Da Vinci Maestro 35, Nr. 8
- Da Vinci Maestro 1203K, Nr. 1

Papier

Arches Aquarellpapier, Grain Torchon, 300 g/m²

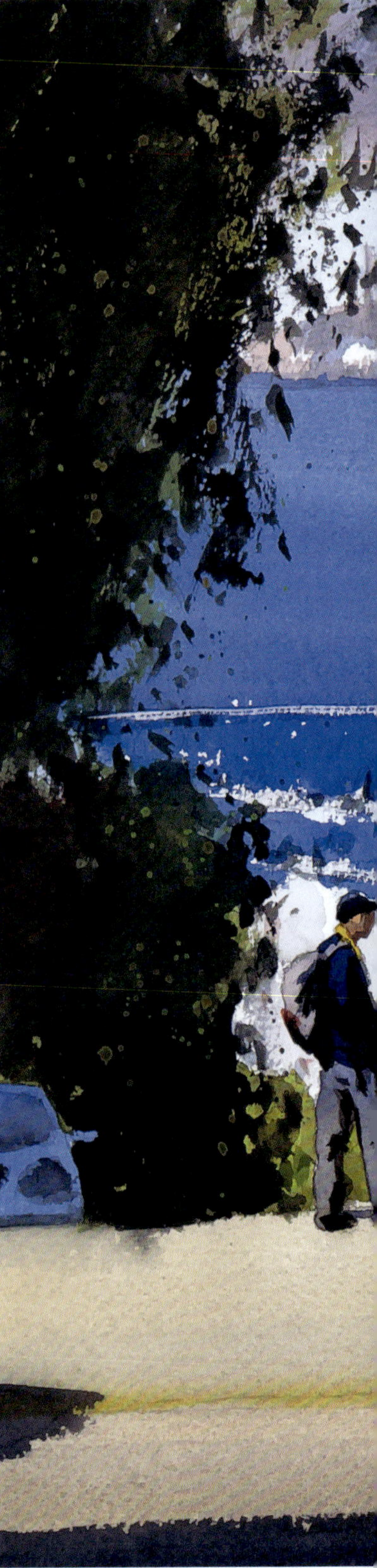

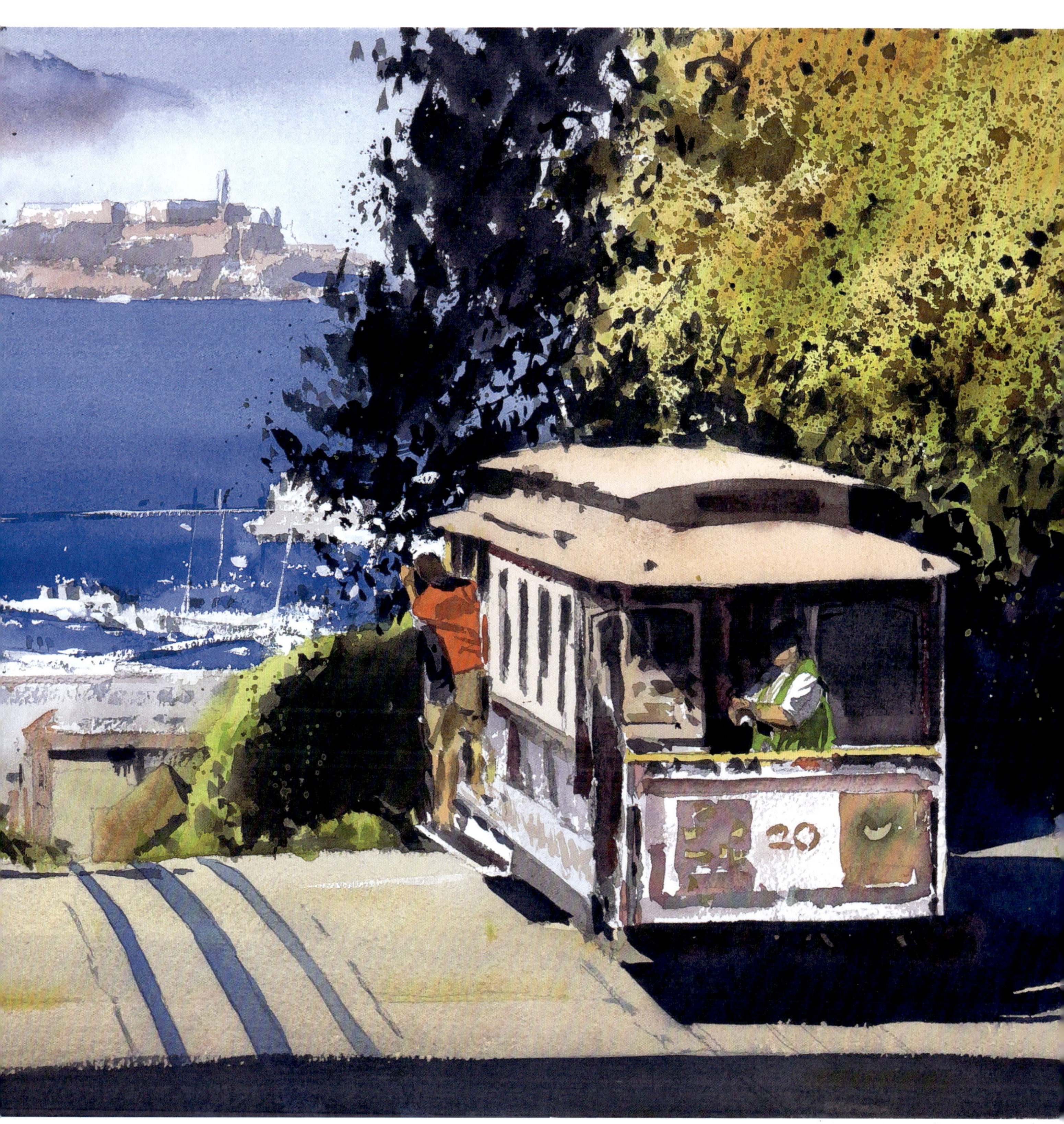

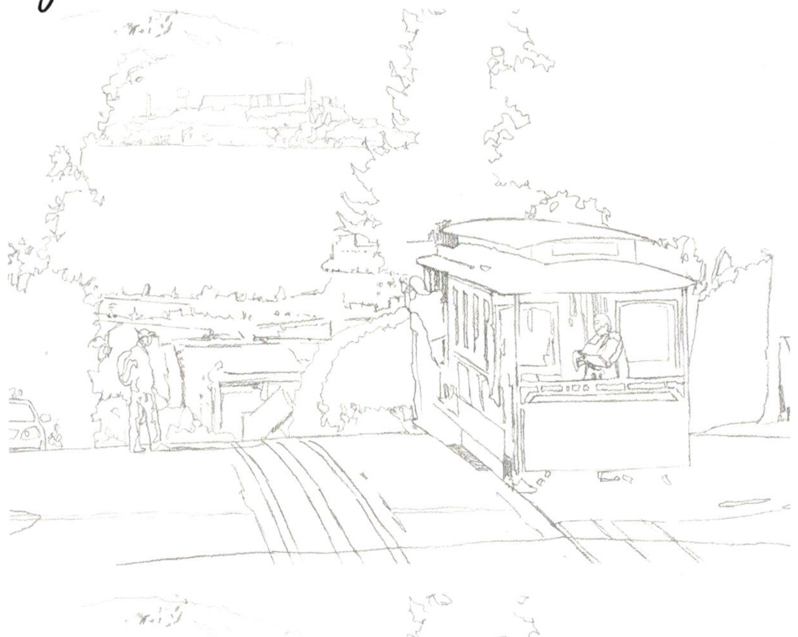

1 Die Zeichnung des Cable Car ist ziemlich detailliert und auch Alcatraz sollte zumindest als dieses erkennbar sein. Die Bäume und die Häuser im Mittelgrund sind eher abstrakte Formen.

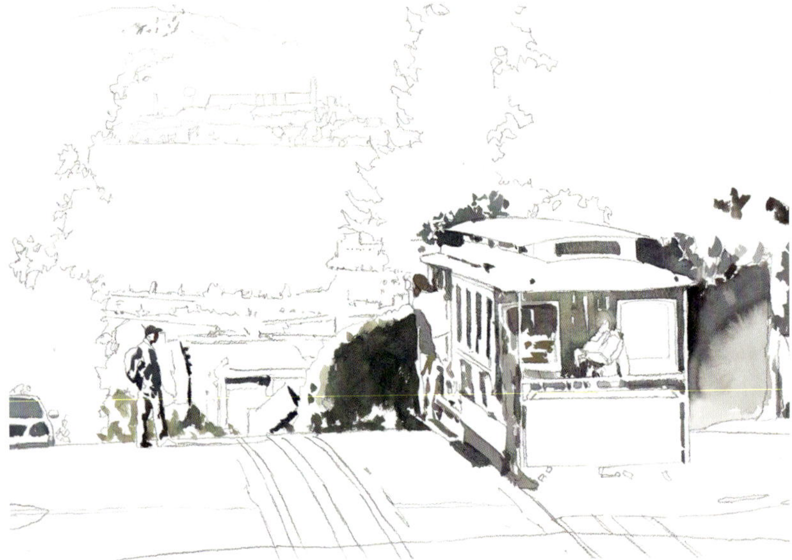

2 Um die Zeichnung nicht zu verlieren, beginne ich hier mit den dunklen Bereichen um das Cable Car herum. Ich verwende dafür Seegrün und ein beliebiges Schwarz.

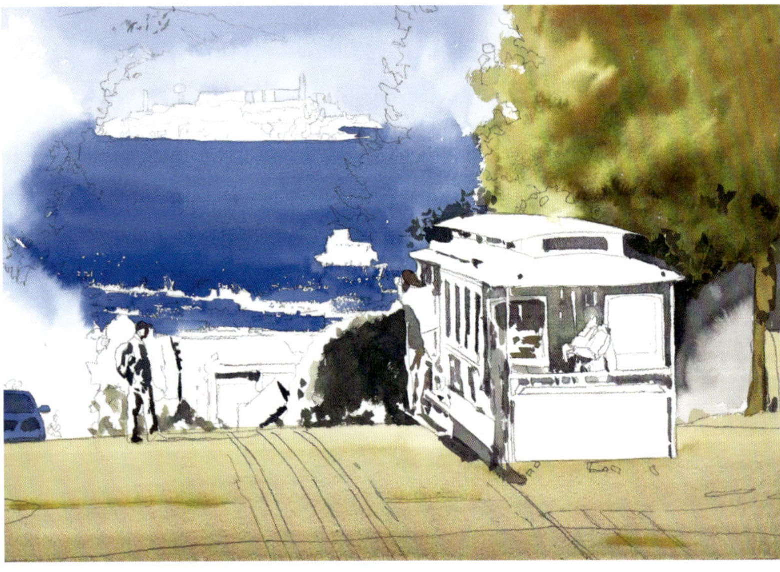

3 Malen Sie als Nächstes größere Farbaufträge mit dem Escoda Aquario. Der Himmel wurde mit Kobaltblau und Winsorblau (Rotton) gemalt. Lassen Sie das Blau nicht in den Baum hineinfließen und malen Sie das Grün erst nach dem Trocknen. Verwenden Sie dafür Grüngold, Siena gebrannt und Seegrün im unteren Bereich. Tragen Sie auf der Straße eine Lavierung Gelbocker auf und werden Sie nach unten hin etwas dunkler.

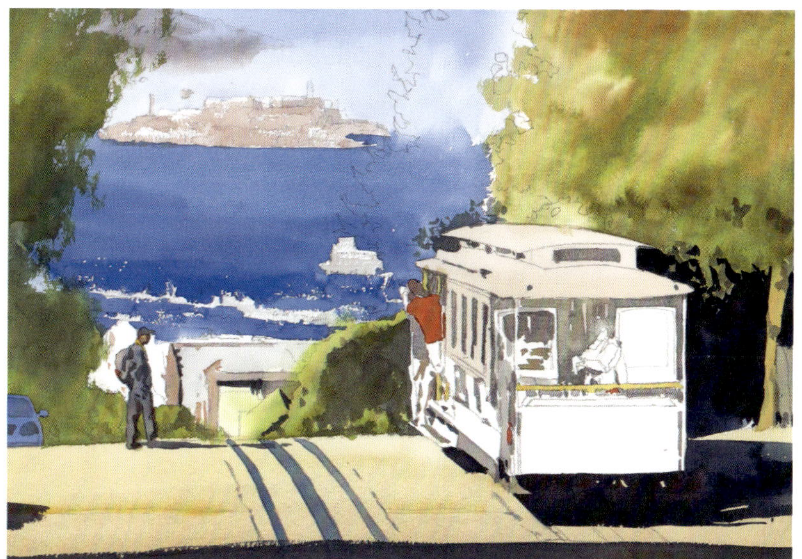

4 Machen Sie weiter mit den Bäumen links und fügen Sie zudem im rechten und unteren Bereich des Bildes Schatten hinzu. Danach untermalen Sie Alcatraz mit Siena gebrannt sowie das Dach des Cable Car mit einem sehr hellen Magnesiumbraun.

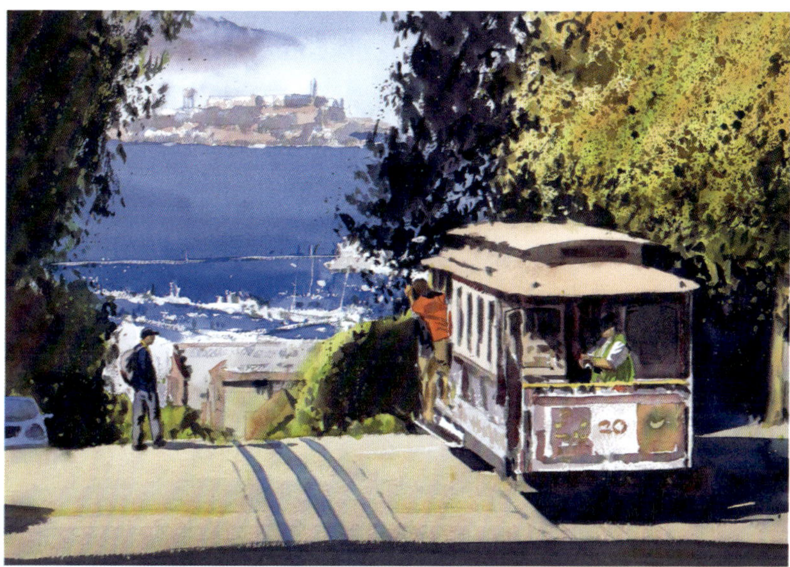

5 Ergänzen Sie die Feinheiten des Bildes. Es fehlen die Details am Cable Car, in der Mitte der dunkle Baum und im Hintergrund die Schatten auf Alcatraz, die ich mit einer Kobaltblau-Mischung gemalt habe. Der Baum rechts ist mit dem Escoda Perla Pinsel gespritzt worden. Bitte bedecken Sie davor zum Schutz den Rest des Bildes mit Tüchern. Im Bereich des Wassers ergänzen Sie mit Titanweiß aus der Tube einige verloren gegangene Details durch schnelle Trockenpinselstriche, aber bitte übertreiben Sie es nicht damit!

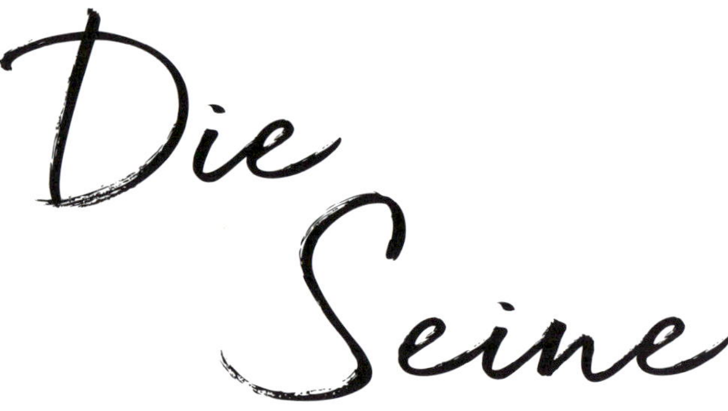

Die Seine

Seit Jahrhunderten ist die Seine das wichtigste Gewässer von Paris. Das Ufer und die Seine-Brücken laden zu einem gemütlichen Spaziergang ein. Immer wieder kann man in der Ferne den Eiffelturm erblicken. Man kommt vorbei an den Museen der großen alten Meister wie dem Musée d'Orsay, das am südlichen Ufer der Seine gegenüber der Tuilerien liegt. Dieses Flair ist einfach einmalig.

Farben

- **Kadmiumzitronengelb**
- **Gelbocker**
- **Magnesiumbraun**
- **Siena gebrannt**
- **Kadmiumrot**
- **Permanent Alizarinkarmesin**
- **Französisch Ultramarin**
- **Winsorblau (Rotton)**
- **Elfenbeinschwarz**
- **Payne's Grau**
- **Marsschwarz**
- **Titanweiß**

Pinsel

- **Escoda Aquario, Nr. 16**
- **Escoda Perla, Nr. 12**
- **Da Vinci Maestro 35, Nr. 8**
- **Da Vinci Maestro 1203K, Nr. 1**

Papier

Arches Aquarellpapier, Grain Torchon, 300 g/m²

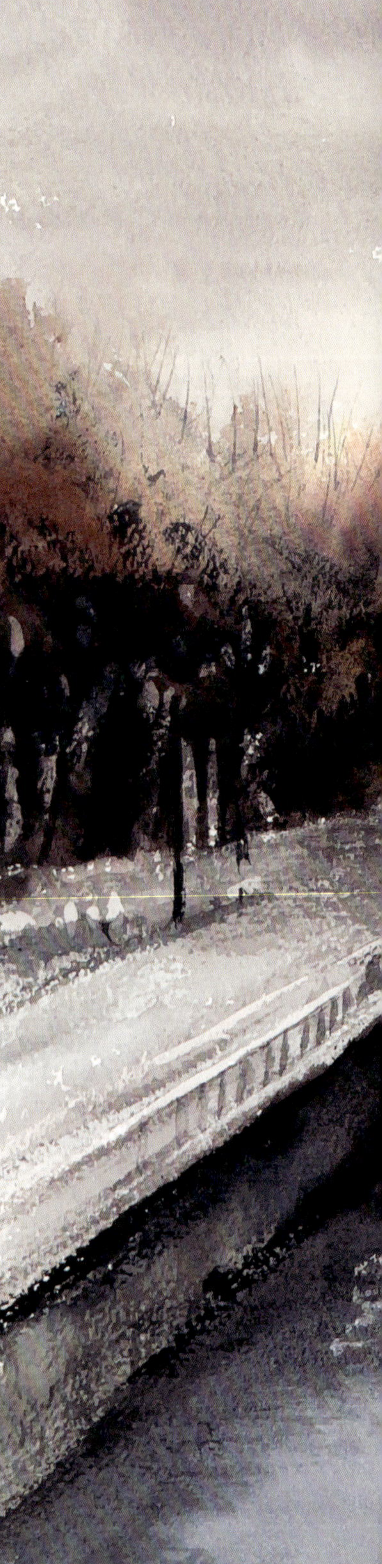

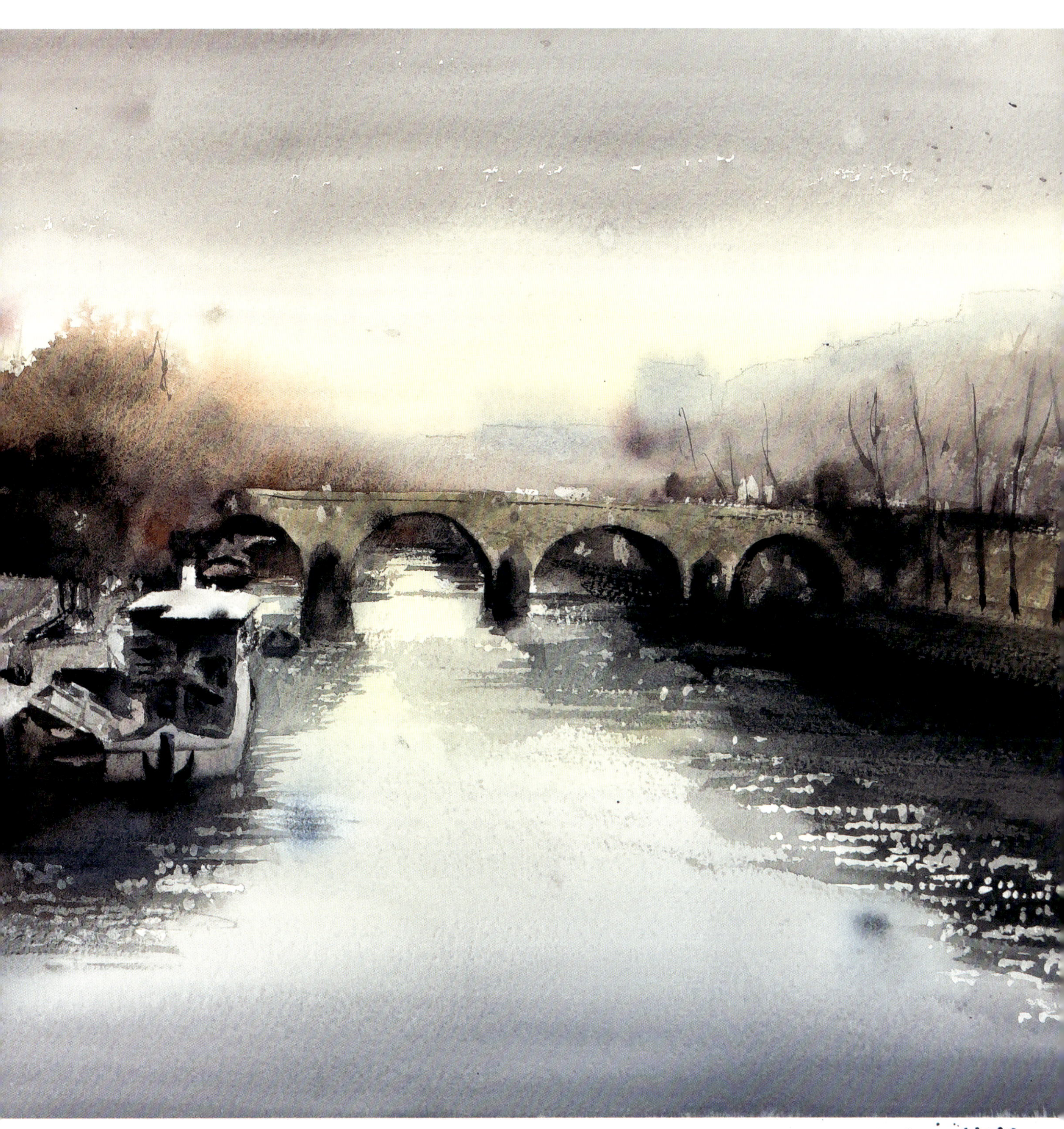

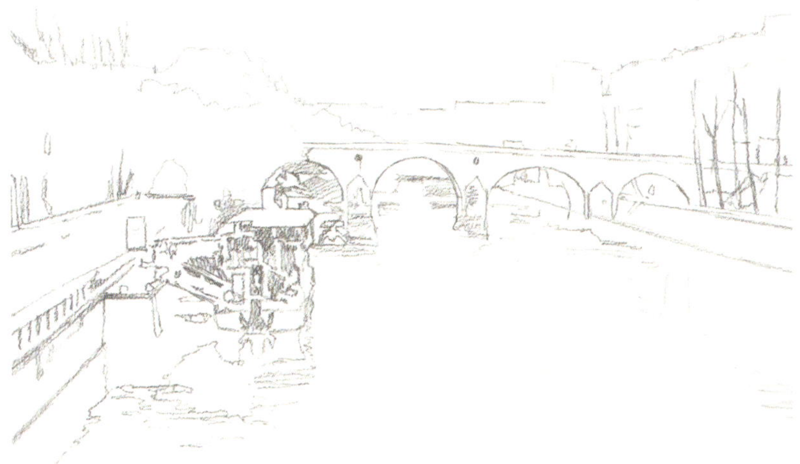

1 Zeichnen Sie den Teil mit dem Boot etwas detaillierter und schraffieren Sie dunkle Bereiche, um den Überblick über die Flächen nicht zu verlieren.

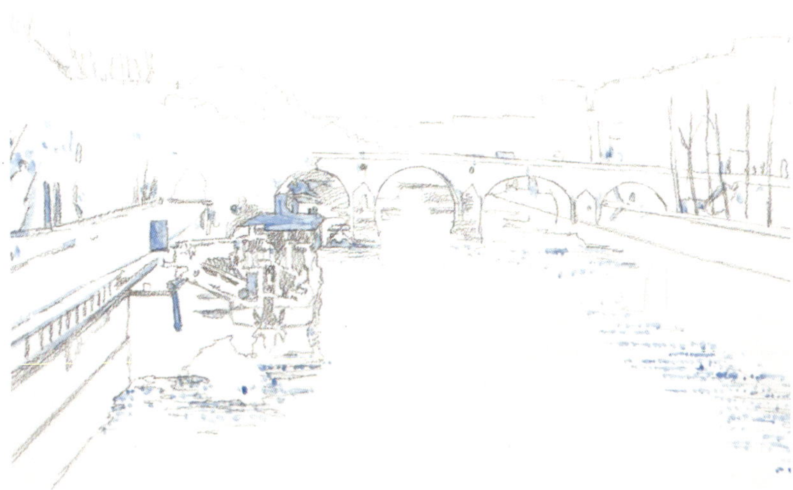

2 Maskieren Sie einige Stellen im Wasser und beim Boot. So wird die Wasseroberfläche nach dem Farbauftrag realistischer wirken.

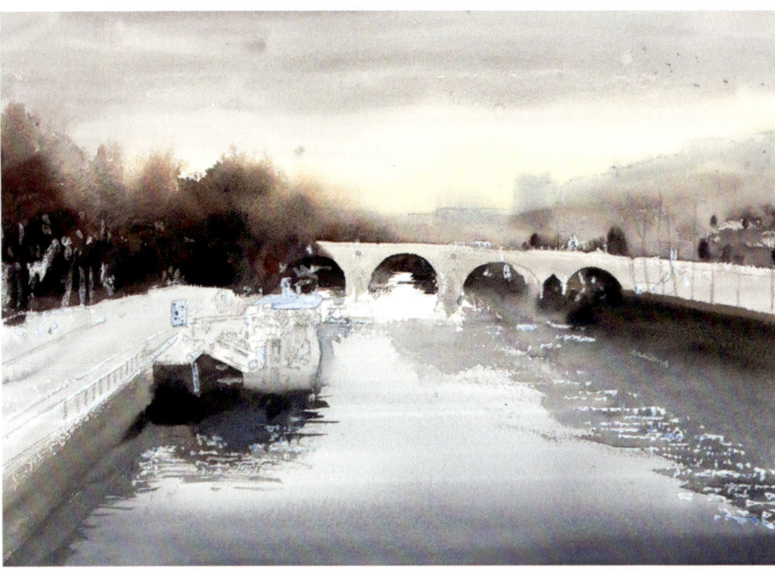

3 Malen Sie eine mehrfarbige Lavierung aus Permanent Alizarinkarmesin und Französisch Ultramarin und im mittleren Bereich Kadmiumzitronengelb. Gehen Sie dann in ein bläuliches Grau über und übermalen Sie damit auch das komplette Wasser. Lassen Sie diese komplette Untermalung trocknen, malen Sie die Bäume mit Siena gebrannt im oberen Teil und mischen Sie etwas Elfenbeinschwarz im unteren Bereich mit hinein. Danach machen Sie mit den Dunkelheiten unter der Brücke und beim Boot weiter, die Sie weich in die Spiegelungen im Wasser übergehen lassen.

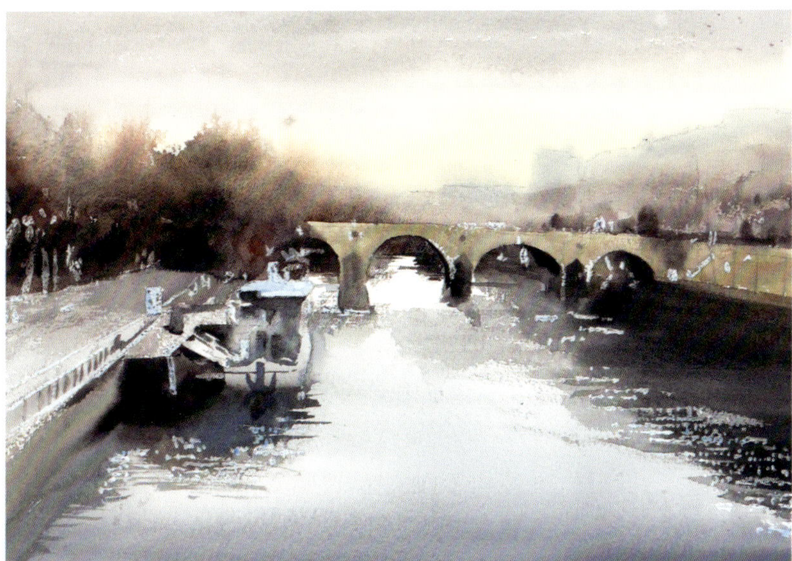

4 Malen Sie weitere Details beim Boot und auf der Straße links. Legen Sie eine Lasur über die Brücke, um ihren Tonwert zu verringern. Nehmen Sie dafür Gelbocker, Siena gebrannt und Marsschwarz.

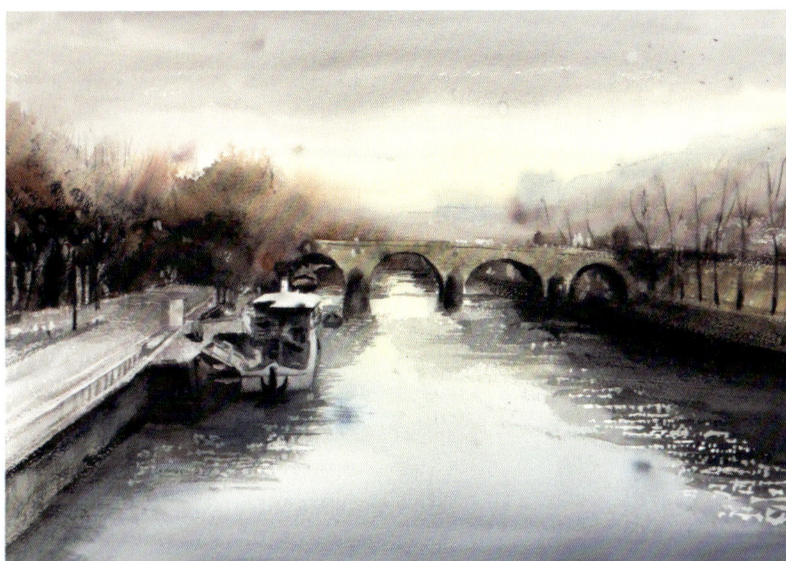

5 Entfernen Sie das Maskiermittel und entschärfen Sie die papierweißen Stellen mit passenden Farbaufträgen. Malen Sie mit dem Linierpinsel einige Bäume und Äste.

Nürnberg in der Dämmerung

Die Unterführung in Nürnberg umrahmt geradezu die Häuserschlucht mit den Kirchtürmen im Hintergrund. Die Komposition führt den Betrachter mitten hinein und hat mich auch aufgrund der speziellen Farbstimmung am Morgen sofort angesprochen.

Farben

- Kadmiumgelb
- Gelbocker
- Magnesiumbraun
- Siena gebrannt
- Lasurorange (Schmincke)
- Permanent Alizarinkarmesin
- Französisch Ultramarin
- Kobaltblau
- Winsorblau (Rotton)
- Kobalthelltürkis
- Permanent Saftgrün
- Elfenbeinschwarz
- Payne's Grau
- Marsschwarz
- Titanweiß

Pinsel

- Escoda Aquario, Nr. 16
- Escoda Perla, Nr. 8, Nr. 12
- Da Vinci Maestro 35, Nr. 8
- Da Vinci Maestro 1203K, Nr. 1

Papier

Arches Aquarellpapier, Grain Torchon, 300 g/m²

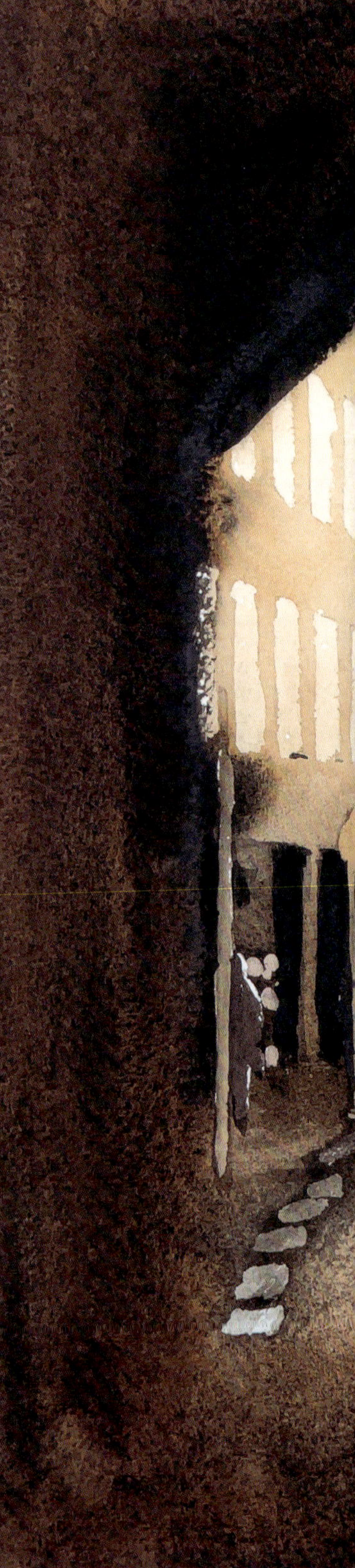

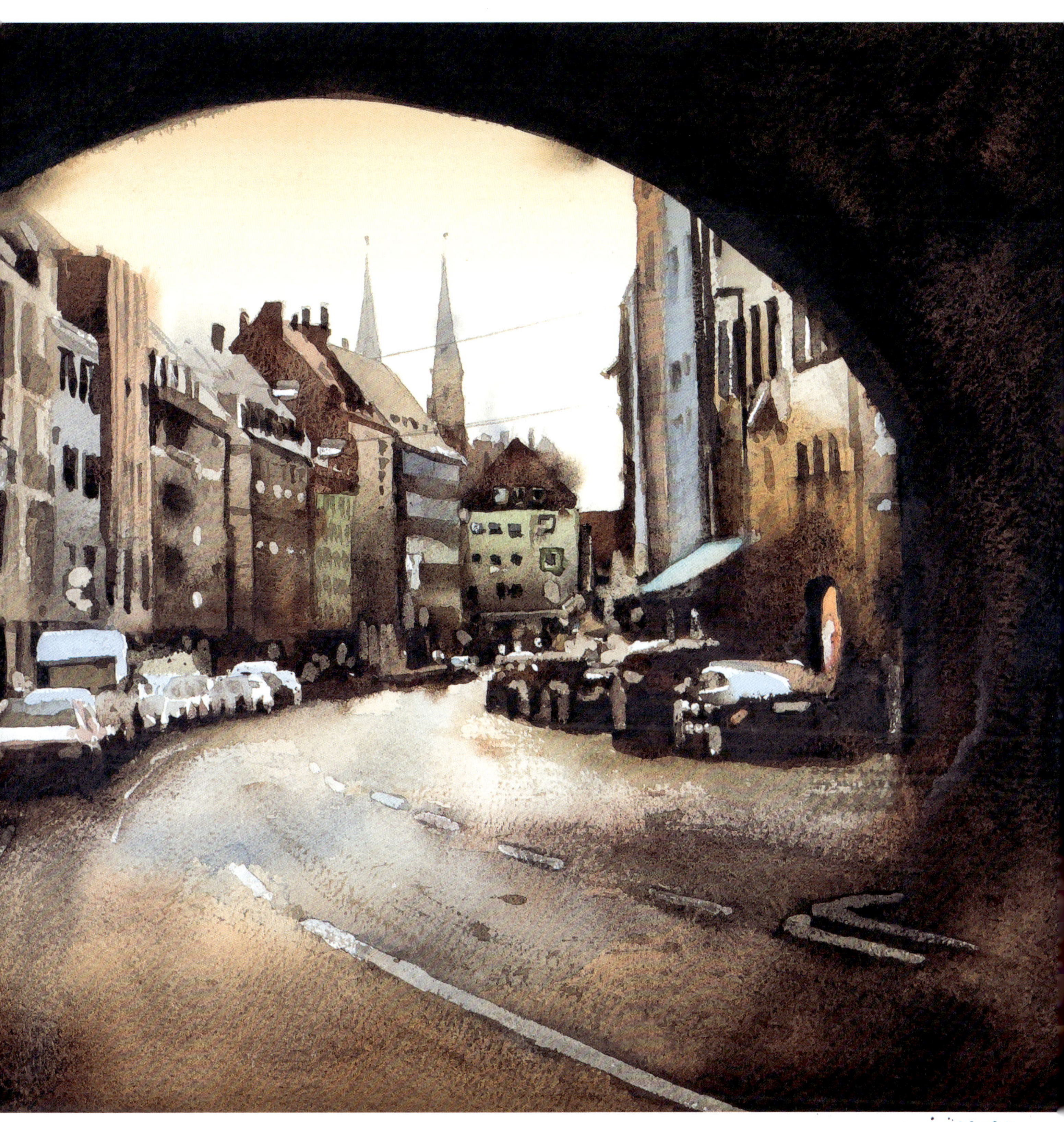

Los geht's

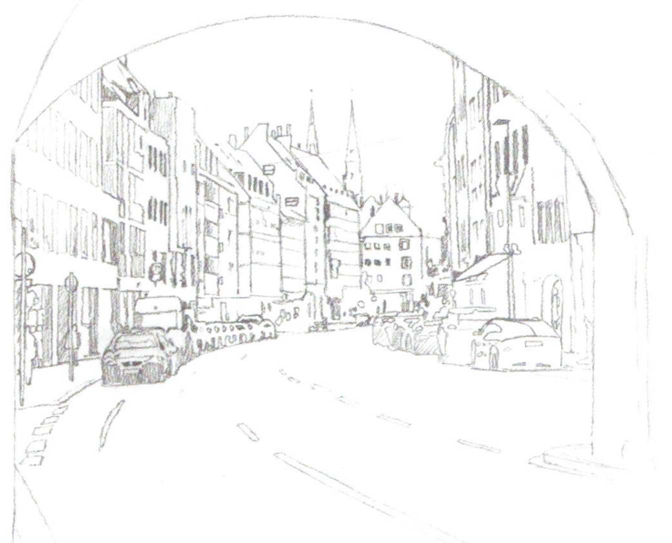

1 Zeichnen Sie die Szene detailliert und schraffieren Sie einige dunkle Bereiche, um die Formen besser unterscheiden zu können. Sie müssen nicht jedes Auto einzeln zeichnen, denn wenn Sie genau hinschauen, ist es eine Autogruppenform mit einigen Scheiben.

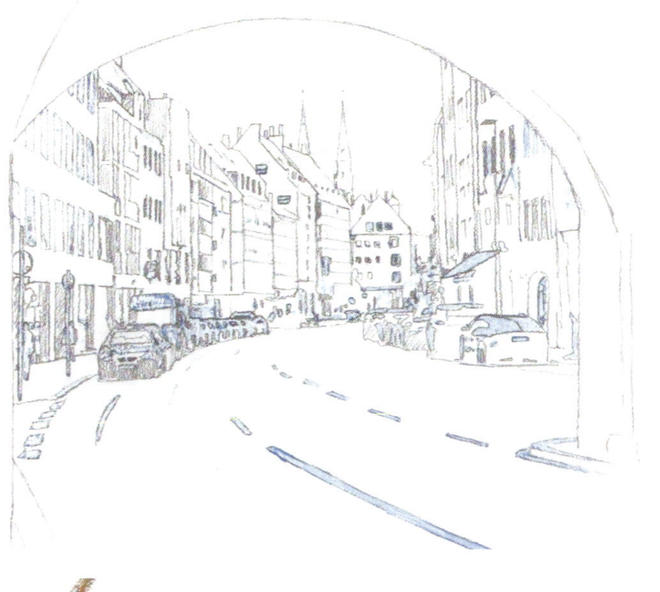

2 Maskieren Sie im zweiten Schritt einige Fenster, die Highlights auf den Autos und die Straßenmarkierungen.

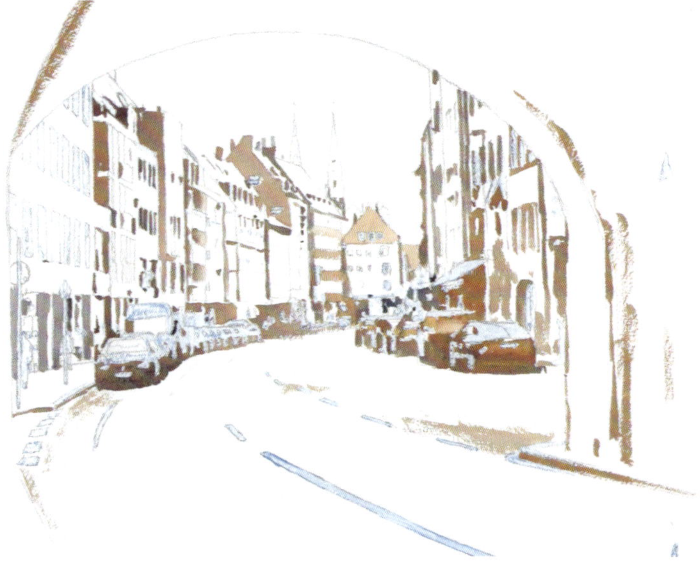

3 Verwenden Sie Siena gebrannt, Magnesiumbraun und Elfenbeinschwarz, um die dunklen Details der Stadtlandschaft zu malen. Der Mix ist vorwiegend im mittleren Tonwertbereich.

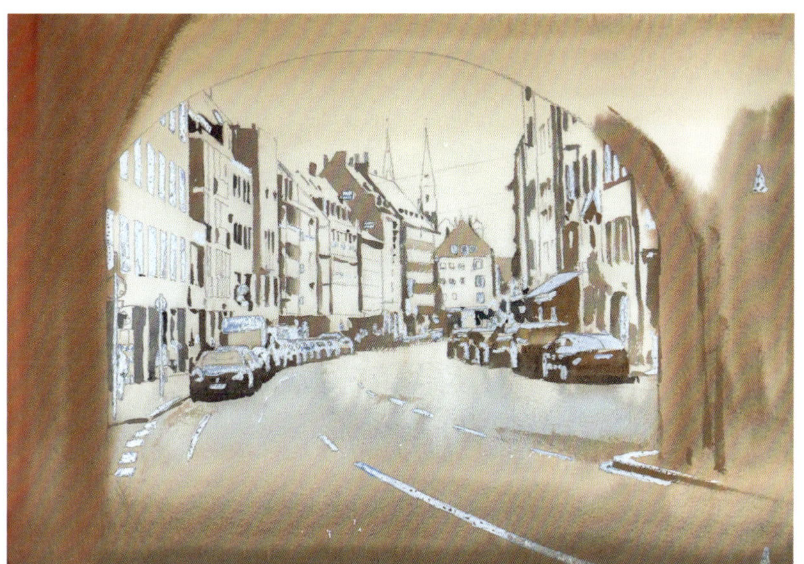

4 Nehmen Sie den gleichen Mix und platzieren Sie nass-in-nass eine wässrige, abgestufte Lavierung über das ganze Bild. In manchen Bereichen wie dem Tunnel können Sie mit einer kräftigeren Mischung trocken-in-nass stärkere Tonwerte einfügen.

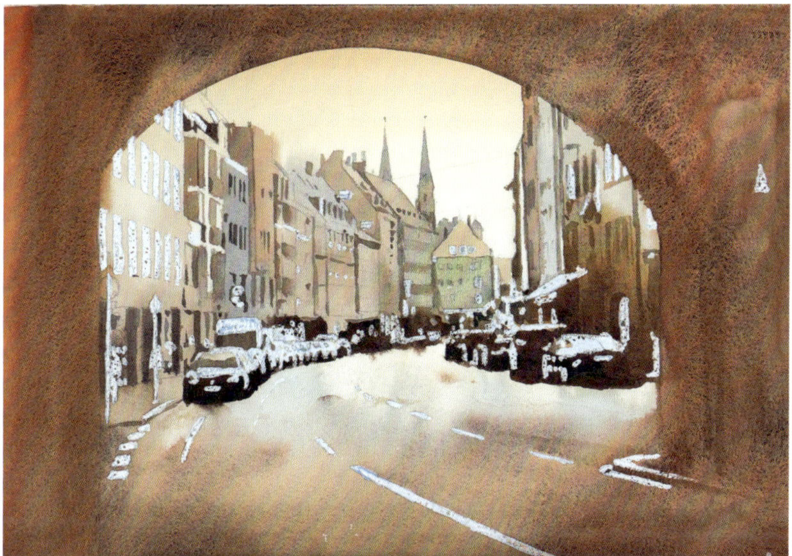

5 Vervollständigen Sie den Tunnel und verstärken Sie die Tonwerte bei den Autos sowie Details an den Häusern. Verwenden Sie Marsschwarz in der Mischung, um einen Granuliereffekt zu erzeugen.

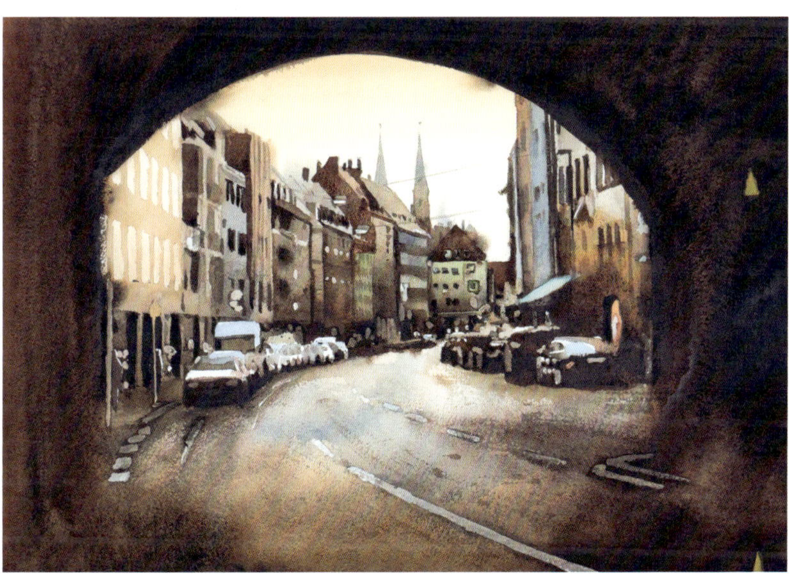

6 Rubbeln Sie das Maskiermittel weg und berichtigen Sie Tonwerte, Farben und Details. Die weißen Stellen, wo das Maskiermittel aufgetragen war, sollten nur sehr vereinzelt so weiß bleiben und mit verschiedenen Farben abgemildert werden. Die bläulichen Stellen malen Sie mit einer Mischung aus Winsorblau (Rotton) und Kobalthelltürkis. Feuchten Sie die Ränder des Tunnels mit der feinen Sprühflasche an und setzen Sie etwas Schwarz hinein, sodass es ausblüht. So kann man das Bild durch weiche Ausblühungen noch etwas aquarelliger aussehen lassen.

Spatenhaus

Das Spatenhaus gegenüber der Oper ist eine bekannte Adresse in München. Als ich eines Nachts dort unterwegs war, haben mich die bunten Lichter und die markante Beleuchtung des Gebäudes angesprochen.

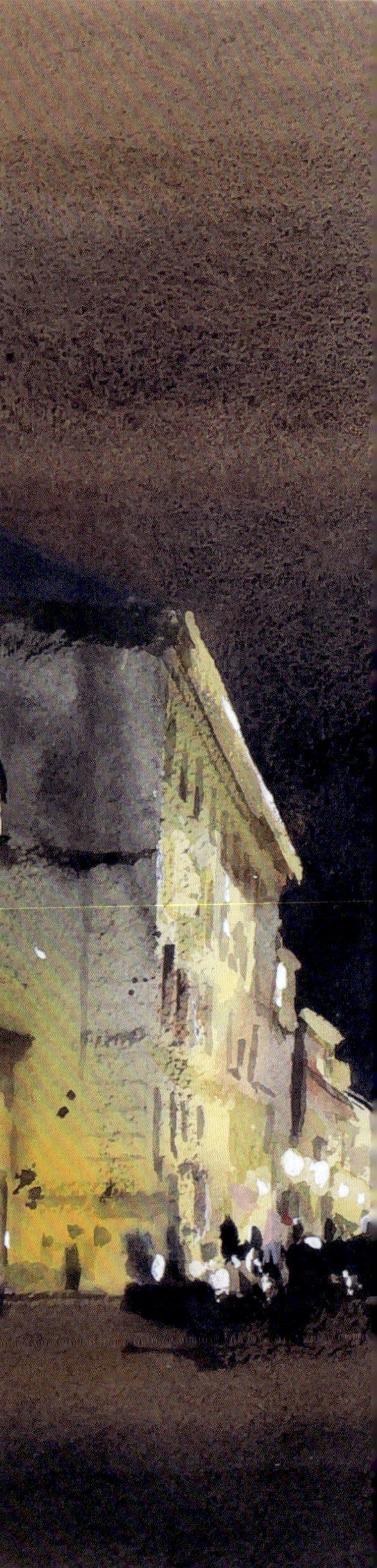

Farben

- **Gelbocker**
- **Magnesiumbraun**
- **Siena gebrannt**
- **Kadmiumrot**
- **Permanent Alizarinkarmesin**
- **Französisch Ultramarin**
- **Winsorblau (Rotton)**
- **Elfenbeinschwarz**
- **Payne's Grau**
- **Marsschwarz**
- **Titanweiß**

Pinsel

- **Escoda Aquario, Nr. 16**
- **Escoda Perla, Nr. 12**
- **Da Vinci Maestro 35, Nr. 8**

Papier

Arches Aquarellpapier, Grain Torchon, 300 g/m²

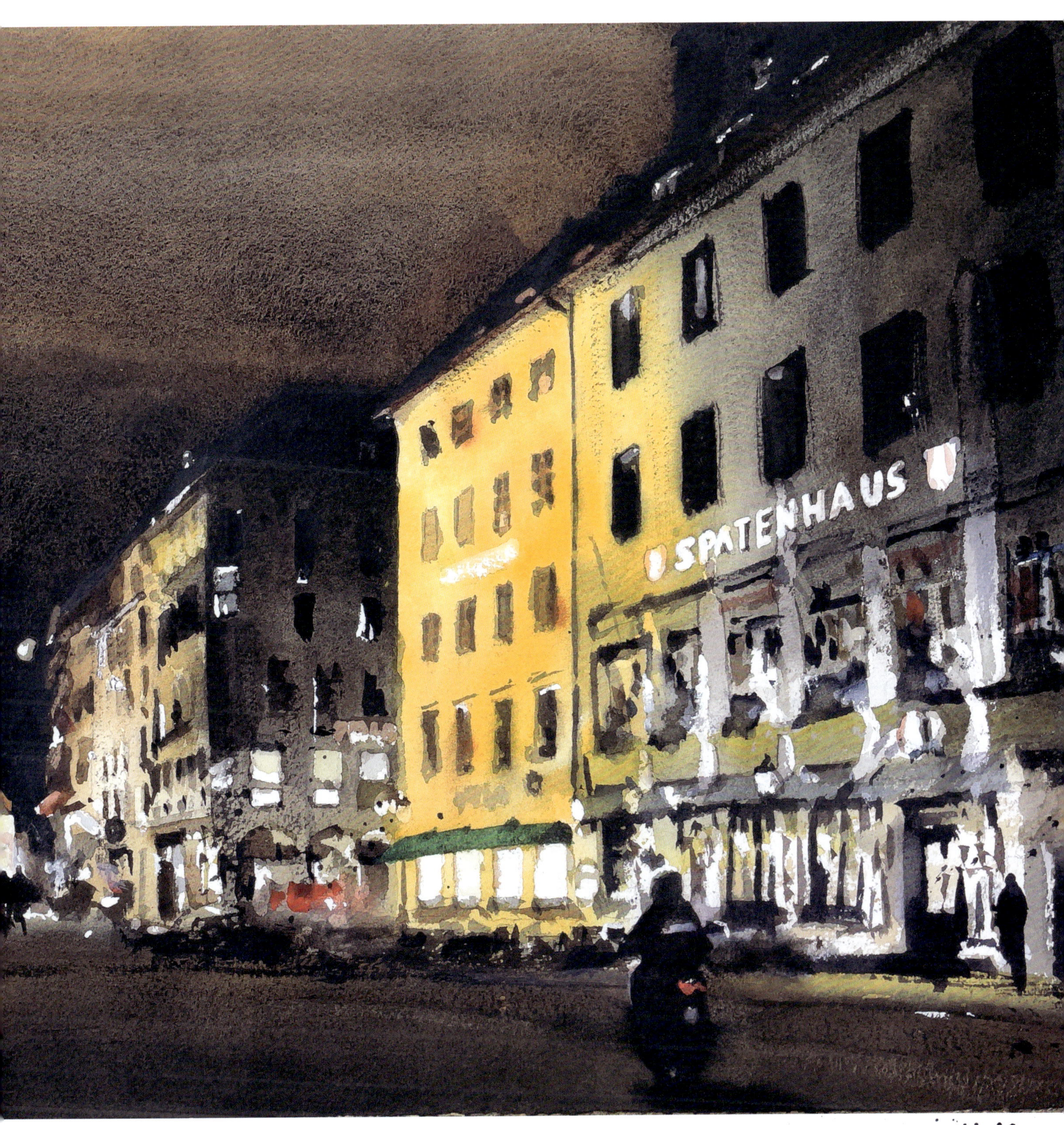
SPATENHAUS

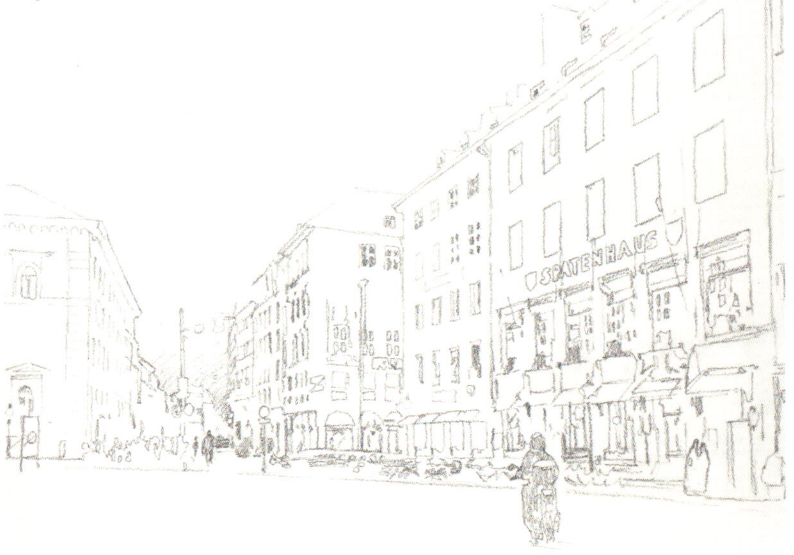

1 Zeichnen Sie möglichst viele Details im Vordergrund und beim Fokus, dem Spatenhaus. Schraffieren Sie einige Bereiche, die später dunkel gefärbt werden sollen, um nicht den Überblick zu verlieren.

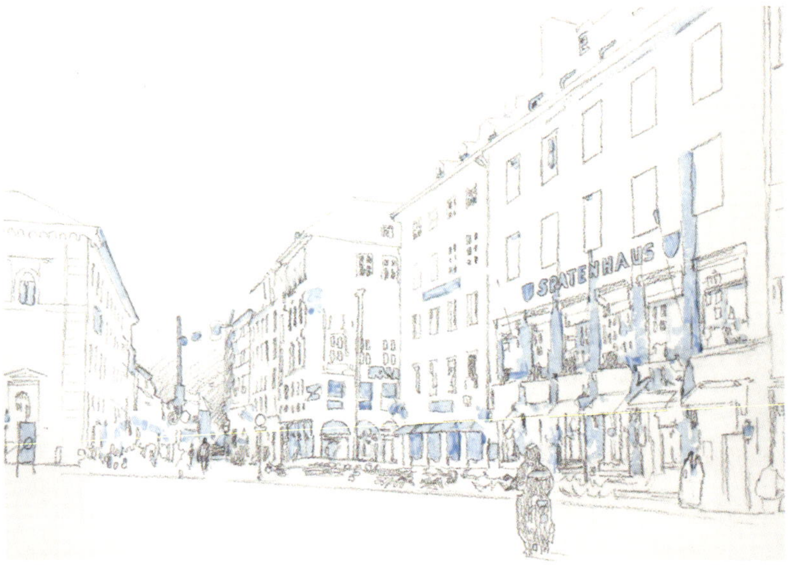

2 Maskieren Sie die hellsten Stellen, um die großen Farbaufträge bedenkenlos aufbringen zu können.

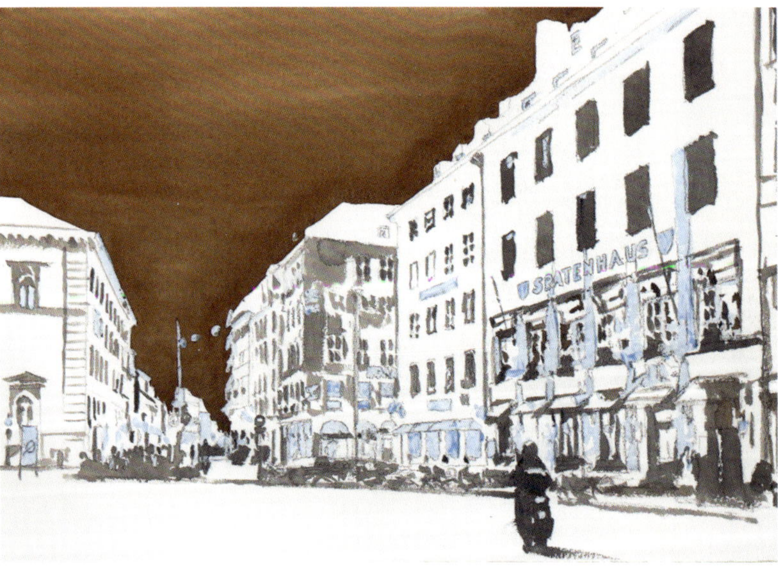

3 Beginnen Sie mit einem mittleren rötlichen Farbauftrag aus Siena gebrannt am Himmel. Malen Sie die Dunkelheiten bei den Häusern in einem mittleren neutralen Grau. Dies dient als Zeichenhilfe, da durch die nachfolgenden Lasuren die Zeichnung möglicherweise schlecht sichtbar sein wird.

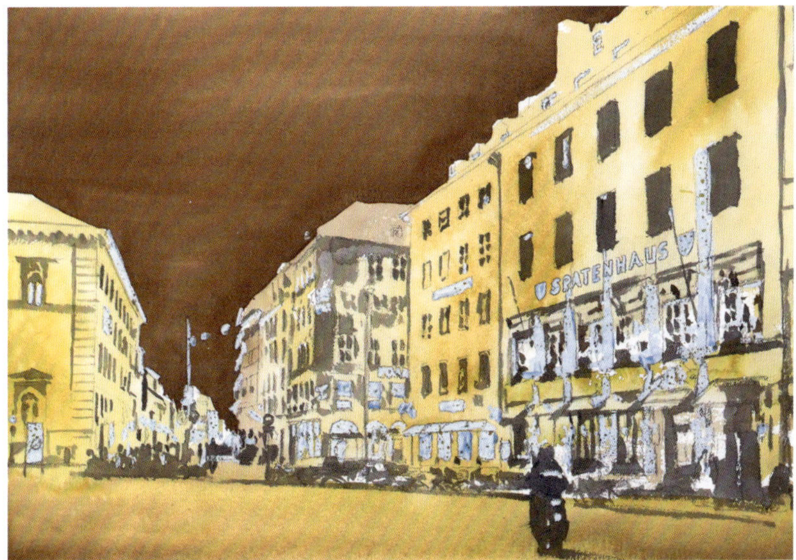

4 Überziehen Sie die hellen Stellen der Häuser komplett mit einem Mix aus Gelbocker und Magnesiumbraun. Sie können die Fenster und andere Details dazu einfach übermalen.

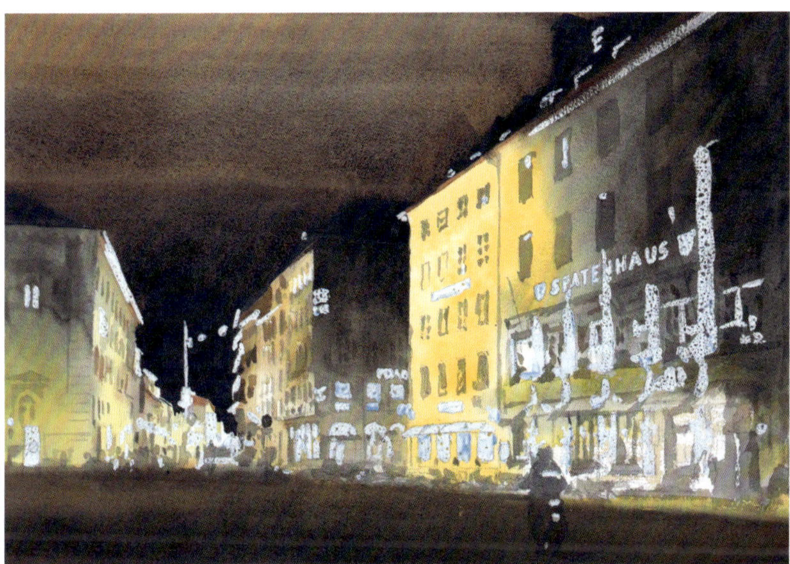

5 Malen Sie zunächst die dunklen Dächer der Häuser und lassen Sie diesen Farbauftrag trocknen. Legen Sie einen weiteren über den Himmel. Wenn Sie Marsschwarz verwenden, bekommen Sie schöne granulierende Strukturen. Auch die Straße bekommt in diesem Schritt einen zweiten dunkleren Farbauftrag. Verwenden Sie dafür Siena gebrannt und Marsschwarz gemischt. Feuchten Sie die helle linke Seite des Spatenhauses an und malen Sie eine abgestufte Lavierung, indem Sie immer mehr Farbe hinzufügen. Nehmen Sie dafür Marsschwarz und Französisch Ultramarinblau mit Siena gebrannt.

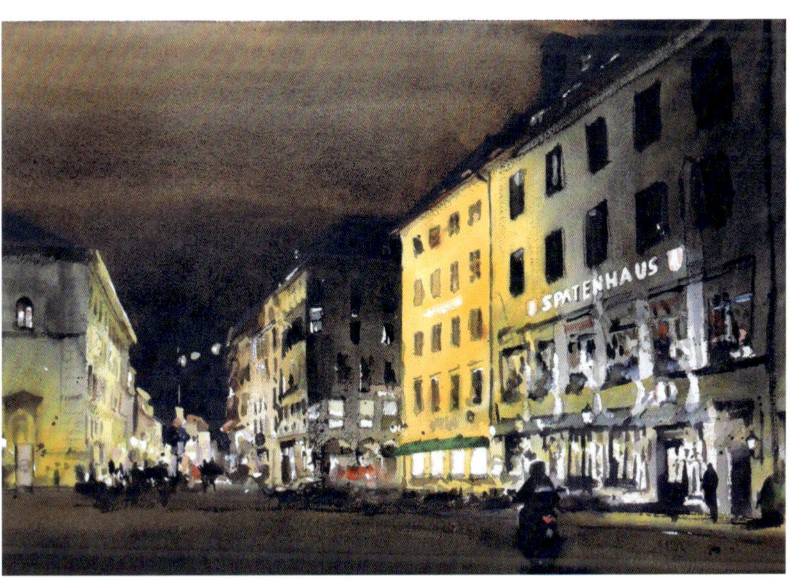

6 Entfernen Sie das Maskiermittel und gestalten Sie die hellen Stellen unauffälliger, indem Sie verschiedene Farben darübermalen. Fügen Sie noch mehr Farben wie Kadmiumrot hinzu und verwenden Sie Trockenpinselstriche, um Details im gesamten Bild zu ergänzen. Viele dieser Details deuten Objekte nur an, sind aber eigentlich geschickte Pinselstriche. Das Auge des Betrachters macht den Rest. Verbessern Sie letzte kleine Details mit Titanweiß, falls Ihnen ein Highlight abhandengekommen sein sollte. Sie können auch etwas Gelbocker zum Titanweiß dazumischen, um diesem eine warme Note zu verleihen.

Manhattan

Ich war im Jahr 2016 das erste Mal in New York und weiß noch, wie ich in Manhattan aus der U-Bahn-Station hochgegangen bin und mir der Atem stockte. Die Hochhäuserschluchten waren gigantisch und dieses Gefühl ist immer noch in mir, wenn ich an New York denke. Es ist eine Stadt mit einem ganz besonderen unbeschreiblichen Flair. Ich wollte diese Stimmung unbedingt in meinem Aquarell einfangen. Natürlich musste auch ein Taxi mit auf das Bild!

Farben

- **Kadmiumgelb**
- **Siena gebrannt**
- **Permanent Alizarinkarmesin**
- **Französisch Ultramarin**
- **Winsorblau (Rotton)**
- **Elfenbeinschwarz**
- **Payne's Grau**
- **Marsschwarz**
- **Titanweiß**

Pinsel

- **Escoda Aquario, Nr. 16**
- **Escoda Perla, Nr. 8, Nr. 12**
- **Da Vinci Maestro 35, Nr. 8**
- **Da Vinci Maestro 1203K, Nr. 1**

Papier

Arches Aquarellpapier, Grain Torchon, 300 g/m²

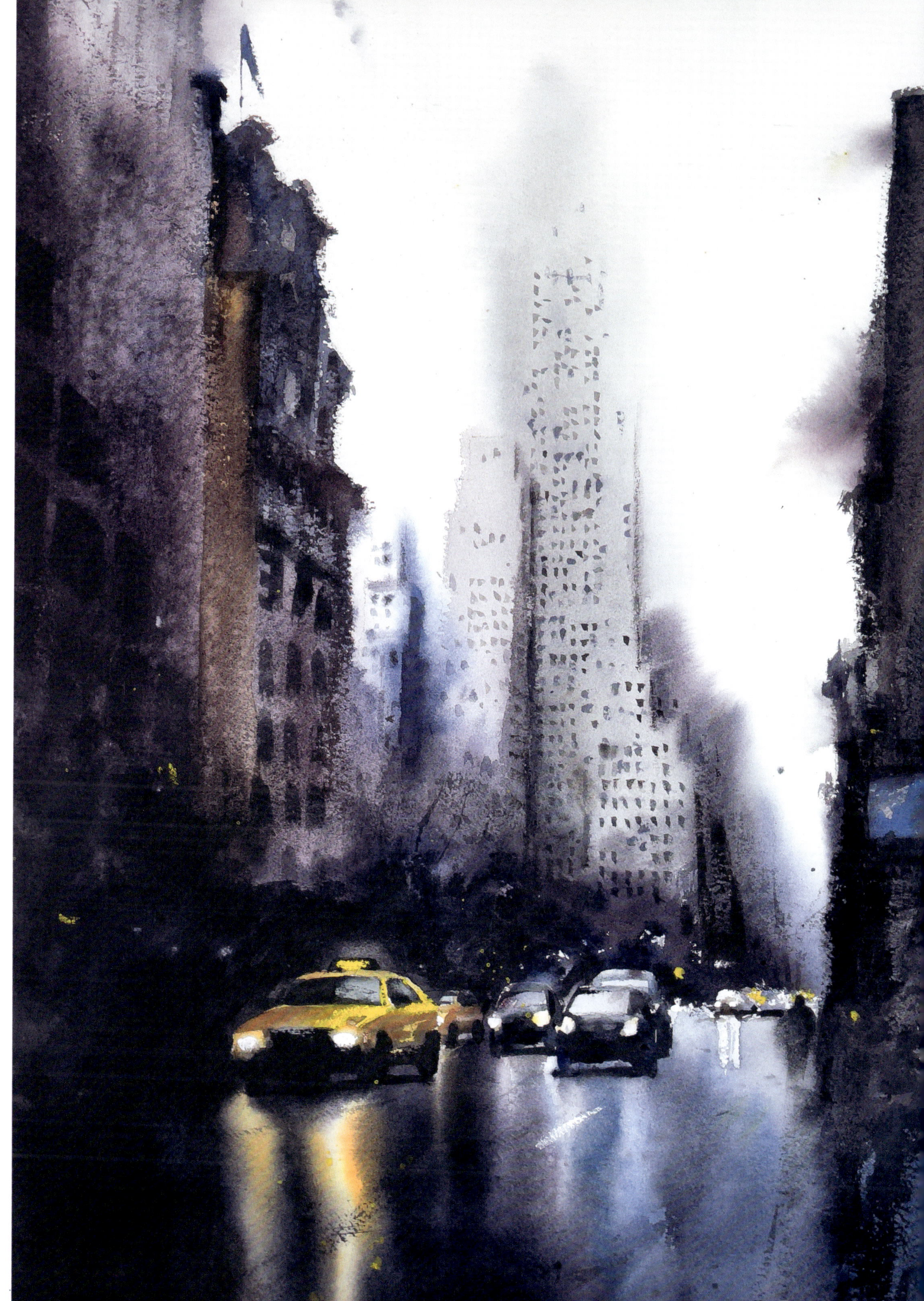

Los geht's

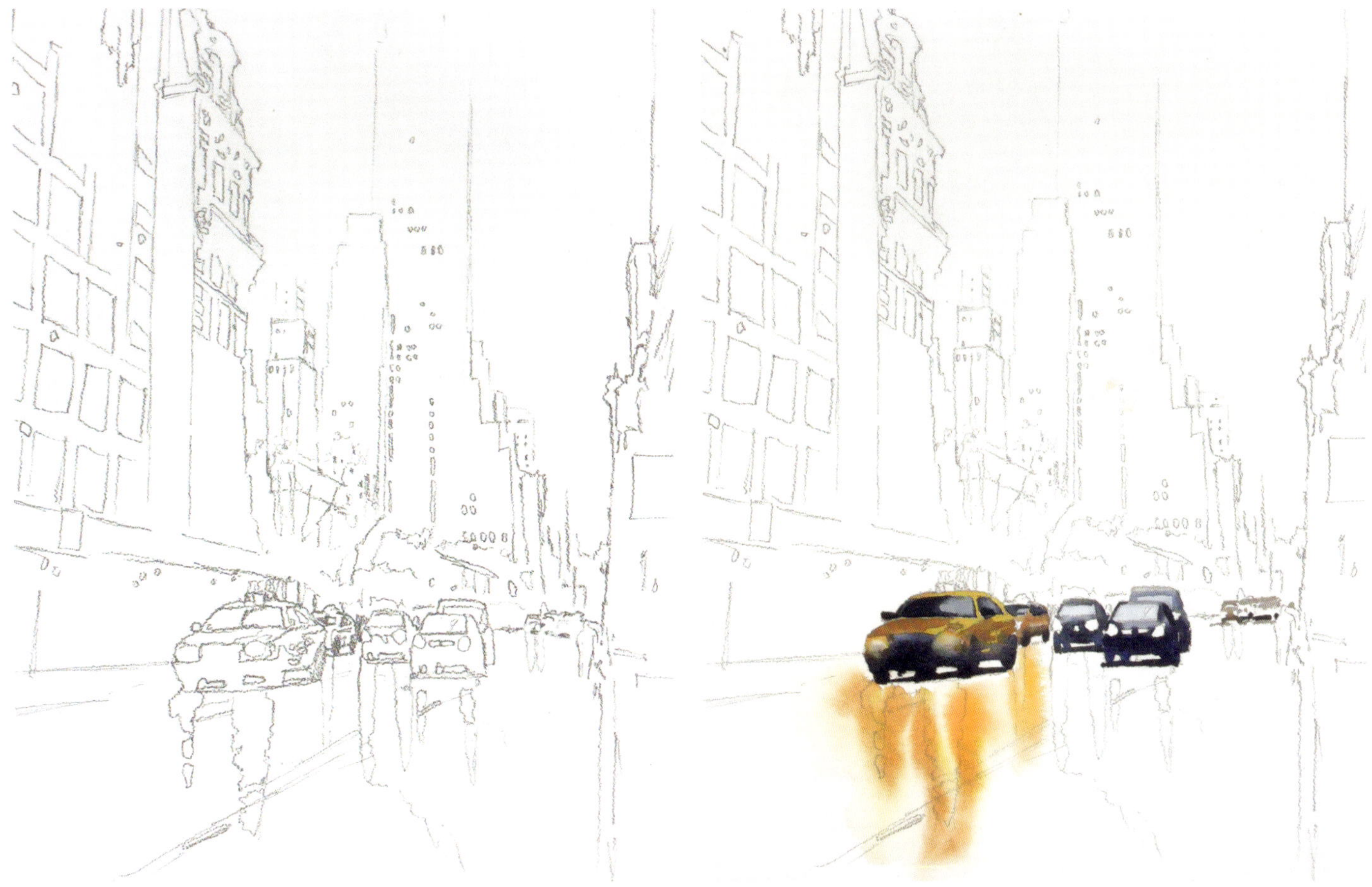

1 Zeichnen Sie genau vor und berücksichtigen Sie ebenfalls die Reflektionen der Lichter auf der Straße. Das mittlere Hochhaus im Nebel sollten Sie nur mit einigen Strichen andeuten. Einige Fenster sollten Sie ausarbeiten, denn die Winkel sollten zur Perspektive passen. Ich arbeite hier ohne Fluchtlinien oder Fluchtpunkt, sondern schaue mir nur die einzelnen Winkel der Linien an.

2 Starten Sie mit der Ausarbeitung der Fahrzeuge. Mit den Details arbeite ich zuerst, weil ich bei einem großen Farbauftrag, bei dem ich schnell arbeiten muss, versehentlich Autos übermalen würde. Tragen Sie dazu zunächst einen hellen Farbton auf und in einem zweiten Schritt ergänzen Sie die dunklen Bereiche. Danach malen Sie die Reflektionen der Lichter trocken-in-nass, indem Sie die Straße zuerst anfeuchten und anschließend mit einem trockenen Pinsel das Orange und das Gelb hineinsetzen. In der Mitte sollte noch ein weißer Bereich freibleiben. Lassen Sie das Aquarell trocknen.

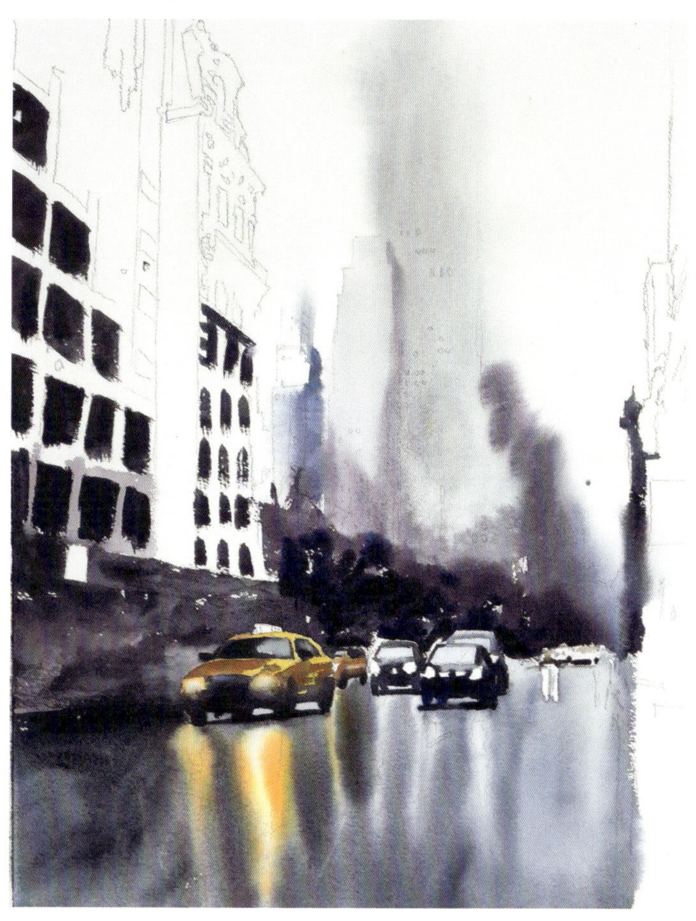

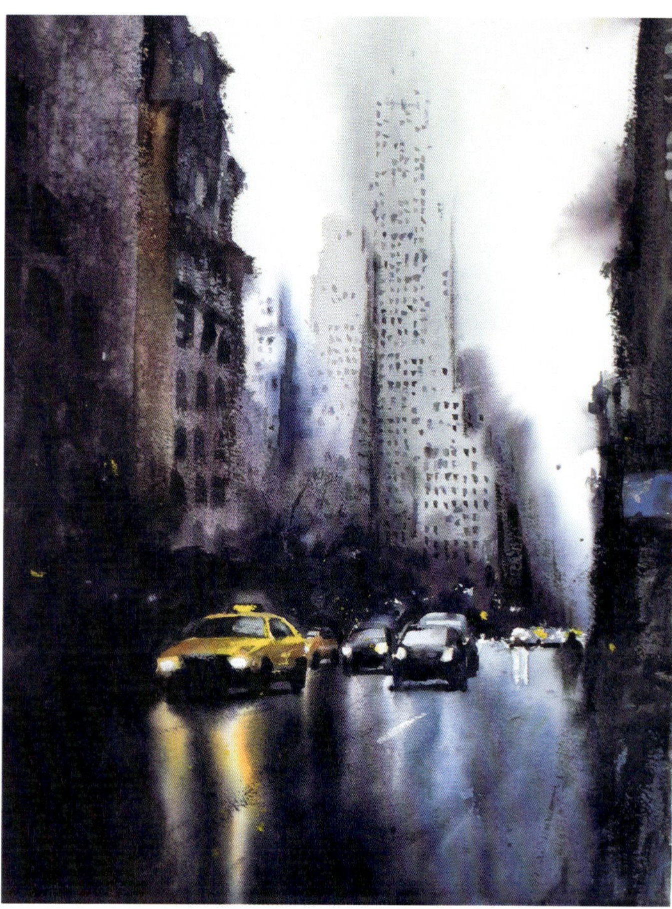

3 Feuchten Sie auch den Rest der Straße an und kolorieren Sie sie mit verschiedenen Tonwerten, bläulichen und lilafarbenen Grautönen und vertikalen Strichen. Verwenden Sie stets einen trockenen Pinsel, indem Sie die Farbe etwas in ein Tuch laufen lassen. So ist das Arbeiten im feuchten Farbauftrag trotzdem kontrollierbar. Malen Sie auch einige der dunklen Fenster, die in einem nachträglichen Farbauftrag übermalt und an Deutlichkeit verlieren werden. Feuchten Sie das Papier im oberen Bereich an und malen Sie das Hochhaus in der Mitte trocken-in-nass.

4 Malen Sie die Hochhäuser mit dunklen Grautönen. Benutzen Sie die Farben Französisch Ultramarin, Permanent Alizarinkarmesin oder die Schwarztöne. Setzen Sie diese ungemischt aneinander, um einen interessanten Farbauftrag zu erhalten. Verwenden Sie eine kräftige Farbmischung für jene Bereiche, die in der Dunkelheit verschwinden. Arbeiten Sie auch die Feinheiten des mittleren Hochhauses aus. Fügen Sie noch einige Details wie den kräftigen gelben Strich über dem Taxi hinzu. Einige weitere Fenster im hinteren Hochhaus fehlen noch. Um das Bild interessanter zu gestalten, feuchten Sie das Haus rechts etwas mit dem feinen Sprühnebel an und setzen Sie einen Farbpunkt ins Nasse hinein, sodass die Stelle weich ausblüht.

Smombie

Smombie ist eine Wortkreation aus Smartphone und Zombie. Mit dem starren Blick auf das Smartphone laufen viele Menschen heutzutage durch die Städte und sind so stark abgelenkt, dass sie die Welt um sich herum nicht mehr wirklich wahrnehmen. Mit dem Coffee-to-go-Becher in der anderen Hand spiegelt das Motiv unsere Zeit sehr stark wider.

Farben

- **Kadmiumgelb**
- **Gelbocker**
- **Magnesiumbraun**
- **Siena gebrannt**
- **Kadmiumrot**
- **Elfenbeinschwarz**
- **Payne's Grau**

Pinsel

- **Escoda Aquario, Nr. 16**
- **Escoda Perla, Nr. 8, Nr. 12**
- **Da Vinci Maestro 35, Nr. 8**

Papier

Arches Aquarellpapier, Grain Torchon, 300 g/m²

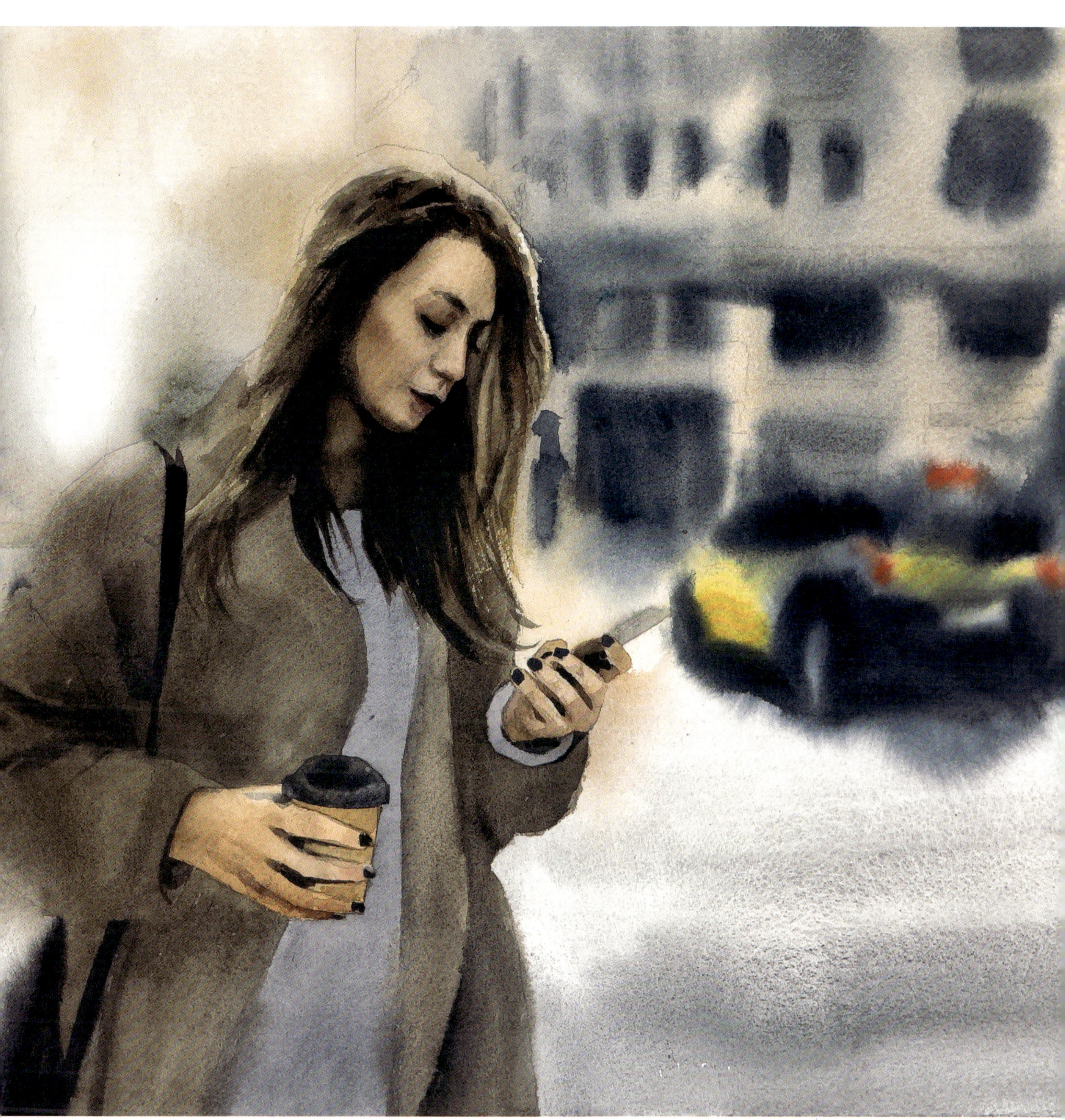

Los geht's

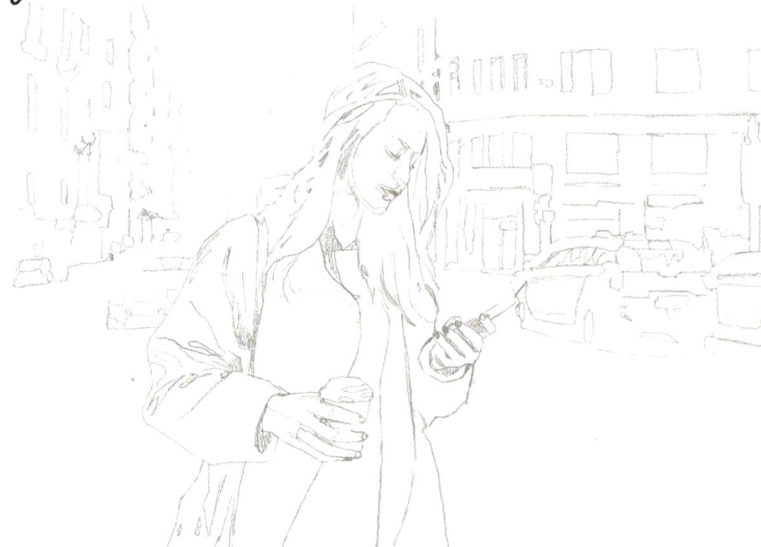

1 Beginnen Sie mit der Vorzeichnung und konzentrieren Sie sich dabei auf die Formen im Gesicht. Zeichnen Sie diese Konturen mit leichten Bleistiftstrichen vor.

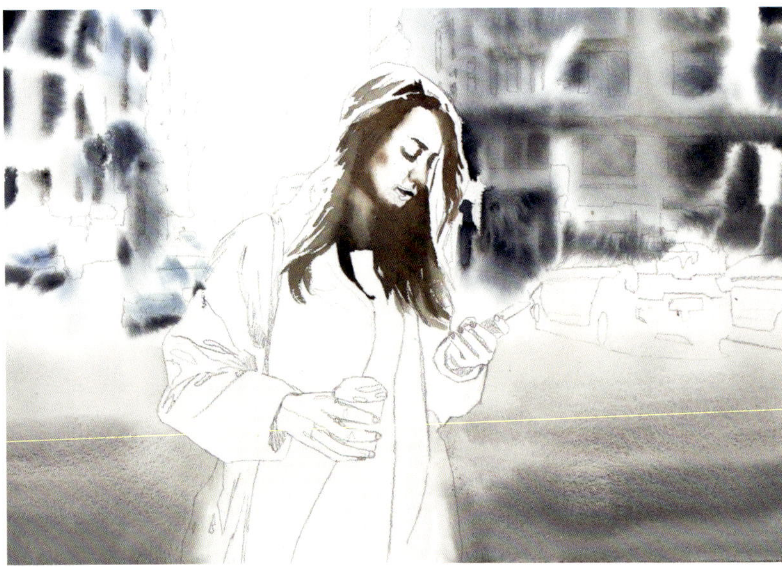

2 Starten Sie mit den dunklen Tönen im Gesicht und den Haaren, verwenden Sie dafür Siena gebrannt und etwas Elfenbeinschwarz. Kreieren Sie zum Teil weiche Übergänge, indem Sie den Rand des Pinselstrichs mit Wasser anfeuchten. Der Hintergrund sollte verschwommen sein, daher feuchten Sie das Papier vorher an und setzen dann trocken-in-nass einige Fenster mit Payne's Grau ein. Malen Sie einige Haare mit der Trockenpinseltechnik.

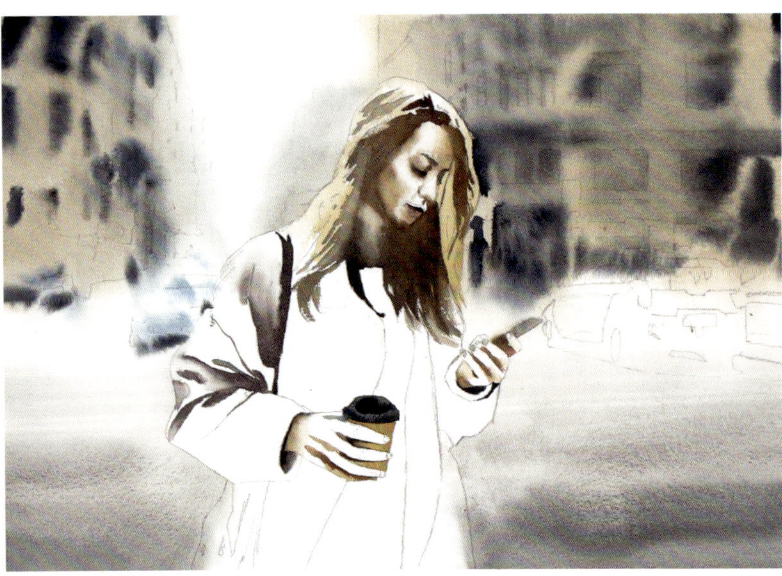

3 Machen Sie weiter mit einem größeren Farbauftrag über die Häuser. Verwenden Sie dafür Gelbocker und Magnesiumbraun. Malen Sie die mittleren Töne im Gesicht trocken-in-nass hinein, sodass die Konturen nicht zu stark ausblühen.

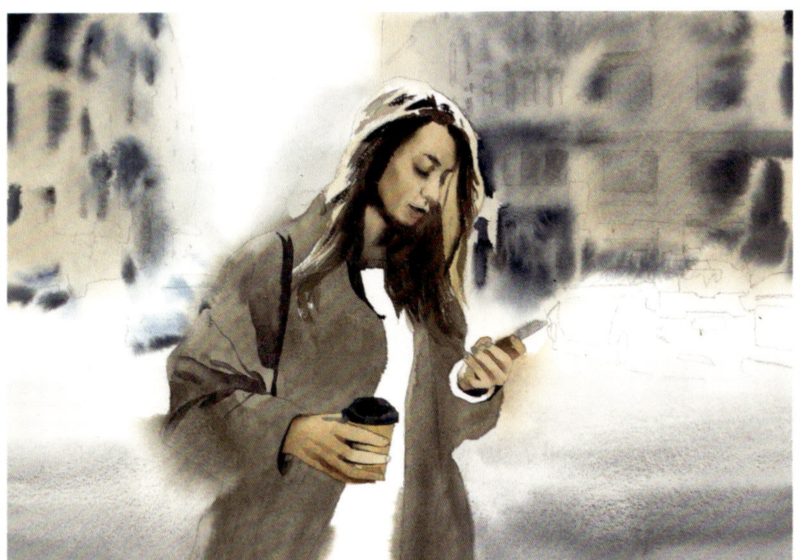

4 Malen Sie den Mantel mit seinen verschiedenen Schattierungen. Danach überziehen Sie das Gesicht und die Hände mit einer hellen Mischung aus Gelbocker und Siena gebrannt.

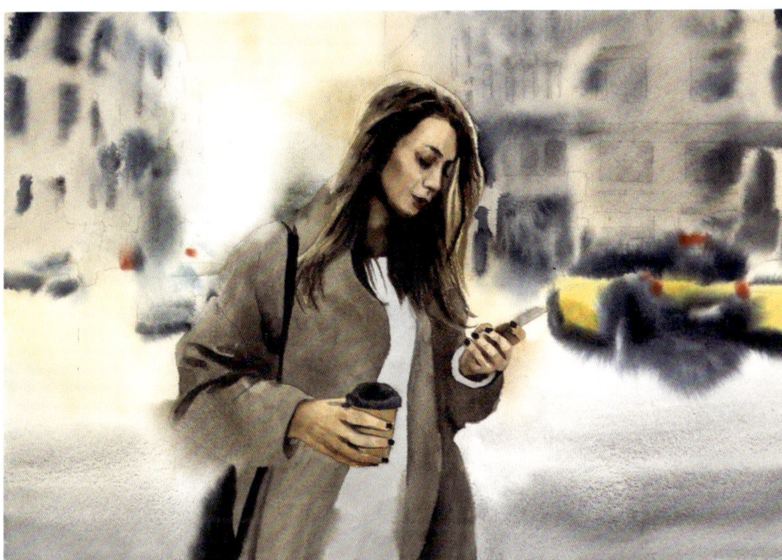

5 Malen Sie das T-Shirt mit einem mittleren Grauton und feuchten Sie den Hintergrund wieder an, um die Autos nass-in-nass zu malen.

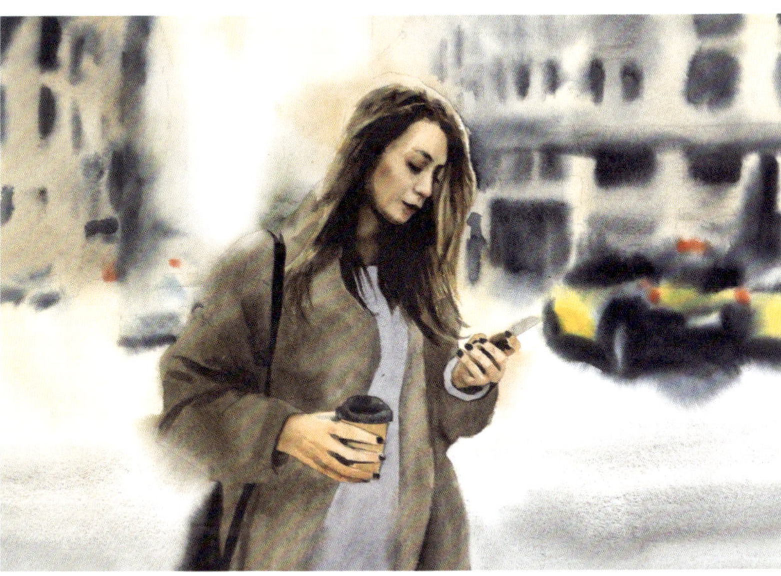

6 Korrigieren Sie die Gesichtskonturen und die Tonwerte im gesamten Bild und ergänzen Sie letzte Details.

Straßen von Paris

Paris ist eine meiner Lieblingsstädte in Europa. Sie hat eine ganz eigene Atmosphäre und ich war dort sowohl zum Malen als auch zum Flanieren. Mich sprach der starke Schatten im Motiv an und der ungewöhnliche Fokus, nämlich der Lieferwagen. Der Hintergrund macht natürlich klar, wo wir uns befinden.

Farben

- **Kadmiumgelb**
- **Gelbocker**
- **Magnesiumbraun**
- **Siena gebrannt**
- **Kadmiumrot**
- **Permanent Alizarinkarmesin**
- **Französisch Ultramarin**
- **Kobaltblau**
- **Winsorblau (Rotton)**
- **Elfenbeinschwarz**
- **Payne's Grau**
- **Marsschwarz**
- **Titanweiß**

Pinsel

- **Escoda Aquario, Nr. 16**
- **Escoda Perla, Nr. 8, Nr. 12**
- **Da Vinci Maestro 35, Nr. 8**

Papier

Arches Aquarellpapier, Grain Torchon, 300 g/m²

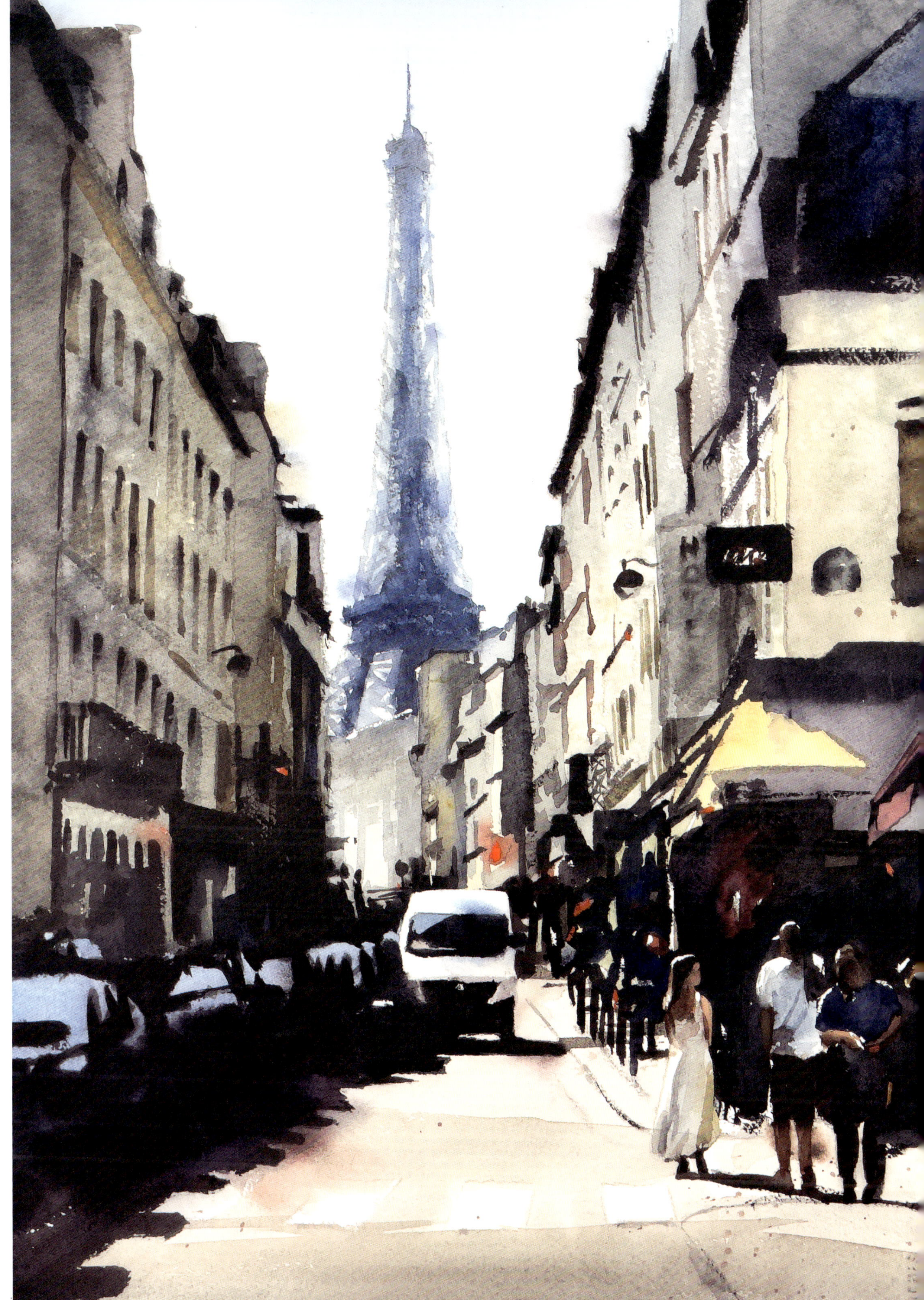

Los geht's

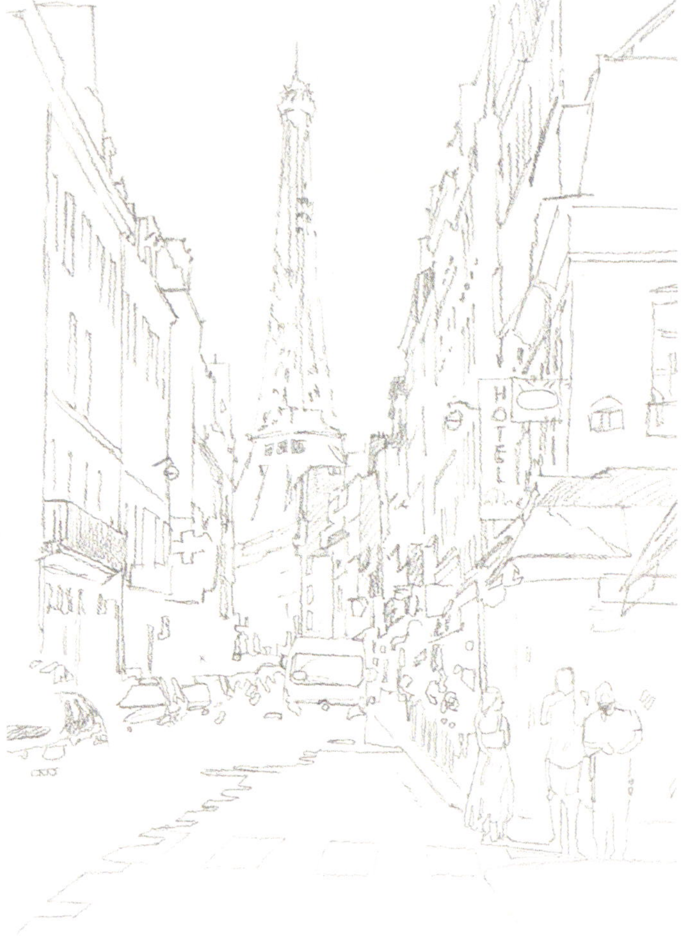

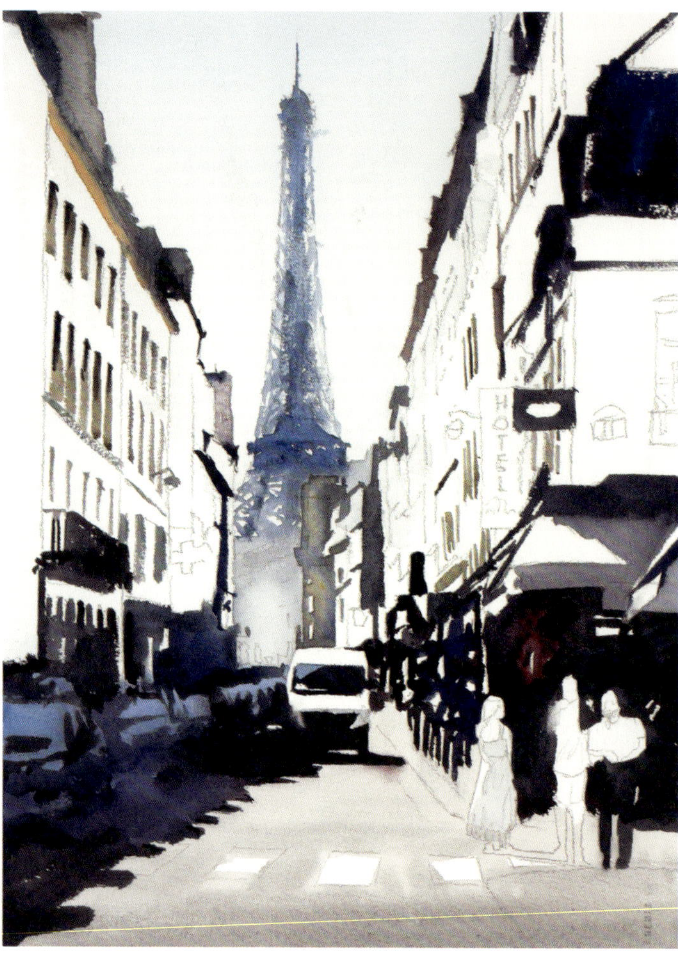

1 Fertigen Sie eine detaillierte Zeichnung an und schraffieren Sie die dunklen Bereiche, um sich orientieren zu können. Zeichnen Sie lediglich die Formen der Autos, nicht die Autos selbst. Sie werden erkennen, dass ich mich sehr stark auf die Formen konzentriert habe und nur Teile der Scheiben und andere hellere Stellen gezeichnet habe. Der Transporter geht im unteren Bereich direkt in den Schatten über, ohne sichtbare Kante.

2 Malen Sie zunächst den intensiven Schatten im Bereich der Autos im linken Teil des Bildes mit einer kräftigen Mischung aus Schwarz, Winsorblau (Rotton) und anderen dunklen Tönen. Danach fahren Sie mit den dunklen Bereichen fort, also den Fenstern und den Dachkanten. Wenn Sie zuerst einen großen Farbauftrag machen würden, könnte es passieren, dass eine Vielzahl der gezeichneten Details in den Fassaden nicht mehr richtig sichtbar ist. Malen Sie im Vordergrund die Autos im Schatten durch einen Farbauftrag Winsorblau (Rotton) und ergänzen Sie im Hintergrund den Eiffelturm, indem Sie sich auf die Formen konzentrieren und nicht jedes Detail und jeden Stahlträger übernehmen. Wenn die Dunkelheiten getrocknet sind, legen Sie ein leichtes Grau über den Straßenbreich, ohne die Schatten wieder zu stark anzulösen. Sparen Sie dabei den Zebrastreifen aus.

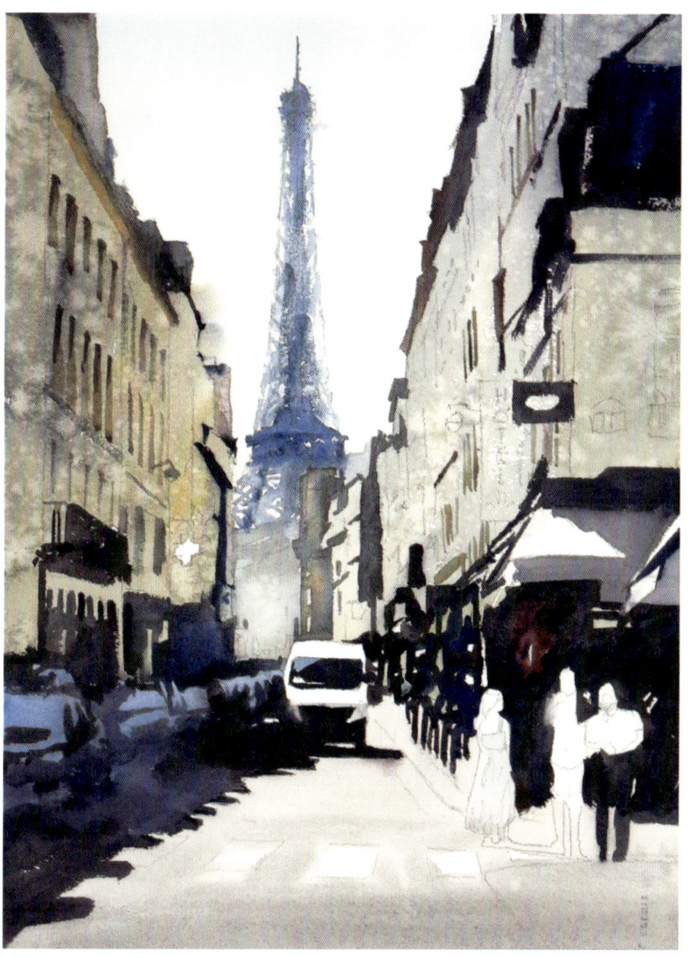

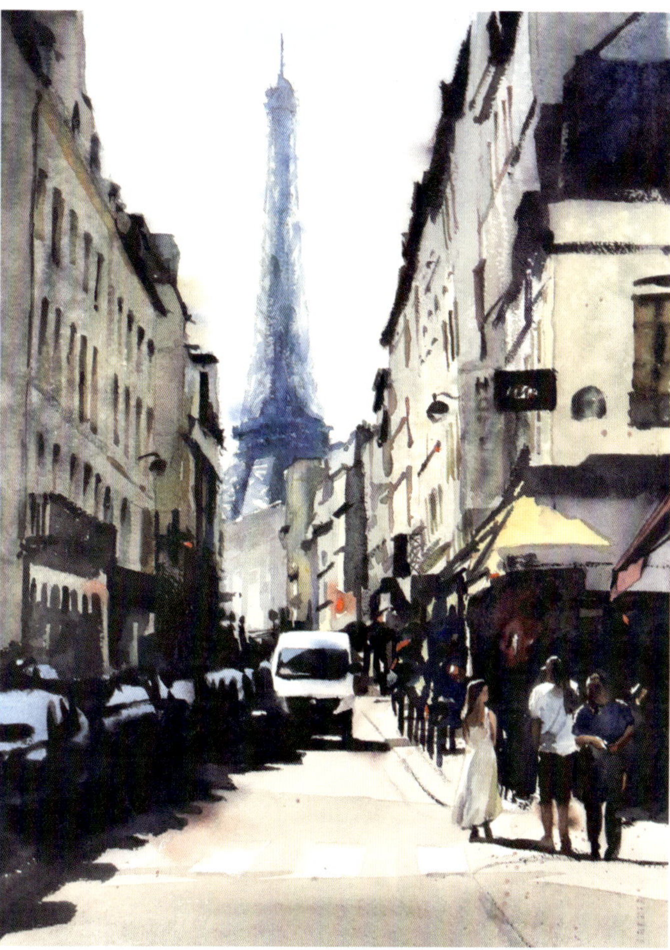

3 Lasieren Sie die Fassaden mit einer Mischung aus Gelbocker, Magnesiumbraun und Schwarz. Dabei dürfen sich die dunklen Fenster leicht anlösen. So sehen sie weniger aufgesetzt aus und integrieren sich besser in den Farbauftrag. Wenn Sie die Augen vor dem realen Motiv zusammenkneifen, werden Sie keine scharfen Kanten bei den Fenstern im Schatten erkennen. Daher sollten Sie diese auch so malen. Wenn der Farbauftrag nebelfeucht geworden ist, sprühen Sie etwas Wasser mit der groben Sprühflasche hinein und erzeugen Sie so Ausblüheffekte.

4 Ergänzen Sie letzte Details wie die Menschen im Vordergrund, die Markisen, einen weiteren leichten Schatten im unteren Bereich des Bildes und einige weiche Ausblühungen an den Häuserkanten. Die Ausblühungen erzeuge ich, indem ich den Bereich vorher mit der feinen Sprühflasche anfeuchte und dann einen trockenen Farbtupfer an die Häuserkante setze. Dort, wo ich das Papierweiß verloren habe, ergänze ich es mit purem Titanweiß aus der Tube.

Über den Autor

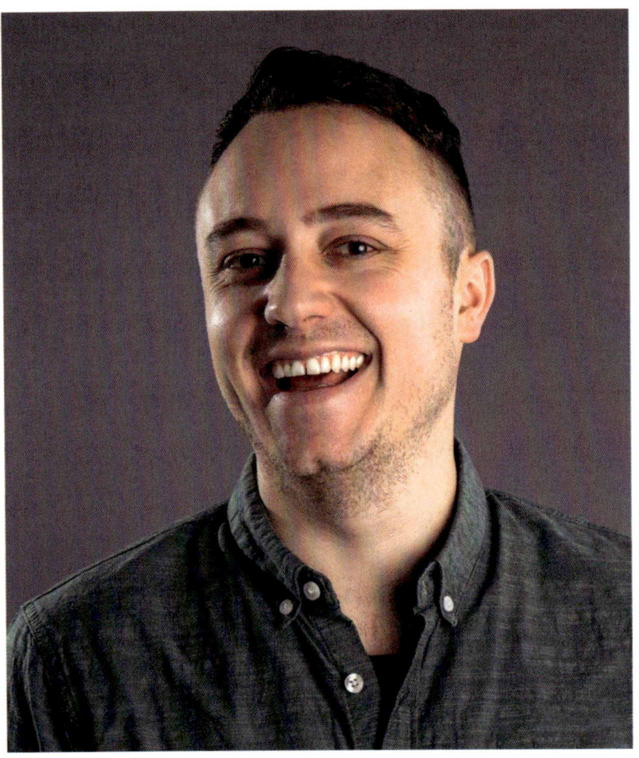

Michael Bajer ist ein Aquarell- und Ölmaler, der in München geboren und aufgewachsen ist. Gezeichnet und gemalt hat er schon immer, aber auch Technik und Architektur hat ihn von klein auf fasziniert. Nach seinem Maschinenbaustudium und dem Abschluss als Diplom-Ingenieur ging er weiter seiner Leidenschaft der Aquarell- und Ölmalerei nach und malt seit über 10 Jahren professionell mehrere Tage pro Woche. Michael Bajer ist fasziniert von Mensch und Natur und hält die Kombination von beidem für eine der mächtigsten Verbindungen, die durch Kunst zum Ausdruck gebracht werden kann. Der Realismus und eine solide Zeichnung darf in seinen Bildern nicht fehlen, immer wieder liefert er auch Arbeiten im freieren Stil des disrupted realism.

Durch das jahrelange Studium der Malerei hat er ein tiefes Wissen, das er durch dieses Buch weitergeben möchte. Kunst ist für ihn einerseits Handwerk, andererseits die Gelegenheit, sein kreatives Inneres auszudrücken und etwas zu erschaffen, das ihn und andere glücklich macht. Seine Studienreisen zu den besten Malern unserer Zeit führten ihn durch ganz Europa und sogar bis nach Kalifornien, wo im Jahr 2016 eines seiner Aquarelle für die 96th Annual Exhibition der renommierten National Watercolor Society (NWS) akzeptiert wurde. Er malte mit vielen modernen Meistern wie Joseph Zbukvic, Alvaro Castagnet, Jeremy Lipking und Nick Alm.

Michael Bajers Kunst wurde in Publikationen wie der Süddeutschen Zeitung und dem The Art of Watercolour Magazin vorgestellt. Er war Preisträger bei Malwettbewerben im In- und Ausland und ist seit einigen Jahren im erweiterten Vorstand der Deutschen Aquarellgesellschaft DAG/GWS e.V.

Homepage: www.mbajer.com

Instagram: @mikebajer

E-Mail-Adresse: michael@mbajer.com

Besuchen Sie gerne meine Homepage für zusätzliche Informationen zu den Theoriekapiteln, extra Demonstrationen, Platz für Kommentare und andere exklusive Angebote!

Melden Sie sich an unter:

www.mbajer.com/book

Bitte teilen Sie Ihre Arbeiten auf Instagram mit dem Hashtag **#learnwithmike** mit mir. Markieren Sie mich zusätzlich in Ihrem Post mit **@mikebajer** und ich werde mir Ihre Werke gerne ansehen und Ihnen Feedback geben. Ich freue mich auf Ihre Kunstwerke!

Danksagung

Ich danke dem EMF Verlag für die Möglichkeit, meine Gedanken und mein Wissen in einem Buch festzuhalten und für die angenehme Zusammenarbeit. Ich danke weiterhin Anne Brison und Thomas Hillgärtner dafür, dass ich die Fotos verwenden darf und Yana Kazarina für die Fotovorlage von Nürnberg. Darüber hinaus geht mein Dank an meinen Vater, der viele Stunden Korrektur gelesen hat. Zuletzt bedanke ich mich bei Ihnen, den Leserinnen und Lesern, für die Unterstützung und das Interesse an meinem Buch und meiner Kunst!

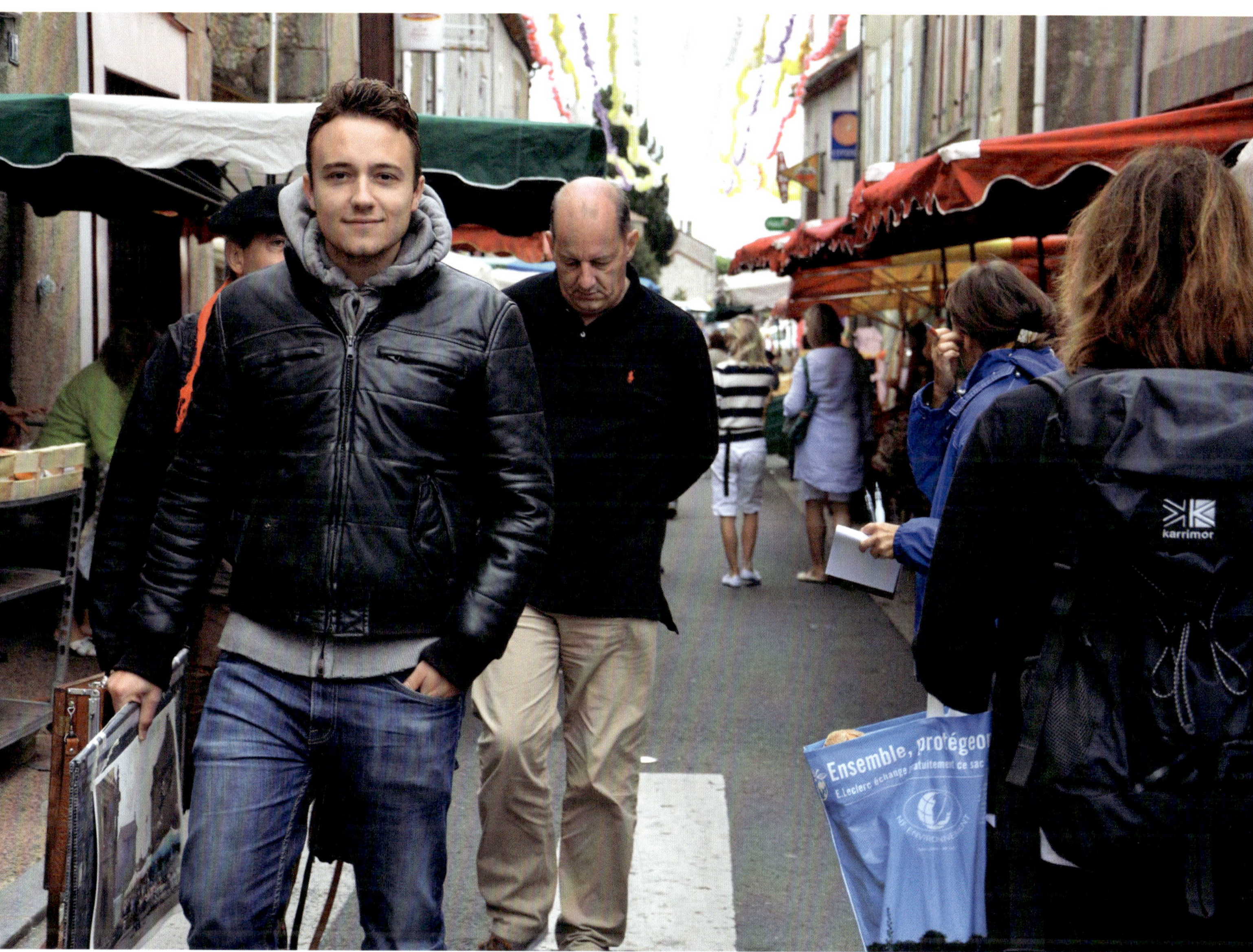

Impressum

Bibliografische Information der Deutschen Bibliothek.

Die Deutsche Bibliothek verzeichnet diese Publikation in der Deutschen Nationalbibliografie.

Detaillierte bibliografische Daten sind im Internet über http://www.dnb.de/ abrufbar.

EIN BUCH DER EDITION MICHAEL FISCHER

1. Auflage 2022

Covergestaltung: Sarah Lukic

Redaktion und Lektorat: Saskia Hauck

Layout & Satz: Alexandra Wolf, Anna Köperl

Bildnachweis: alle Bilder © Michael Bajer, mit Ausnahme von S. 5: © Anne Brison; S. 38: © Vector Shutterstock/Shutterstock; S. 158: © Thomas Hillgärtner; S. 159: © Anne Brison; Papierhaptik: © Texture background wall/Shutterstock; Schwierigkeitsgrad und Sprenkel: © VerisStudio/Shutterstock.

ISBN 978-3-7459-0976-0

Gedruckt bei Polygraf Print, Čapajevova 44, 08001 Prešov, Slowakei

www.emf-verlag.de